2016年上海市马克思主义理论学科研究生人才培养登峰计划
复旦大学马克思主义学院资助出版

法律评价论

任帅军 著

上海人民出版社

序　一

陈新汉

2012年秋季，本书作者任帅军博士通过上海大学的博士生入学考试报考了我的研究生，开始了这段难得的师生缘分。在跟随我读博期间，帅军有一个很显著的特点，毅力很强，这表现在读书很刻苦，自己所预定的目标总能完成。因此，帅军就能以二年半的时间完成了三年的学业；尽管提前仅半年，但在我所指导的博士生中却是很少的。

博士学业归根到底是围绕着一篇博士论文展开的，这既是一种学习的综合训练，也是一种能力的综合显示。对于博士论文的选题，我有一种理念，即需要有三个维度：学习的专业维度，这个专业维度在我看来，应该是广义的；学生的学术兴趣，这个兴趣中的重要一点就是与该学生的本科和硕士阶段的学习方向相契合；导师研究的研究方向，这样导师就可以进行有力的指导，学生就可以站在导师学术成果的"肩膀"上。帅军的博士论文选题正是这三个维度的结合；加上他的刻苦和悟性，博士论文写得比较顺利。2017年的6月，上海市教委通知我，任帅军的博士论文《哲学视阈中的法律评价研究》获得"2016年上海市马克思主义理论学科研究生人才培养登峰计划博士论文奖"。这是我指导的第二篇获得此荣誉的博士论文。现在这本以博士论文为基础的书稿获得复旦大学马克思主义学院的资助，将予以公开出版，我非常高兴。

我是"文革"后第一批公开招收大学生中的一员，毕业后即留在母校华东师范大学哲学系，从事马克思主义哲学原理的教学。在大学从事教学和科研期间，我逐渐把学术研究的兴趣从认识论转向当时属于刚刚兴起的新学科——价值论，把认识论与价值论相结合，即研究关于价值的认识论问题，也就是从事评价论研究。当时在《哲学研究》发表了《论评价活动的认识论机制》并出版了作为第二批“上海市马克思主义学术著作出版基金”资助之一的《马克思主义认识论与真善美》——我把广义的认识活动理解为评价、认知和审美的统一。尔后，我就把精力较为集中地放在评价论方面的研究上，先后出版了《评价论导论——认识论的一个新领域》(1995年)、《社会评价论——社会群体为主体的评价活动思考》(1997年)、《民众评价论》(2004年)、《权威评价论》(2006年)和《自我评价论》(2011年)。在《权威评价论》中，我把权威机构与“作为正式组织起来的群体”相联系，以国家机器为主体的评价活动是社会评价活动的一种基本类型。法律评价是较为典型的权威评价活动，评价主体是代表着国家意志的司法机关，评价标准是法律规范，评价结论以法律价值判断的形式规范地表达出来，并且通过强制形式予以执行，其权威性是可想而知的。帅军的博士生生涯尽管只有短短两年半的时间，但他在这段时间中熟悉了我在评价论和价值论领域的研究成果，学习了我如何搞科研的方法。他的这本书稿正是对我关于法律评价思想的一种“更上一层楼”式的具体展开，并在不少方面有所创新。

在本书中，作者开始以外在的视角观察法律评价活动的运作机制，即从法学的视角转向哲学的视角、从实践的视角转向理论的视角，通过分析法律评价活动中司法机关及其工作人员在行使职权时的“公”与“私”之间的矛盾运动，分析司法腐败现象，解释法律评价的内涵、逻辑、性质与类型，机制、矛盾与悖论，以及法律评价的社会性、文化性和时代性，并通过呼应党的十八届四中全会提出的全面推进依法治国重大问题，在法律评价活动中切实实现司法公正、有效维护人权，从而提高司法公信力，加快建设社会主义法治国家。对于法律评价的研究而言，司法实践中的个案千千万万，如果用罗列的方式考察法律评价活动的话，是不能包罗万象地予以穷尽的。而作为哲学的理论视角却能从形而上的高度对法律评价进行整体性的关照。更进一步说，法律评价不仅要研究现象层面的可操作性的东西，更要揭示法律经验现象后面本质性的东西，从而超越法律评价的直接现实性品格，彰显其改造人类实践的普遍性品格。这正是该研究成果的价值所在。

卢梭曾说过：“一切法律之中最重要的法律既不是铭刻在大理石上，也不是铭刻在铜表上，而是铭刻在公民们的内心里。”对法律评价活动作用机制的研究，必然要涉及社会民众对法律评价的认同问题。如果社会当中的冤假错案得不到有效解决，反而呈现出不断增加的态势，只会增加民众认同法律评价的困难。如果用热力学第二定律里的“熵”来进行描述，法律评价活动中基本矛盾向“公”的方面的实现程度越高，民众对法律评价的认同程度就越高，熵值就越低；反之，认同程度越低，熵值就越高。司法机关通过法律评价活动中基本矛盾向“公”的方面发展来实现司法公正、保障和实现人权，就会增加民众对法律评价的认同程度。司法公信力的不断提升就是建立在，社会民众通过法律评价活动中的具体个案对人权的实现进而认同法治的。然而本书仅从评价论的视角研究了法律评价活动的一些基本问题，尚未从更广阔的认识论视野对法律评价活动中的认同问题、互联网时代下法律评价会遇到的新挑战、法律评价活动对培育和践行社会主义核心价值观的意义等问题进行研究。这正是今后对法律评价研究还可以继续深入拓展和加强研究的方向。

做博士毕业论文的过程是一个艰难的过程，要经历“破茧”中的炼狱。帅军面对种种困难，不是畏手畏脚，而是迎难而上，有目的、有计划地通过一个个小目标的实现，最终完成了博士论文，并转化为读者面前的这部专著。人生何尝不是如此？我曾在多个场合对学生讲述古希腊神话西西弗斯的故事。西西弗斯看似在重复地做着同样一件推石头的事情，却在这种执着于每一个“当下”的过程中洞察到了人生的意义，并在穷尽和享受这每一个“当下”的过程中感同身受地体验着作为“类主体”的每一个个体的生命意义。我相信，帅军在做博士毕业论文的过程中，也和我一样在感受着这个故事本身的意义，只不过相同的感受包含了不一样的人生经历。这是他人生当中的首部理论专著，作为他的导师我由衷地感到高兴，也希望他能在畅想未来的同时，在学术道路上有一个更好的发展。

是为序。

序　二

肖　巍

任帅军是两年多前进入复旦大学马克思主义理论博士后流动站工作的，我是他的合作导师。当时他博士即将毕业，带着博士毕业论文《哲学视阈中的法律评价研究》来找我，并希望与我合作继续他的学术事业。我一向支持年轻人做自己热爱的事业，哪怕比较艰难，因此一口答应了下来。

作者的这本书就是在他的博士学位论文基础上充实完善的，主要是从马克思主义哲学视角对司法实践活动中的法律评价机制进行了探讨。后来他在与我合作的马克思主义基本原理方向博士后工作中，进一步选取了人权这个比较复杂的话题，并从价值论视角切入，聚焦到“人权价值”这个概念，试图构想一个关于人权价值生活实现的理论内容。其实，无论是“评价”还是“价值”，都要运用哲学思维对被认为是法学领域的“法律”和“人权”进行思考，从中提炼出某些方法论的东西。从作者早先的法律评价到现在关注的人权价值的研究，其中究竟有没有什么学术性的联系。这是一个比较重要的应予认真对待的问题。

首先，实现人权价值是法律评价的价值论基础。在讲求法治的时代，如何实现人权价值便成为法律评价首先要解决的问题。法律评价通过实现人的权利而彰显人作为价值主体的存在形式，这样才能与人权价值的生活实现相契合。这不仅体现在人要过有尊严的生活，而且还要通过法律评价途径进行保障评估；而且体现在法律评价要通过自身的不断完善，不断实现“人是目的”这个价值理念，也就是在价值追求的意义上与人权价值相一致；事实上，法律评价也正是通过直接实现人的法定权利来有效保障人权价值的实现。

其次，司法机关通过解决法律评价的矛盾实现人权价值。在所有司法实践中，司法机关及其工作人员的“公”与“私”的矛盾及其相互之间的转化，使得法律评价活动相当复杂。如果司法体制不健全，就很容易导致司法机关及其工作人员倾向于谋“私”，就会出现愈演愈烈的司法腐败现象，这也正是司法不公的主要原因，而司法不公的直接后果就是涉案当事人的人权价值无从实现。法律层面所保障的人权价值，是司法权乃至一切权力运行正当性和合理性的价值归属。在现实生活中，人权价值的实现主要通过人权价值的法律化，以及依靠法律评价的权威来保障。之所以出现大量冤假错案，则是因为人权价值被权力运作所吞噬，使本应作为法治符号的法律评价不仅没有实现人权价值反而“成全”了社会不正义。因此，只有直面法律评价的矛盾关系，才能有效实现人权价值。

再者，实现人权价值是民众认同法律评价的现实价值表达。实现人权价值不仅是构建人权价值的法治符号，更是一个民众认同法律评价的问题。在法律评价中，针对个案往往会呈现出法律、道德、政治、经济、媒体等力量的复杂博弈。这种“厮杀的战场”（黑格尔语）增加了法律评价的不确定性。而法律评价只有使多元价值符号转化为法治符号，促使个案在法治轨道上得以比较好的解决，才能树立法律权威增强司法公信力。司法公信力的本质其实就是作为众多个体的民众对法律评价的认同。我们正在抓紧进行的司法改革也就是要让民众相信，法律评价才是降低不确定性最基本也是最可行的评价手段，也是民众在认同法律评价中共同建设法治社会最现实的价值表达。

在马克思主义理论学科领域，现在有越来越多的学者从事马克思主义理论与法学、哲学、社会学、政治学、历史学、经济学等领域的交叉学科研究。作者也正是在马克思主义理论、法学和哲学的交叉部展开了多学科视角下对法律评价问题的研究。在他的这部专著完成之际，我还期待着他在博士后阶段与此形成逻辑关联有所递进的另一项研究成果“人权价值实现问题研究”的面世。我也真诚希望帅军能在以后的学术生涯中，走出自己的一片天地。

是为序。

摘　要

法治作为一个时代命题只有在司法实践中才能充分表征。法律评价是司法实践的一个重要领域，集中体现了司法机关适用法律的实践活动。司法机关包括人民法院和人民检察院。人民法院行使审判权和人民检察院行使检察权的法律评价，是在适用法律的过程中，通过对案件进行具体评价，把纸面上的法律转化为现实中的法律，从而对社会关系进行相应地调整。这是依法治国，建设社会主义法治国家的要求。我国当前正处于社会转型期，法学研究应由面向立法的法学转向面向司法的法学。这对司法机关依法行使法律评价职权提出了更高要求。然而，当下众多具有典型意义的公共案件和司法事件折射出法律评价中存在着司法不为民和司法不公正等现象。并且对法律评价展开学理研究，在我国学术界还属于一个尚没有充分开展的领域。因此对法律评价展开研究就具有重要的实践意义和理论价值。

司法机关依法行使法律评价职权是国家司法权的重要体现。法律评价是国家权威评价活动中较为典型的有机形式，它所具有的国家意志和强制力体现着国家权威评价活动的权威性特征。法律评价既是社会群体评价的现实形式，又是法治社会自我评价的现实形式。对法律评价进行哲学研究，能够提供对法律评价的本质认识，用这种认识指导现实生活中的法律实践，就能深刻地揭示出法律评价的现实意义。

法律评价是司法机关对诉讼前以及诉讼过程中的法律事实、法律行为和法律证据等，适用的法律规范、程序运作和当事人的权利义务等方面，运用归纳或演绎推理的形式逻辑，对案件行使检察权以及作出司法裁判，并在此基础上通过强制方法予以执行的实践活动。这就不同于社会主体对司法活动的评价。法院和检察院也会对自己的行为进行评价。因其不是行使职权行为，不产生法律效力，不属于法律评价活动。

法律评价的基本理论包括法律评价的性质、逻辑、类型、机制、矛盾和悖论等。(1)司法机关适用法律的法律评价是彰显人民主体性的司法活动。(2)法律逻辑是法律评价研究的逻辑起点，是在法律评价活动中把要解决的人的问题转化为法律问题的应然逻辑。(3)在司法实践中，法院行使审判权的法律评价与检察院行使检察权的法律评价是法律评价的两种基本类型。(4)法律评价是法治社会的核心机制，法律评价的共识形成机制则是法律评价机制的核心，从而是法治社会的核心机制之核心。(5)司法机关及其工作人员的“公”与“私”之间的矛盾是法律评价的基本矛盾，权力拜物教和货币拜物教是基本矛盾运动中“私”的两重化体现，司法腐败是“私”的必然结果。(6)法律评价中的悖论与主体的责任相联系。司法机关不一定是社会主体的现实主体，但总是社会主体的现实的责任主体。司法机关作为现实的责任主体所承担的责任，在实际上总要由社会的全体成员来承担，由此就产生了法律评价活动中的悖论。言论自由和制度反腐是解决这个悖论的重要途径。

法律评价的有效实施需要一定的社会条件。处在社会形态中的法律评价主要受党的领导、行政评价、律师和法学专家，以及社会舆论等社会因素的影响。通过个案分析这些社会因素对法律评价的影响，反思现有的司法体制和机制进而推进司法改革。法律评价的社会作用主要体现在，是创新社会治理的重要内容，是推动社会变迁的重要力量，是实现社会公正的重要途径。作为哲学反思的重要内容，只有研究法律评价的社会性，才能更好地实现司法公正和有效维护人权。这就要求我们充分重视法律评价中的社会意识，正确理解法律评价中的社会规定，辩证看待法律评价中的社会批判。

法律评价通过与法治文化的互动，或通过彰显法治精神，体现文化向度。正是法律评价的文化向度揭示了社会主体认同和崇尚法治的精神实质。法治文化是在法律评价中形成和发展的，法律评价是法治文化的实践载体。法治精神是法治文化的重要组成部分，既通过彰显法治价值自觉映现法治文化，又深入法治文化层面“达到自我意识”。法治文化具有合宪性、合法性和合理性等特征。法院文化和检察文化是法律评价中的两种法治文化。探讨法院文化建设、检察文化建设与当前司法改革的关联性，对研究中国的司法改革具有特殊的重要意义。

法治时代意味着人们拥有依法办事的思维方式和生活习惯，在法律评价中坚持法律至上的原则，在生活实践中自觉维护法治的尊严和树立法律的权威。然而在社会转型期，很多人甚至一些司法机关及其工作人员都对法律评价定位不准确，需要对其成因进行分析。法治时代法律评价的主题是实现法律评价的现代化。在法治时代，人的尊严、人是目的和人的权利越来越受到重视。人的尊严是我国宪法和法律要实现的最重要价值。只有体现人是目的的法律评价，才能既彰显出人自身的绝对价值，又实现社会公共的善。法律评价通过实现人的权利就能有效维护人的尊严和人是目的。法治精神、人文精神和批判精神是法律评价中的三重时代精神。作为法治时代的回应，法律评价要回归到法治精神中建设法治国家，回归到人文精神中建设和谐社会，回归到批判精神中实现反思超越。

关键词：法律评价；审判权；检察权；法治社会；法治文化；法治时代

目　录

Contents

导　论

2011年3月10日，时任全国人大常委会委员长吴邦国向十一届全国人大四次会议作工作报告。他宣布："以宪法为统帅，以宪法相关法、民法、刑法等多个法律部门的法律为主干，由法律、行政法规、地方性法规等多个层次的法律规范构成的中国特色社会主义法律体系已经形成。"①社会主义法律体系的形成表明，无法可依的状态已经成为历史，今后的主要任务是如何使社会主义法律体系在法律评价中通过实现司法公正，真正做到维护人权。这是一项更为艰巨的历史使命。这就要求不断通过完善法律评价，努力改变当前社会普遍存在的法治意识淡薄、法律评价缺乏司法公信力的局面。法律评价是司法的一个重要领域，是集中体现适用法律的社会性实践活动。司法机关在实施法律的过程中，通过对案件进行具体的法律评价工作，把纸面上的法律转化为现实中的法律，从而对社会关系进行相应的调整。公众对法律信仰的形成在很大程度上来源于司法机关是否公正地适用法律对案件进行评价。对司法机关的法律评价工作不断地改革和完善，是今后司法改革的重要领域。

第一节　研究的意义

法律评价既是一个重要的法学理论问题，又在当前法治中国建设中具有重大意义。在法律评价中实现司法公正和有效维护人权，是全面推进社会

① 张晋藩：《中华法制文明史》（近、当代卷），法律出版社2013年版，后记。

主义法治国家建设的一个重要命题。然而法律评价中存在的主要问题，需要通过对法律评价的哲学反思，提供对法律评价的本质认识。用这种认识指导现实生活中的司法实践，深刻揭示出法律评价的现实意义。

一、研究目的：法律评价在当前法治中国建设中的重大意义

党的十八届四中全会通过的《中共中央关于全面推进依法治国若干重大问题的决定》提出："全面推进依法治国，总目标是建设中国特色社会主义法治体系，建设社会主义法治国家。"①"保证公正司法，提高司法公信力"是建设社会主义法治国家的重要内容。法律评价作为主要的司法实践活动，具有通过司法公正维护人民权益的重要使命。然而我国当下众多具有典型意义的冤假错案表明，在当前的法律评价中还存在着司法不为民行为。这些案件造成广泛社会影响，既说明民众对司法机关适用法律的关注，又说明司法机关行使职权的重要性。通过规范司法机关依法行使法律评价职权，有利于在实现司法公正中切实维护人权，提高司法公信力，从而加快建设社会主义法治国家。

从我国法治发展现状来看，对法律评价进行专题研究具有重要的理论和实践意义。首先，法律评价是法学理论的重要研究领域，探讨其基本理论问题和实践作用机制是法学理论发展的需要。法律评价作为法学理论的一个重要组成部分，应当从司法实践的运行现状解释现有的法学理论。但是纵观当前林林总总的法理学教材和法学理论专著，几乎没有详尽论及司法机关的法律评价活动。从完善和发展法学理论来讲，有必要认真研究法律评价。其次，对法律评价进行哲学上的反思性研究是法治实践发展的需要。法律评价会对案件当事人产生持久的人生和社会影响。在我国当前命案必破的政绩观尚未根除的情况下，法律评价的每一个环节都有可能对当事人或社会产生重大影响。如果司法机关不依法进行法律评价，就会直接导致立法预期目标的落空，滋生司法腐败现象，造成司法的不正义，也会对公民的守法造成社会负面影响。因此，在全面推进法治中国建设的时代背景下，需要对法律评价进行反思性的哲学研究。

① 《中共中央关于全面推进依法治国若干重大问题的决定》，《人民日报》2014年10月29日第1版。

笔者认为，在我国当前社会，如何在法律评价中实现司法公正和有效维护人权，就成为全面推进社会主义法治国家建设的一个重要命题。而这个命题涉及许多重要问题。

第一，法律评价在中国法治发展路径中的意义问题。对此，国内学者见仁见智。如王勇认为建设法治中国不能缺乏对借鉴西方经验的反思。[①]在《中国法学向何处去》中，邓正来在对当前四种法学理论模式进行反思和批判之后，提出法律现代化所面临的基本境况，即“现代化范式”的影响、“理想图景”的建构意义、“全球结构宰制关系祛弊”、“主体性中国”的凸显。[②]江国华则从法治的场景、处境和意境进行分析。[③]国内学者大多是从宏观的视野分析中国法治的路径问题。法律评价则侧重于从微观的视角切入进来，在社会生活中探讨法律评价活动是如何从政治统治工具转变为约束政府权力的利器，实现从对政治权力的依赖型向约束型转化，从而使法律评价活动成为人们在经济领域、政治领域、观念领域和社会生活等领域的坚实保护力量。

第二，法律评价在法治时代的位置问题。在法律评价中，法治应当与人权、自由、公平、秩序、和谐等一起成为要实现的目的，而不仅仅是工具或手段；并且人权等价值最终还要通过司法实践中的法律评价得以保障和实现。然而司法腐败现象、现实中权大于法等社会现象吞噬着司法公信力，造成司法不公正和司法不为民的问题。那么要想真正进入法治时代，就必须关注法律评价的现代化问题。法律的现代化问题一直是我国法学界最近三十年来的核心话题。在此意义上，探讨法律的现代化问题构成了法学叙述话语的基本形式。在这一叙述话语背景下，法律评价的时代特征就是实现法律评价的现代化。而法律评价的现代化关注作为主体的人的现代化生活及其权利的实现。

第三，法律评价如何能成为法治社会的核心机制问题，以及法律评价机制如何推进司法改革问题。司法机关的法律评价机制，能够揭示出纸面意义上的法是如何变成社会生活中活生生的法。司法机关是如何通过法律评

① 王勇：《迈向反思的法理学》，《华东政法学院学报》2005年第5期。
② 邓正来：《中国法学向何处去》，商务印书馆2006年版，第1页。
③ 江国华：《法治的场景、处境和意境》，《法学研究》2012年第6期。

价活动实现司法公正和维护人权，从而实现法律的尊严和权威。我国长期存在法律治理化的政法传统。在司法实践中法律是工具和手段而不是目的，在法庭审判中法官的精神气质、思维方式和行为习惯很难不受到这种体制现状的影响，这是造成冤假错案的主要原因。通过研究法律评价的作用机制，有针对性地解决其中存在的问题，才能有效推进我国的司法改革进程。

第四，法律评价的社会作用问题。法律评价既处于社会形态中，有许多社会因素对其产生影响；法律评价又作用于社会，是推进社会治理现代化的重要内容。只有具有社会性，实现社会民众的正当权益，法律评价才能真正彰显司法公正的现实力量。法律评价作为法治社会的核心机制，在具体的法律评价中就要体现出法治的时代要求。在司法实践中，如果法律评价的价值取向不能反映法治时代的要求，既不可能通过法律评价活动实现司法公正和有效维护人权，也不可能通过法律评价活动培养人们的法治意识和观念以及法治精神和信仰。

二、研究现状:法律评价中的主要问题与司法回应

目前国内的一些法理学教材和对法律评价进行研究的学术文章，通常是从包括社会民众和司法机关等在内的社会主体对司法活动的评价来界定法律评价的概念。例如，黄竹胜从社会主体的角度把法律评价界定为“社会主体对法律现象的认识活动形式，是社会主体基于自身需要而对法律现象的功能、价值、作用、含义等所作的事实、价值和审美判断与评定”。①张文显则认为，法律评价是“社会成员对法律规范、法律制度、法律活动、法律作用等法律现实所作的价值判断和在此基础上进行的价值设定与选择，反映主体需要与法律之间的某种肯定或否定关系”。②他主要是从法律评价的客体是司法活动的角度对法律评价作出定义。由此可见，国内学者研究法律评价主要是从法律评价的主体是社会主体的角度，以及法律评价的客体是司法活动的角度来对法律评价进行界定，并以此界定来探讨法律评价活动。

笔者认为，目前学术界对法律评价的一些认识也有值得商讨的地方，

① 黄竹胜：《法律评价的重新解释》，《法学论坛》2002 年第 4 期。
② 张文显：《法学基本范畴研究》，中国政法大学出版社 1993 年版，第 230 页。

一方面，不区分法律评价的主体容易导致混淆几种性质不同的评价活动。第一，社会民众对司法活动的评价与司法机关的法律评价的评价性质完全不同。前者的评价不发生法律意义上的法律效力，而后者的行为却具有权威性，要发生法律意义上的法律效力。第二，行政机关的行政评价与司法机关的法律评价的性质也不一样。行政机关的行政评价活动会发生法律效力，但这个效力是基于行政机关行使行政权的权威性而产生法律意义上的效力，尤其是在没有相关法律规定或依据的时候。这与司法机关对法律行为、法律事实等的评价活动是基于司法权的权威性，依据法律规范和法律权威而产生法律意义上的效力的性质是不一样的。另一方面，应从法律评价的主体、客体和内容等方面综合界定法律评价的概念。第一，法律评价的主体是司法机关，这个主体与社会民众和行政机关等不同。相应地，法律评价活动就不同于社会民众评价活动和行政评价活动。第二，法律评价要揭示司法活动中复杂的法律现象关系。法律评价的客体除了要揭示法律评价活动中的价值关系以外，还要揭示其他非价值关系如案件的事实关系、逻辑关系和审美关系等。第三，法律评价的内容是对司法案件中的法律行为、法律事实和当事人的权利义务等方面依法作出评价。

由此可见，法律评价是司法机关的职权活动，不应受到其他社会力量的非法干涉，而且在司法实践中应加强司法职权以有效维护当事人的合法权益。世界主要发达国家在建设法治国家的历史进程中，都曾有过加强司法职权以利于保护人权的社会发展历程。19 世纪初的马伯里诉麦迪逊案以及 20 世纪初的洛克纳案等案件被美国的司法机关在法律评价中赋予了极强的法律色彩，法院不仅独立于行政机关，防止因其不当干涉而损害案件当事人的权利，还要审查什么样的规则对社会最有利。除美国外，其他英美法系国家如英国、澳大利亚等国在其本国内的司法改革中也增加了司法机关在法律评价过程中对当事人权利保护的规定。即便是采用职权主义的大陆法系国家，如法国、德国、意大利、日本、葡萄牙和西班牙等国，也都在司法机关的法律评价过程中注意保护当事人的权利。此外，国外的法律评价比较强调通过实现个案中的司法公正，以此来保护案件当事人的合法权益。这主要体现在：一是法律评价要积极回应社会民众的实际需求和时代变化发展的要求。二是国外的司法改革往往从法律评价的个案实践中开始，通过改变或制定相应的法律制度和机制实现司法公正和维护人权，并在此基础上引起社会其他领域发生相应改革，推动社会发展和进步。这些都对当前我国的法律评价研究具有很大的启发。

“现代司法”在当下西方国家的兴起表明，司法机关在国家权威机构中的地位越来越重要。“现代司法”强调司法机关对宪法和法律具有一定的解释权，在部分国家通过实体性正当程序可以审查立法的合宪性，其实质是司法机关的立法地位凸显，扩大了司法权的行使范围。在当前社会，立法权与行政权都有逐渐扩大权力范围的趋势。作为与立法权、行政权平等的司法权，只有逐渐扩大权力行使范围，才能真正在国家权力之间形成有效制衡。我国当下提出的“能动司法”就是在“现代司法”盛行的历史背景下，深入推进司法改革的一种努力。

“能动司法”就是司法机关在依法行使法律评价职权时，能够积极主动地拓展司法职能，最大限度地发挥法律评价的法律价值、社会价值、政治价值和人文价值。其主要是针对司法机关行使法律评价职权的运作方式而言。主要表现在，一是能动司法在法律评价中体现了司法机关积极回应社会变革需求的司法理念。二是能动司法在法律评价中体现了司法机关推动司法改革的实践导向。三是能动司法在法律评价中是司法机关实现法律权威和尊严的一种法律方法论体现。四是能动司法体现了我国司法实践中法律评价的自主性、开放性、政治性和整体性等特征。

于是国外法律评价发展历程及“现代司法”的兴起，对我国当下法律评价的研究及探讨“能动司法”具有借鉴意义。党的十八届四中全会提出了全面推进中国依法治国的重大决定。这就意味着，自中国特色社会主义法律体系形成以后，只有通过“能动司法”推进司法改革，才能进一步完善司法机关行使法律评价职权的方式和方法，才能真正坚持司法独立和司法公正，彰显“能动司法”有效维护人权的价值功能。这既是法治时代赋予司法机关的重大使命，也是法治中国建设的本质要求。

三、研究聚焦：从哲学视域对法律评价展开研究的原因

其一，从哲学视域对法律评价进行研究，是把哲学的反思性思维运用于对法律评价的研究过程中。通过对法律评价进行具有法律知识内容的哲学

思考，或者运用哲学的观点和方法对法律评价进行专门分析，就能对法律评价的研究有新的认识。这主要是因为哲学方法的反思性特点。黑格尔指出："反思以思想的本身为内容，力求思想自觉其为思想。"[①]法哲学方法的反思性特点是在既有的法学理论和法律实践的基础之上，对司法实践中的法律现象和既有的法学理论进行再思考。通过反思，法哲学的理论和观点就能揭示出法律现象背后的本质性内容，而不是仅仅追求对一般法律现象进行经验层面的描述，因而法哲学研究具有高度的抽象性和概括性。运用法哲学方法对法律评价进行研究，提供对法律评价的本质性认识，使人们对法律评价的研究不再停留在经验层面的认识上，在复杂多样的司法实践中提升人们对法律评价的理论认识。

从哲学上来说，法律评价是专门的法律认知和评价实践活动，这就要求司法机关在依法行使职权时既要如实反映案件的真实情况，又要在实现司法公正中维护当事人的合法权益。这一过程就是追求案件的合规律性和合目的性相统一的实践活动。马克思认为，在实践活动中，"人懂得按照任何一个种的尺度来进行生产，并且懂得处处把内在的尺度运用于对象"[②]。主体在认知活动中揭示作为事物本质和规律的"种的尺度"；在评价活动中，主体以是否能满足自身利益的需要这一"内在尺度"来看待客体对于主体的意义，从而在合规律性和合目的性相统一的实践活动中把握主客体之间的价值关系。如果客体符合主体利益，主体就赋予客体以肯定性意义，反之则赋予否定性意义。这对于法律评价而言同样如此。法律评价中的"合规律性"要求司法机关能如实反映案件的真实情况；法律评价中的"合目的性"要求司法机关能有效维护当事人的合法权益。司法机关如果公正司法，就会在法律认知活动中如实反映案件的真实情况。在这一过程中，司法机关会充分听取当事人的意见，那么，在评价案件时才有可能实现司法公正。也只有实现司法公正，当事人的合法权益才能得以有效维护；司法机关如果不能公正司法，那么在法律认知活动中就不能如实反映案件的真实情况，在评价案件时就会被各种利益掣肘，这就会损害当事人的合法权益。出现前一种情况，当事人会赋予法律评价以肯定性意义；对于后一种情况，当事人

① ［德］黑格尔：《小逻辑》，贺麟译，商务印书馆 1980 年版，第 39 页。
② 马克思、恩格斯：《马克思恩格斯文集》第 1 卷，人民出版社 2009 年版，第 163 页。

会赋予法律评价以否定性意义。于是，就需要反思司法机关在行使法律评价职权时如何才能保证司法公正，不断提高司法公信力。

其二，从哲学视域对法律评价进行研究，关注并回答法律评价的时代性问题。当一个社会的司法处于常规发展阶段，该社会中的司法实践将从既有的法学理论中做出具体的法律评价。但是随着时代的变化与发展，一旦该社会的司法进入到突飞猛进的革命性变化阶段时，既有的法学理论就不能满足已经变化了的社会现实，因而就会缺乏存在的根据。这时司法实践中的具体法律评价活动就会要求对既有的法学理论进行反思。运用法哲学对具体法律评价活动进行反思性研究就成为必然。陈金钊认为，“按照现在社会的发展趋势，在不久的未来中国应该进入法治时代”①。我国当前社会正处于从前法治社会到法治社会的转型期，法学研究也由“面向立法的法学正转向面向司法的法学”②。社会民众对司法活动的评价促使司法机关对依法行使法律评价职权进行反思。在当今社会中，人们的整体法律意识都比以前有了很大提升。表现在人们都非常关注自身的权利，注重用法律手段维护合法权益，因而对社会上发生的社会事件和维权案件都特别地关注。在这种情况下，提供对司法机关的法律评价活动一个本质的认识就成为运用法哲学对法律评价进行研究的主要目的。

其三，从哲学视域对法律评价进行研究，不仅在于说明进入法律程序的法律活动在本质上是法律评价活动，而且旨在说明法律问题在本质上是法律评价问题。评价属于哲学范畴，认识活动中的评价问题是哲学重要的问题之一。冯契曾明确指出，广义的认识活动包括认知和评价，“人对客观事物的认识不是单纯的认知而且包含着评价”③。评价活动是主体反映客体属性与主体需要之间关系的认识活动。客体属性与主体需要之间的关系就是价值关系。评价活动以价值或价值关系为反映对象，从价值事实中揭示其本质和规律，因而就是主体对于价值的认识活动。社会领域中的事物离不开人的活动，总是与人对价值的认识有关，因而对于社会领域中的事物的认识主要是评价活动。

① 陈金钊：《法治时代的法律位置》，《法学》2011 年第 2 期。
② 高其才：《法社会学》，北京师范大学出版社 2013 年版，第 1 页。
③ 冯契：《人的自由和真善美》，华东师范大学出版社 1996 年版，第 64 页。

法律评价属于社会领域中司法机关依法行使职权对社会中的法律行为和法律事实等进行的评价活动。法律评价总是与人对法律这种社会现象的价值的认识有关，因而对于法律评价的研究从哲学的评价论视域来进行探讨，就能揭示出法律评价的本质，提升人们对法律评价的认识和价值判断。具体而言，一个具体的认识活动可以是侧重于从客体事实中“求是”的认知活动，也可以是侧重于从价值事实中“求是”的评价活动。而法律评价活动与社会民众对司法活动的评价不同之处在于，法律评价活动既是司法机关从法律事实出发“求是”的认知活动，更是司法机关从法律价值事实，即适用法律规范对法律事实进行价值判断所认定的事实出发“求是”的评价活动，这既能说明进入法律程序的法律活动在本质上是法律评价活动，又能说明法律问题从本质说就是法律评价问题。例如，对于一个司法案件而言，只有进入法律程序，法官才能根据案件事实进行价值判断依法作出判决，这是侧重于在法律关系中从法律价值事实出发“求是”的评价活动。而社会民众根据法官对案件的判决发表意见，并不涉及该案件的法律程序，也不涉及对案件事实进行法律意义上的评价，因而不是追求从法律价值事实出发“求是”的评价活动，而是属于社会舆论中社会主体对司法活动的一般评价活动。

在司法实践中，法官根据案件的法律价值事实依法做出判决，以此来满足人们对法律所追求的保障自由、安全、正义、财产、权利等多种价值的需要。这样，一个个具体的法律问题就在法律程序中转化为法律评价问题。而司法机关的法律评价会引起社会民众对法官做出案件判决的关注。社会民众的这种关注从本质上来说是社会民众评价活动。因为这种关注并不存在适用法律的问题，也不能直接干涉司法活动，更不会因为其对司法活动进行了评论而发生法律效力。但是社会民众的这种关注却有助于提高自身对法律的学习和认知，从整体上来说是有助于推动法治社会的建设。因此在不断地关注中，社会民众就会对涉案的相关法律法规有所了解，把法官依法判案的价值选择内化为自己今后的行为准则。这样，社会民众的法律意识才会得到提升，整个社会的法治水平才能有所改进。

其四，从哲学视域对法律评价进行研究，既关注法律的知识，更关注法律的思想，并运用对法律评价的反思指导现实生活中的法律实践。法律评价作为法学理论的一个重要研究领域，应当起到对现有法和法理论的反思作用，这是法学理论把法律评价作为自身体系的一个重要逻辑前提。然而国内对法律评价进行系统反思性研究的工作尚未展开。法哲学对法律评价进行反思性研究，关心的不仅是法律的知识，更是法律的思想。在司法实践中，法律思想是如何在法律评价中展开并得以体现，人们是如何从法律评价中感受到法律的思想魅力，进而对法律产生认同感和信仰。这些都是在对法律评价进行哲学上的反思性研究时应该加以重视的。正如英国《哲学百科全书》主张“法哲学是关于法律的普遍本质的思考”。同时，对法律评价进行哲学上的反思，是同对道德、宗教、政治等其他社会现象进行哲学上的反思紧密相连。《牛津法律指南》就认为，法哲学是“从哲学的观点，或通常把哲学适用于法律问题，来研究法律的……法哲学必然同社会哲学、道德哲学、政治哲学相互联系的部分重合”。①所以，在对法律评价展开研究的过程中，我们不仅要在法律评价中反思法学理论和法律思想的运用状况，还要把对法律评价的反思放到社会发展的大背景中来思考，才能准确把握建设社会主义法治国家的历史进程。

具体而言，我们需要反思法律评价对社会发展的作用问题。在中国当前社会，法律评价对社会矛盾纠纷的解决具有基础性作用。这主要因为，法律是作为一种公共产品提供给社会的。作为公共产品的法律不是指案件当事人不需要交诉讼费用，而是指在法律评价中法官不会有任何私人立场，应当为促进公共利益和实现正当个人利益服务。一方面，在法律评价中，法律的公共产品属性体现为法官的公共立场。法官不是站在任何一方当事人的立场上评价案件，而是依据法律规范和公序良俗化解矛盾纠纷。所以，塔洛克才说，法官始终“处于其行为能产生公共善或公共恶的地位，在这里，他的这些裁决几乎没有私人成本或私人效益”。②在法律评价中，法官既然没有私人成本和收益，就不应当有私人立场，只能以公共立场来评价案件。另一方面，在法律评价中，法律的公共产品属性体现为司法权的公益性。这不单是指现有的各类法律援助制度，更是指司法权的行使是为了

① The Oxford Companion to Law, Oxford University Press, 1980, p.746.

② ［美］戈登·塔洛克：《公共选择：戈登·塔洛克论文集》，柏克、郑景胜译，商务印书馆 2011 年版，第 426 页。

实现社会公共的善。 对于法官而言，只有坚守公共立场才能尽可能减少判决结果的不正义。 也只有法律评价结论的公正才不至于颠覆公共舆论。 莫斯卡就认为：“法官是大众道德意识的工具，他们通过一个个案子，抑制个人的激情欲望和作恶本能，使其得到有效控制。”①可见，对法律评价进行反思，是同对道德、社会舆论等其他社会现象进行反思紧密相连。

其五，从哲学视域对法律评价进行研究，回答了法律评价不是社会民众对司法机关行使法律评价职权的一种感性评价活动，也不是社会民众对法律评价的价值取向所进行的感性评价活动。 法律评价是一项专门性的司法实践活动，体现着国家意志和全体人民的共同意志。 它是在遵循法律评价活动的规律和对已有的社会认识成果的基础上，通过法律评价的程序和特点，表达既有的法律规则和法律制度，从而对社会纠纷和矛盾发挥定纷止争的作用。 这样法律评价结果就能通过相应的法律程序加以检验，并通过国家强制力保障其实施。 而社会民众对司法活动的评价是一种感性评价活动。 其既不依据法律作为评价标准，又不遵循必要的法律程序，因而不会发生法律效力。 就其本质而言，社会民众的这种感性评价反映的是社会上众多个体对司法活动的一种感性认识。

社会民众的需求具有多样性，其可能出于多重目的对社会中的司法活动发表各种各样的意见和看法。 有的是出于对某一具体案例的关心而发表自己的看法，有的是出于具有利害关系的案件当事人及其利益相关者做出有目的、有计划的评论，有的是基于对某一法律文件在某一案件中的具体运用而做出技术性评价，有的则是运用某一法学理论或观点对社会中的法律现象进行理论性的思考和评判，等等。 然而，社会民众的这些评价活动都不是法律评价。 法律评价是一项复杂系统的专门性活动，只有从司法机关依法行使法律评价职权的一系列基本理论和实践等方面进行分析，才能对法律评价与社会民众的这些评价进行区分，并对法律评价的实践活动从学理上有一个整体性的把握。

其六，从哲学视域对法律评价进行研究，说明法律评价是创造法律价值的人类实践活动。 在日常生活中，人们通过制定法律把人类社会联合在一

---

① [意]加埃塔诺·莫斯卡：《政治科学要义》，任军锋等译，上海人民出版社 2005 年版，第 186 页。

起，生活在一个有秩序的社会中。人们在法律所创造的经验世界中生存，感受着法律世界的价值和意义。法律就成为指导人们行动的最为日常的生活经验，司法就成为解决社会纠纷的最重要和最主要的手段和途径。例如在法律评价活动中，法院基于法律规定对案件作出法律判决。执法主体基于法律判决调整和恢复案件中的社会关系。在这里，法律评价就与创造法律价值联系在一起。法律评价创造的法律价值，一方面体现着作为主体的人与作为客体的法律之间需要与满足的对应关系，另一方面又体现出法律对主体所具有的可以满足主体需要的功能和属性。这表明法律评价创造的法律价值在司法实践中可以被当事人经验地证实。于是在实践活动中，当人们出现纠纷时就需要法律评价。法律评价就成为能够创造法律价值的人类实践活动。

在定纷止争和保障权益方面，法律评价是人类的一种生存方式。人们对于世界的理解和解释是在实践活动的基础上和过程中发生的。人们总是通过实践活动建构着与周围世界之间的“为我而存在的关系”①。建构“为我关系”的实践活动作为体现“种的类特性”的“生命活动”②就是人的生存方式。法律评价是人们在司法实践中有意识、有目的解决纠纷的最重要和最主要的手段和方法。换言之，法律评价就是在司法实践活动中，主体通过一定方法达到一定目的的一种生存方式。一般而言，在司法实践中通过法律评价这种方式，人们就能有效维护自身权益。在这一过程中，司法的独立性要求除法律特殊规定外的一般法律评价活动必须做到公开透明、公正合理和公平有效。

其七，从哲学视域对法律评价进行研究，旨在揭示社会主义国家的法律评价是社会群体评价的现实形式，体现着被集中表达的人民意志。马克思认为，存在阶级的国家“照例是最强大的、在经济上占统治地位的阶级的国家”③。通过国家机器，统治阶级“与整个社会混为一体并且被看做和被认为是社会的总代表”④，从而以“被承认为整个社会的等级”身份实现对于社会的“普遍统治”。而社会主义新中国不存在阶级社会中属于剥削阶级的

① 马克思、恩格斯：《马克思恩格斯全集》第3卷，人民出版社1960年版，第34页。
② 马克思、恩格斯：《马克思恩格斯全集》第3卷，人民出版社2002年版，第273页。
③ 马克思、恩格斯：《马克思恩格斯文集》第4卷，人民出版社2009年版，第191页。
④ 马克思、恩格斯：《马克思恩格斯文集》第1卷，人民出版社2009年版，第14页。

统治阶级，这样社会主义的国家机器是作为“终于发现的可以使劳动在经济上获得解放的政治形式”①，因而社会主义的国家机器总是自觉地在实行社会治理时体现着大多数人的利益。人民才是国家的真正主人，这对于中国而言更是如此。因为中国是人民当家作主的社会主义国家。然而在现实生活中，人民的这种社会地位主要是通过国家机器的中介作用体现出来。

司法机关作为重要的国家机器，在法律评价中集中表达着人民的利益和意志，是实现社会群体意志的现实形式。首先，司法机关总能自觉地反映社会民众的需要，并把最优势的需要作为评价标准。例如，在法律评价活动中，面对公平、安全、自由、效率等多种价值的冲突，司法机关必须根据当时的社会环境和民众需要来权衡哪种价值优先。其次，在法律评价活动中，司法机关总能自觉地把社会矛盾纠纷作为评价对象，从而在定纷止争的过程中维护人民的权利和利益。

司法机关适用法律直接体现着国家意志，而这种国家意志从根本上说是人民意志的反映，因而它就能直接地以自觉的形式感受到社会群体的需要，从而在法律评价中理性地揭示出法律对于所属社会群体的意义。司法机关的法律评价活动还贯穿于整个社会评价活动的全过程。司法机关的权威地位使得它作为社会群体的现实主体，对社会群体的需要能够依据法律的标准形成法律价值判断，然后贯穿于整个社会评价活动当中，用法律评价引导一般社会评价，有利于推动法律评价向实践活动的转化。

其八，从哲学视域对法律评价进行研究，要着力解决法律评价的公正性问题和司法为民问题，这是对法律评价的认同危机进行反思的重要内容。当今社会认同和认同危机已经成为人们广泛使用的词汇。“‘认同问题’是现代社会出现和发展的中心。”②吉登斯把现代制度与生活于其中的人的认同及其危机问题联系起来，说明解决人的认同及其危机问题也与现代制度联系在一起。在有关法律与政治的关系问题上，传统的观念是司法要为政治服务，这实际上是把司法看成是党委领导下的政府的一种工作而已。这与我国长期以来的政治体制与制度有关系。我国之前在某些时期就是官本位体制下的司法制度，当市场经济发展到一定程度要求自由平等的个人权利，

① 马克思、恩格斯：《马克思恩格斯文集》第3卷，人民出版社2009年版，第158页。
② Joseph E.Davis：Identity and Social Chang，Transaction Publishers. New Jersey，2000，p.185.

而我国还没有实现与市场经济相适应的，以当事人权利为本位的现代司法制度，就出现了人们对法律评价的公正性与权威性的认同危机。

我国当前的法律评价主要存在的问题是，法律评价的独立性问题和案件执行难的问题。由于法院在财政和人事等方面都依赖政府，行政权力就容易干涉司法权力，往往滋生行政腐败和司法腐败。所以，在很多案件中人们都很清楚，到法院打官司就是在打关系。法院如果对双方当事人不能独立和公平地作出裁判，就会损害法律在人们心中的威信。一些案件被网络媒体曝光之后，更是在社会上引起了很大的影响。人们对这些冤假错案的法律评价持否定评价，往往也会在同样的心态下看待其他司法案件，这样就会间接影响到司法的公正性，损害司法的权威和尊严。这说明法律评价中的信任危机问题是当今社会人们非常关注的一个话题，这也是思考如何提升法律评价的司法公信力的一个突破口。

司法改革是我国政治体制改革的重要部分，其实质是由传统人治型的政治制度向现代反映市场经济要求的法治型的政治制度转型。解决当今社会法律评价中的认同危机问题与建立现代的司法制度紧密相连。现代的司法制度主要围绕着司法机关依法独立行使法律评价职权，着力从优化司法职权配置、独立行使审判权的制度建设、完善制约监督机制、建设高素质的司法队伍等方面推进司法改革①。随着司法改革的深入推进，全社会也要相应地转变传统的官本位观念。如果没有大多数人观念上的转变，也不会实现制度上的真正转型。通过加强理论上的研究和观念上的宣传，不断提升人们对司法活动的认识，和对法律评价的认同感，才能走出对法律评价认同危机的困境。

第二节 研究的思路

把“法律”与“评价”结合为“法律评价”，就意味着从哲学视角来研究法学领域的核心问题。对于法律评价的研究而言，如果说法学的视角是

---

① 这四个方面是2007年12月26日召开的第十九次全国法院工作会议，提出的深化人民法院司法改革的四项主要任务。参见肖扬：《努力建设公正高效权威的社会主义司法制度 为实现党的十七大战略部署提供有力司法保障——在第十九次全国法院工作会议上的报告》，载《法律图书馆》，2007年12月26日。

内在的视角和实践的视角，那么哲学的视角就是外在的视角和理论的视角。研究视角的转向恰恰说明，法律评价能同时给法学学科和哲学学科带来新的生长点。

一、法学的视角转向哲学的视角

在我国，“法律评价”一词相对于“法律”、“法治”、“司法”等词汇来说较为陌生，甚至可以说是大家很不熟悉也常被忽视的字眼。究其根本原因，“法律”等概念是法学学科的核心词汇，“评价”是哲学学科的核心词汇。把“法律”与“评价”结合在一起，就把法学学科研究的核心内容提升到了哲学思维的高度。而法学学科是一门实证性很强的应用型学科，法学界经常探讨和研究的问题是如何解决现实生活中的实际法律问题，而不太专门用哲学上的抽象思辨研究来解决法学研究的核心问题。这反而说明从哲学的视角来研究法律的问题，恰恰就是法律评价能同时给法学学科和哲学学科带来新的生长点的地方。从哲学的视角来建构法律评价的知识体系，就在探讨法律评价的基本理论问题及其实质的同时，突破了法学学科的单一性局限，真正能把法律评价的问题上升到哲学的方法论高度。

对于法律评价的研究而言，如果法学的视角是内在视角的话，那么哲学的视角就是外在的视角。由于中国法学学科的知识体系构建主要根源于对西方的引介，导致中国的法学学科难以具有自己的独特性。运用哲学的方法论探讨并建构法律评价的本体论，就能自觉思考中国场域中的司法实践是如何进行法律评价的，这就在一定程度上突破了对法律评价研究的困境，对当下法治中国建设有所贡献。法律评价把过去曾认为属于法学研究范畴的东西用哲学评价论的方法加以研究，既把法律评价作为一种法治思想体系加以研究，又把法律评价作为反映中国法治变迁历程的实践缩影，于是就能以观察者的身份和外在的视角来看待法律评价问题。只有这样，才能对法律评价的理论问题、实施机制、社会条件、文化向度和时代意蕴进行哲学的反思和彻底的说明，最终引导我们去认识影响法律评价实施的到底是哪些作用机制。这是笔者对法律评价研究的精神之旅。

从哲学视域来看，法律评价要着重研究司法机关处理司法案件时的实施机制。而目前国内的一些法学教材却通常将法律评价简单地理解为，运用法律对人们的行为是否合法进行评价和判定，将其视为法律发挥作用的一种表现形式。这就将法律评价仅仅局限在实用主义工具论的狭窄范围内，导致不能全面认识和解读法律评价在法治中国建设中的意义。法律评价是法治社会司法机关在处理司法案件时发挥法律作用的核心机制。只有从这一角度来看，才能准确抓住当下中国司法改革的问题实质。也就是说，在中国司法运作的过程中，研究司法机关行使法律评价职权的作用机制，才是求解中国法治出路的关键性问题。这也是本书的核心问题意识。

二、实践的视角转向理论的视角

人类是通过实践与现实发生联系，这就彰显了实践的直接现实性品格。人类通过有意识、有目的的实践活动认识和改造现实，从而凸显了人类实践的普遍性品格。然而由于人类把握现实的局限性，导致在实践活动中出现盲目性、片面性、随意性和偶然性。于是就需要用理论对实践进行批判，从而使实践成为人们在观念中把握的现实。所以，陈新汉才认为："理论对于实践的批判，既是理论本身的需要，也是使实践的普遍性发生作用的条件，从而就成为实践本身的需要。"①理论具有反思性品格，集中体现在对实践展开批判。于是，就需要用理论的反思性品格指导实践的直接现实性品格，这是人类实践发展的需要。

法律评价是人类最为普遍的一种实践活动。司法机关在行使法律评价职权的过程中解决社会矛盾纠纷，就体现了法律评价所具有的直接现实性品格。然而在法律评价中存在着司法不公正和司法不为民现象，反映出法律评价活动中的自发性和盲目性。于是就需要通过对法律评价进行理论上的反思性研究，才能在深入认识和把握法律评价实施机制的过程中，切实保障社会民众的合法权益。由实践视角向理论视角的转变，就体现了对法律评价研究的这种自觉性。法治中国建设要求司法机关依法行使法律评价职权。司法机关只有自觉地从理论层面思考实践中的司法问题，才能使法律评价这一实践活动成为在观念中把握的现实。

① 陈新汉：《论理论对现实的批判》，《学术月刊》2000 年第 11 期。

对于法律评价的研究而言，如果法学的视角是实践视角的话，那么哲学的视角就是理论的视角。法学界一般是从宪法、民法、刑法、行政法、诉讼法、经济法、国际法等部门法的角度来考察法律评价的运作过程。法律评价就体现在具体司法领域的法律实践当中。也就是说，法学的实践视角侧重于在法律评价中关注个案正义的法律现象。但是司法实践中的个案千千万万，如果用罗列的方式演绎法律评价的话，是不能包罗万象地予以穷尽的。而作为哲学的理论视角却能从形而上的高度对法律评价进行整体上的关照。法律评价不仅要研究现象层面的可操作性的东西，更要揭示法律经验现象后面本质性的东西，从而超越法律评价的直接现实性品格，彰显其改造人类实践的普遍性品格。因此，本书对法律评价的理论建构就从哲学的理论视角切入，研究法律评价现象背后具有普遍共性的东西，从而给出法律评价一个概括性和抽象性的描述和表达。这种高度的抽象和概括并非远离法律评价的实践，而是给出法律评价一个较为理想的解释，一个更高目标的追求，从而指导现实生活中的法律评价实践活动。

第三节　研究方法和研究框架

研究方法是进行某一研究的基本方式，是实现研究的基本手段和工具。本书从哲学的评价论视域对法律评价的基本理论问题展开研究，探究法律评价的知识体系，就在研究内容上对法律评价有了新认识。

一、研究方法

法律评价既是司法机关行使司法权的实践活动，又是法治社会常见的法律现象。对其进行研究，既需要从司法实践中的具体案例入手，实证考察现实生活中的法律评价是如何运行的，又需要从哲学视域对法律评价进行反思性研究，以便从理论上对法律评价进行抽象性概括。总括来说，对法律评价所采用的具体方法共分为以下三种。

第一，文献资料法。文献资料分析法是对法律评价进行研究的主要分析方法。通过查阅相关文献，我们就能对法律评价研究有一个准确了解。目前，学术界对司法机关的法律评价进行研究尚处于起步阶段。法律评价的理论问题依然存在争论，法律评价的实施机制还没有从哲学上专门进行系统化研究，法律评价与法治社会、法治国家、法治文化和法治时代的关系等也有待深入研究。因此，通过查阅文献对法律评价进行专题研究，可以有针对性地指导我国的司法实践，更有效地尊重和保障人权，进而有利于社会主义法治国家的建设。

文献资料法可以被看成是哲学分析的具体操作方法。对相关文献资料的研究是对法律评价进行哲学反思的必经阶段。对法律评价的关注应从哲学层面探讨并构建法律评价的基本理论体系，而很少有研究者把曾认为是法学研究的范畴上升到哲学的高度进行研究。而哲学的视角正是进入法律评价研究的新方法，这一方法能对法律评价的知识成因及其知识谱系进行彻底的说明，并能通过法律评价的理论呈现对现实生活中的司法实践作出有力地解释。

第二，逻辑分析法。逻辑分析方法是以逻辑分析为工具，在研究中对文献资料的研究成果进行逻辑分析，借以论证对法律评价进行研究的章与章之间，章内节与节之间的逻辑关系，以增强研究的论证力和说服力。通过第一章和第二章对法律评价基本理论和实施机制的阐释，才能进一步在第三章分析法律评价的社会条件，进而在第四章分析法律评价的文化向度，在第五章分析法律评价的时代意蕴。只有在对这些问题的回答中，对法律评价的研究才能从具体的感性认识上升到抽象的理性认识，进而表现为司法实践中法律评价活动理性具体的再现过程。

第三，案例分析法。博登海默认为："当立法者制定的规范同整个社会的价值判断与真正利益完全一致时，就达到了理想的程度。"①然而，塞德曼指出"法律并不永远导致立法者所期望的那些行为"②。法律是否有效，法律评价是否公正合理，都能通过司法个案得以体现，需要通过对个案的理论分析得以说明。我国当下众多具有典型意义的公共案件和司法事件，如李怀亮案、唐慧案等都是对法律评价活动进行研究的一手资料。通过案例分析不仅可以增强本研究的理论说服力，而且可以增强本研究的实践针对性，从而做到理论与实践相结合。

① ［美］博登海默：《法理学——法哲学及其方法》，邓正来译，华夏出版社 1987 年版，第 317 页。
② ［美］塞德曼等：《法律秩序与社会改革》，时宜人译，中国政法大学出版社 1992 年版，第 34 页。

二、研究框架

除导论部分从研究的意义，研究的思路以及研究的方法这三方面，对法律评价研究有一个总体性介绍外，在结构上，全书的框架主要分为五个部分。这些章节通过五个方面构建了《法律评价论》的整体理论框架。

第一章“法律评价的理论思考”共分为三节。第一节“法律评价的内涵”包括法律评价概念辨析以及法律评价的性质。第二节“法律评价的逻辑呈现”包括法律评价的逻辑、法律逻辑在法律评价中的功能以及法律逻辑的人文精神。第三节“法律评价的类型”包括法院行使审判权的法律评价和检察院行使检察权的法律评价。

该章指出法律评价不同于社会民众对司法活动的评价。法律评价是司法机关适用法律的“有机”形式，主体是人民法院和人民检察院，客体是在对案件的审判活动、检察监督活动以及执行活动中，诉讼参与人的权利和义务所指向的事实证据、适用法律规范和程序运作等方面，结果是做出具有法律效力的裁判。社会民众对司法活动的评价，其主体是一般社会民众或其他国家机关，客体是社会中的司法活动，结果是不能任意干预法律评价活动，对法律评价活动不产生任何法律效力。

第二章“法律评价的实施机制”共分为三节。第一节“法律评价的机制”包括法律评价的要素、法律评价的程序和法律评价的共识形成机制。第二节“法律评价机制中的矛盾”包括法律评价机制中的“公”与“私”、权力拜物教与资本拜物教：“私”的两重化和司法腐败：“私”的必然结果。第三节“法律评价机制中的悖论”包括法律评价机制中主体的责任、法律评价机制中悖论的描述，以及法律评价机制中解悖的方案。

该章指出社会主义国家的法律评价具有鲜明的价值取向，直接体现着国家意志。而社会主义国家的国家意志就是人民意志的集中体现，法律评价就是彰显人民主体性的司法活动。法律评价作为法治社会的核心机制，不仅要使人民的合法权益获得法律所承诺的保障，而且在权利受到伤害时能够通过法律评价及时得到救济，这是司法为民的具体要求，也是社会主义国家的法律评价“为人民服务”的集中体现。通过对人民法院审判评价活动机制及作用特点，和人民检察院检察监督活动机制及作用特点进行实证分析，对法律评价中的“公”与“私”、拜物教和司法腐败进行研究，提出通过法律评价中主体责任的明确、司法反腐机制的完善等综合举措推进司法改革，彰显社会主义国家的法律评价“为人民服务”的根本属性。

在法律评价的实施机制中，法律评价是法治社会的核心机制，法律评价的共识形成机制则是法律评价机制的核心，从而是法治社会的核心机制之核心。法律评价的共识形成机制既通过法律评价维护其他个体的相同法律权益，使社会主体能够认同法律评价活动；又通过为社会主体提供表达利益诉求的渠道，从而在依法治国，建设社会主义法治国家的历史进程中发挥着核心作用。

第三章“法律评价的社会条件”共分为三节。第一节“影响法律评价的主要社会因素”包括党的领导对法律评价作用的分析、行政评价与法律评价的双向互动、律师和法学专家对法律评价的内在作用，以及社会舆论对法律评价的复杂影响。第二节“法律评价的社会作用”包括法律评价是创新社会治理的重要内容、法律评价是推动社会变迁的重要力量，以及法律评价是实现社会公正的重要途径。第三节“法律评价社会面向的哲学思考”包括充分重视法律评价中的社会意识、正确理解法律评价中的社会规定，以及辩证看待法律评价中的社会批判。

该章主要分析法律评价实施机制的社会条件。只有研究法律评价的社会条件，才能更好地实现司法公正和有效维护人权。这是因为，法律评价既处于社会形态中，有许多社会因素对其产生影响；法律评价又作用于社会，是推进社会治理现代化的重要内容。只有具有社会性，实现社会民众的正当权益，法律评价才能真正彰显司法公正的现实力量。

第四章“法律评价的文化向度”共分为三节。第一节“法治文化中的法律评价”包括法律评价的文化境遇、法律评价的法治文化映现以及法律评价的法治文化要求。第二节“法律评价中的文化精神”包括法律评价中的法治精神、法治精神的文化自觉以及法治文化的三个特征。第三节“法律评价中的两种法治文化”包括法院文化与检察文化、法院文化建设与司法改革以及检察文化建设与司法改革。

该章指出法律评价的文化向度是法律评价研究的重要内容。法治文化是在法律评价活动过程中形成和发展的，法律评价活动是法治文化的实践载体。法治文化具有合宪性、合法性和合理性特征。法治文化主要包括法院文化和检察文化。法院文化建设和检察文化建设有助于推动当前的司法改革。此外，法治中国化理论要区分中西方法治文化的不同理念和作用机制，并在法律评价活动中藉此指导中国的法治实践。中国传统文化有助于形成法治中国化理论并指导中国的法治实践。

第五章“法律评价的时代意蕴”共分为三节。第一节“法治时代的法律评价”包括社会转型期与法治时代的到来、法治时代法律评价活动的位置以及法治时代法律评价活动的主题。第二节“人权保障：法律评价的时代要求”包括人权映现：法律评价对人的尊严的重视、人权认同：法律评价对人是目的的实现，人权要求：法律评价对人的权利的维护，以及统一于“人本身”：法律评价对人权的自觉回归。第三节“法律评价中的三重时代精神”包括法治精神：法律评价在法治中国建设中的精神之魂，人文精神：法律评价在和谐社会建设中的精神基石，以及批判精神：法律评价实现反思超越的时代精神自觉。

该章指出我国正逐渐步入法治时代，处于由前法治社会向法治社会过渡的转型期。法治时代是一个崇尚法律理性的时代，法律评价是法治时代定纷止争的基本途径。在当今社会，实现法律评价的现代化是法治中国建设的最重要任务。法律评价的现代化要求把法律评价活动从政府统治工具转变为约束政府权力的利器，实现从对政治权力的依赖型向约束型转化，从而能使法律评价成为人们在经济领域、政治领域、观念领域和社会生活等领域的坚实保护力量。

第 一 章

法律评价的理论思考

法律评价是沟通法律的意义世界与社会民众生活的一座实践桥梁。对法律评价的理论思考不仅能为思考法律实践提供一种研究进路，而且能为全社会通过法律评价参与法治社会建设提供一种研究思路。法律评价的基本理论包括法律评价的内涵、逻辑与类型。

第一节 法律评价的内涵

法律评价是指司法机关依法行使国家司法权，对诉讼前以及诉讼过程中的法律事实、法律行为和法律证据等，适用的法律规范、程序运作和当事人的权利义务等方面，运用归纳或演绎推理的形式逻辑，对案件行使检察权以及作出司法裁判，并在此基础上通过强制方法予以执行的实践活动。法律评价既包括法院行使审判权的实践活动，又包括检察院行使检察权和法律监督权的实践活动。检察院对案件行使法律监督权表现在，依法定程序和法定权限监督和制衡公安机关和人民法院的职权行为，保证法律评价活动能依法进行。

一、法律评价概念辨析

人类的认识活动可以分为认知活动与评价活动。认知活动以客体为对象，揭示与主体相对立的客体事物的本质和规律。在认知活动中，客体是外在于主体而存在的。冯契就认为："在认知中，主体和客体的关系是外在的关系，即对象可以被看作是外在于主体的。”[①]在认知活动中，主体要尽可能如实地反映外在于主体的客体，这对于法律评价而言同样如此。法律评价首先是司法机关对案件的法律事实和法律行为等的法律认知活动。检察院在行使职务犯罪侦查权、公诉权、侦查监督权、监所监察权和控告申诉权等的活动中，以及法院在行使审判权等的活动中，首先要对涉案的客体事实、行为和证据等进行法律上的认定，这个过程同时是司法机关对案件的法律事实、法律行为和法律证据等的认知活动过程。司法机关必须如实反映案件的法律事实、法律行为和法律证据等情况，只有这样才能确保侦查、审查起诉和审判的案件事实、行为和证据等经得起法律和历史的检验。这是司法机关依法行使法律评价职权的题中应有之义。

人类的认识活动还包括评价活动。冯契就认为，“人对客观事物的认识不是单纯的认知(cognition)而且包含着评价(evaluation)”[②]。反映主客体之间关系的评价活动主要是反映主客体之间的价值关系，也就是说，主体在认识活动中总要从自身出发来评价客体对于主体所具有的意义。作为一种具体的评价类型，法律评价既是一种法律上的认知活动，更是专门的法律评价实践活动。法律评价是司法机关依法行使职权对社会中的法律行为和法律事实等进行评价的专门性实践活动。在法律评价中，司法机关认定法律事实和法律行为等的认知活动，旨在从中揭示其与案件当事人之间的法律关系，并在此基础上对案件进行评价，并作出相应的法律评价结论。

评价活动包括两个环节，主体首先要选择评价标准。这个标准就是主体被意识到了的需要。在现实生活中，利益就是被主体意识到了的需要在主体意识中的反映，因而成为评价活动中的主体标准。其次，主客体之间的价值关系以利益的形式表现出来，就说明在通常情况下，主体是通过利益的形式反映经过选择的价值关系。法律评价遵循评价活动的一般机制。在法律评价中，司法机关依法行使法律评价职权的活动也包括这两个环节。司法机关对案件进行法律评价时，首先会选择相适宜的法律规范。这个法律规范就是评价案件的法律标准。选用不同的法律规范对于同一行为进行法律评价，会产生不同的法律评价结论，对当事人造成不同的利益结果。

---

① 冯契：《人的自由和真善美》，华东师范大学出版社 1996 年版，第 66 页。
② 冯契：《人的自由和真善美》，华东师范大学出版社 1996 年版，第 64 页。

因而选择法律规范必须要弄清案件中的法律事实、法律行为和法律证据等情况，并考虑以往司法机关对类似案件已经适用的法律情况。然后，司法机关整合经过选择的主客体之间法律价值关系信息，形成判决。于是，当事人之间的利益关系在案件中就以法律评价结论的形式表现出来。在法治社会中，法律评价是调整社会利益关系最为重要的途径和方式。

“每一个概念或范畴，既是把人与客观世界联系起来的一个纽结，又是人认识客观世界的一个新的视角。”[①]法律评价就是这样一个概念或范畴。把“法律”和“评价”合称为“法律评价”，这预示着哲学视域的评价论在法学领域的展开，并使法律评价获得独立于一般评价论的特殊内涵。对这一具有特殊内涵的法学范畴，可以从法律评价自身的特殊内涵来揭示其所深蕴的涵义。

学术界对法律评价的概念有不同的界定。对法律评价的一种理解是，社会主体对司法活动的评价。国内许多学者都是从这个角度来理解法律评价。[②]我们把对法律评价的这种理解称为广义的法律评价。另一种对法律评价的理解是，司法机关在诉讼前和诉讼过程中适用法律依法行使法律评价职权的司法活动，我们称之为狭义的法律评价，这是本书所界定的法律评价。（见表 1-1）

表 1-1 法律评价概念

<table>
<tr><th></th><th colspan="2">主　　体</th><th>客　　体</th></tr>
<tr><td rowspan="3">广义的法律评价</td><td rowspan="3">社会主体</td><td>社会民众（主要评价主体）</td><td rowspan="2">司法活动</td></tr>
<tr><td>行政机关</td></tr>
<tr><td>司法机关</td><td>法律行为、法律事实等</td></tr>
<tr><td rowspan="2">狭义的法律评价
（本书界定的概念）</td><td rowspan="2">司法机关</td><td>人民法院</td><td rowspan="2">法律行为、法律事实等</td></tr>
<tr><td>人民检察院</td></tr>
</table>

由以上定义可以看出，广义的法律评价的主体是社会主体，客体是以法

① 严存生：《法律的价值》，陕西人民出版社 1991 年版，第 233 页。

② 黄竹胜认为，法律评价是社会主体对法律现象的认识活动形式，是社会主体基于自身需要而对法律现象的功能、价值、作用、含义等所作的事实、价值和审美判断和评定。参见黄竹胜：《法律评价的重新解释》，《法学论坛》2002 年第 4 期。苏亮乾认为，法律评价本质上是社会主体的社会认识活动，是社会主体依据一定的标准对法律现象的事实、价值与审美的判断和评估。参见苏亮乾：《法律评价：性质与功能》，《内蒙古社会科学(汉文版)》2005 年第 4 期。

律运作等为主的司法活动。这样，广义的法律评价就成为既包括国家权威评价和司法机关的法律评价，又包括社会民众评价的一般评价活动。[①]然而，社会民众评价是通过群体内众多个体表达意见的“无机方式”所进行的评价活动体现出来，具有偶然性、随意性和盲目性。“不仅民众领袖有可能对民众评价活动进行误导，而且权威机构也有可能对民众评价活动进行误导。”[②]因此，民众对法律评价的偶然性、随意性和盲目性就可能导致法律评价权威性的丧失。此外，国家权威机关中的其他机关对司法活动的评价也会直接影响到法律评价的权威性。当前“主流社会所理解的法治就是一种管理手段，实施法治就是进一步规范管理，依程序管理……法律理所当然地被当成管理、统治的工具，然而这是法律不被正视的开始。对于政治统治与管理意义上法治，我们可以称之为‘政治法治’。政治法治实行的是政治挂帅，政治优先”。[③]既然法律和法治都是政治手段，法律就失去了权威性，成了政治的附庸。法律一旦没有了至上地位，法律的权威就会经常受到来自政治的和社会民众等的不断挑战。我们知道，任何权威都具有排他性。当我们肯定了法律权威，就意味着其他社会规范的位置是在法律之下的。尤其是在司法实践中，司法机关的法律评价就代表着法律的权威。在司法领域依法办案就是依法治国的具体表现。

具体而言，学术界的一些研究成果对我们很有启发。李建明认为，每一个诉讼案件都有来自各方面的评价，有诉讼当事人的评价、司法系统自身的评价和一般社会成员的评价，不同的评价主体会得出不同的评价结论。他认为法律评价是指对诉讼过程的评价，可以是一般意义上对诉讼现象的抽象评价，也可以是对个案诉讼过程的具体评价。[④]他从诉讼过程理解法律评价，把法律评价的客体限定于诉讼过程中的法律行为和法律事实等，这就比广义上对法律评价的理解有了进步，但仍然没有跳出这一窠臼。因为他认为法律评价的主体还是社会主体而非司法机关。陈开琦、宋强认为刑事司

---

① 董长春认为，法律评价的类型可以依据评价主体的不同，分为权力系统内的评价和权力系统外的评价。前者包括政党评价、权力机关评价、司法机关评价和行政机关评价；后者包括公民评价、公共舆论评价、公共传媒评价和社会团体评价。依据此观点，法律评价既包括权威评价活动即权力系统内的评价，又包括社会民众评价活动即权力系统外的评价。参见董长春：《法律评价的意义及其作用》，《江苏教育学院学报》(社会科学版)2002 年第 4 期。

② 陈新汉：《论民众评价活动中的悖论》，《上海大学学报》(社会科学版)2004 年第 4 期。

③ 陈金钊：《法治时代的法律位置——认真看待法律逻辑与正义修辞》，《法学》2011 年第 2 期。

④ 李建明：《诉讼过程法律评价与社会评价的冲突》，《法学评论》2007 年第 6 期。

法中的法律评价是司法人员针对具体的刑事案件，适用法律，对犯罪嫌疑人、被告人涉嫌刑事犯罪的行为所作出的肯定或否定的评价。[①]他们对法律评价的理解正是从司法主体的角度而言，正是本书所界定的法律评价的主体概念。但是法律评价活动并非仅仅涉及刑事司法领域，而是涉及包括刑事、民事和行政等司法实践领域的概念。陈新汉认为，法律评价是国家权威评价活动中较为典型的“有机”形式。他认为法律评价的评价主体是司法机关。[②]这样广义的法律评价是社会主体对司法活动进行评价，就不同于司法机关适用法律的评价活动。

我国的司法机关主要是指人民法院和人民检察院。前者主要以行使审判权进行法律评价，后者主要以行使公诉权和法律监督权进行法律评价。检察院在案件中依法行使职权主要包括对“职务犯罪侦查、公诉、侦查监督、监所监察、控告申诉”[③]。一方面，检察院为了追究违法犯罪行为，就会以对职务犯罪侦查、提起公诉(或不起诉)、控告申诉等方式行使检察权。这一职权行为发生在案件的司法审查过程中，检察院要依据证据和事实等对案件作出评判，因而属于法律评价活动，比较容易理解。另一方面，检察院对案件行使法律监督权表现在，依法定程序和法定权限监督和制衡公安机关和人民法院的职权行为，保证法律评价活动能依法进行。在这里，检察院行使法律监督权发生在案件的司法审查过程中。检察院对公安机关和法院的职权行为进行法律监督和权力制衡的前提是，其对案件进行了法律上的事实和价值评断。检察院发现公安机关和法院在案件的审查过程中违法行使职权的行为就是建立在其对案件进行法律上的事实和价值评断的基础之上。因此，为了保证法律评价活动能依法进行，检察院才对公安机关和法院行使法律监督权。这说明，检察院行使法律监督权是法律评价活动的一个重要组成部分。

这里需要注意的是，检察院的法律监督权主要是程序性审查监督，一般不进行实体性审查，这样既可以节约司法资源，又不干涉其他国家权威机关

---

① 陈开琦、宋强：《我国刑事司法中法律评价与道德评价的冲突论》，《西南政法大学学报》2002年第1期。

② 陈新汉：《自我评价论》，上海人民出版社2011年版，第354页。

③ 贺恒扬：《检察机关贯彻实施修改后的刑事诉讼法若干问题》，《中国刑事法杂志》2012年第10期。

的职权行使。当然对于案件流程管理过程中发现的明显实体性错误，检察院有权提醒有关部门注意。这是检察院进行法律评价的表现形式。检察院还具有对“行政法规、地方法规、行政规章、规章以下规范性文件以及司法解释等具有普遍约束力的规范性法律文件的合宪性、合法性，依宪法、法律授权请求有关机关审查处理”的“一般监督检察权”①。这符合1979年《中华人民共和国人民检察院组织法》第一条的规定：“中华人民共和国人民检察院是国家的法律监督机关。”②这样检察院就享有完整的法律监督权。通常说来，检察院的“一般监督检察权”经常是“备而不用”，并且自己没有直接审查上述法律文件的权力。这是检察院进行法律评价活动的特殊表现。

法院是国家司法审判机关。严格意义上的司法专指人民法院的审判活动。法院在审判活动中，主要对犯罪嫌疑人的犯罪行为是否构成犯罪事实进行审理，并在诉讼活动中运用法律规范作出相应地法律评价。在法律评价中，“以事实为根据，以法律为准绳”是法院遵循的基本原则。除审判权外，法院还通过行使司法执行权、司法决定权、依法决定国家赔偿、提出司法建议等开展法律评价活动。一般而言，法院的判决具有终极性，这是法律评价具有权威性的最终根据。

由以上分析可知，法律评价专指司法机关行使司法权的实践活动。一个完整的法律评价过程既包括检察院行使公诉权和法律监督权的检察监督活动，又包括法院行使审判权的审判评价活动。法律评价的评价主体是以人民法院和人民检察院为主体的司法机关，评价客体是在检察监督活动、审判活动以及执行活动中，参与主体的权利和义务所指向的法律事实、法律行为和法律证据，以及适用的法律规范和程序运作等方面，评价标准是法律规范，评价方法遵循形式逻辑中归纳或演绎的法律推理、法律解释和法律论证等方法，评价结论检察院主要以提起公诉的形式，法院主要以形成法律事实判断和价值判断的规范性文件表达出来，并通过强制方法予以执行。这样，就可以把法律评价界定为：法律评价是人民法院和人民检察院对诉讼前以及诉讼过程中的法律事实、法律行为和法律证据等，适用的法律规范、程

① 韩成军：《人民代表大会制度下检察机关一般监督权的配置》，《当代法学》2012年第6期。
② 《中华人民共和国人民检察院组织法》（修正）（1983年）第1条。

序运作和当事人的权利义务等方面，运用归纳或演绎推理的形式逻辑，对案件行使检察权以及作出司法判决，并在此基础上通过强制方法予以执行的实践活动。

理解法律评价的概念还需要注意以下几点：

其一，法律关系中的主体与法律评价的主体不同。在我国，法律关系的主体主要有三种：第一种是公民个人，第二种是国家机关、企事业单位、社会团体，第三种是国家。国家是一种特殊的法律关系主体，通常参与国际法律关系，但在某种特殊情况下，国家也参与一定的国内法律关系，例如国家作为债务人与国库券持有人而形成的一种债务债权关系。因此法律关系中的主体属于法律评价的客体范畴，是法律评价客体中的行为者或当事人，而法律评价的主体是我国的司法机关即人民法院和人民检察院。

其二，法律关系中的客体与法律评价的客体也不同。法律关系中的客体是法律关系主体的权利义务所指向的对象，如金钱、生产资料等物质财富和科学发明、学术著作、艺术作品等精神财富。因此，法律关系中的客体是法律评价客体的一部分。在法律评价中，与法律关系联系在一起的人们的行为和事实，即法律行为和法律事实等是法律评价的主要客体。

其三，在行使职权的过程中，法院和检察院等司法机关也会对自己的行为进行评价，但是这一评价活动不同于本书所界定的法律评价。因为法院和检察院等司法机关对自己行为的评价不属于行使职权行为，并且不会产生法律意义上的法律效力。而他们所进行的法律评价属于行使职权行为，最终会产生法律意义上的法律效力。那么，法院和检察院等司法机关对自己的行为进行评价有没有必要？对于这一问题的回答是肯定的。在行使职权的过程中，法院和检察院等司法机关对自己的行为进行评价，一般来说会促使他们作出更加客观公正的法律评价。如果他们没有作出客观公正的法律评价，那么就会根据相关法律规定启动相应的法律内部监督程序和外部监督程序。

其四，在行使职权的过程中，法院和检察院等司法机关对所要适用的法律也会进行评价，这是他们在作出法律评价结论之前，依据案件事实选择要适用的法律的必经阶段，因而是法律评价的重要组成部分。如果他们发现所要适用的法律不能适应时代发展变化的要求，具有有权提请全国人民代表大会及其常务委员会等权力机关进行审查，以及拥有立法提案权、法律解释提案权等权利。

其五，在案件的司法审查过程中，法院行使审判权、检察院行使检察权和法律监督权以及公安机关行使侦查权，这三者之间的关系是：检察院主导制约公安机关，法院主导制约检察院，法院主导三者的制约关系，处于制约的顶端。在侦查阶段，检察院有权决定公安机关是否逮捕犯罪嫌疑人，是否决定起诉，并对公安机关的侦查活动是否合法进行法律监督。在审判阶段，法院对检察院起诉的案件有权决定是否退回补充侦查。这表明法检公三机关关系的核心在于制约。但是制约本身并不是目的，根本目的在于通过制约来保障法律适用的公正性。

二、法律评价的性质

法律评价不同于社会民众评价，是国家权威机构评价的“有机”形式。这种“有机”形式既是司法机关适用法律的实践活动，又集中表达着以人民利益为载体的社会主义国家意志，因而是彰显人民主体性的司法活动。

其一，法律评价的权威性表明法律评价是国家权威评价活动。马克思和恩格斯在《共产党宣言》中针对资产阶级意识形态指出：“你们的观念本身是资产阶级的生产关系和所有制关系的产物，正像你们的法不过是被奉为法律的你们这个阶级的意志一样，而这种意志的内容是由你们这个阶级的物质生活条件来决定的。”[①]这一论断揭示了法律的本质，法律是统治阶级意志的表现。法律评价只不过是把统治阶级的意志实现于社会生活当中的实践途径。统治阶级通过政权将本阶级的意志用法律形式固定下来，通过法律评价这一中介对人们行为的合法与否进行评判，并以国家强制力为后盾，对人们具有普遍约束力。这表明，法律评价是国家权威评价活动，法律评价所体现的意志正是作为国家意志的统治阶级意志的体现，因而法律评价必然具有国家权力的权威性。这符合恩格斯在《论权威》一文中对权威的解释。他认为，权威“是指把别人的意志强加于我们；另一方面，权威又是以服从为前提的”。[②]法律评价的权威性就意味着，一方面，在法律评价中，

---

① 马克思、恩格斯：《马克思恩格斯文集》第2卷，人民出版社2009年版，第48页。
② 马克思、恩格斯：《马克思恩格斯文集》第3卷，人民出版社2009年版，第335页。

司法机关有权将作为国家意志的统治阶级意志强加于我们；另一方面，法律评价的这种权威性又是以人们的服从为前提的，也就是说基于法律评价的裁决必须得以遵守。

社会主义国家是人民当家作主的国家。人民是国家的主人，那么法律就是占社会统治地位的人民的意志的体现。法律评价作为实现法律的实践途径，其所体现的意志正是占社会统治地位的人民意志。于是，在司法实践中，司法机关依法行使职权进行法律评价，其实质是代表人民解决社会矛盾和纠纷。由于人民的意志在法律评价中占支配地位，司法机关依法行使职权的权威性才具有正当合理性。这正符合卢梭在论述《怎样保持主权权威》时，认为主权者的权威性只能通过法律来行动的思想。他说："主权者只有立法权而无其他的权力，因此只能依靠法律来行动。"①司法机关依法行使的法律评价职权当然属于这里所说的主权，因而卢梭才认为主权者"只能依靠法律来行动"。这里的"只能依靠法律来行动"就是指司法机关依法行使法律评价职权的实践活动。正是由于法律评价是国家权威评价活动，司法机关作出的评价结论才具有权威性。这种权威性对其所涉及的人民生活产生了极为重要的影响。一个典型案例是湖北佘祥林冤案。佘祥林之所以能够沉冤得雪，京山县人民法院在他的"亡妻"出现后，重新开庭审理起到了决定性作用。事后，他领取70余万元国家赔偿金，表明司法机关的权威性只有体现出人民的意志和利益，才能真正成为国家主权权威的一个重要组成部分。

其二，法律评价是社会评价活动中权威评价的"有机"形式。黑格尔说："在国家中现实地肯定自己的东西当然须用有机的形式表现出来，国家制度中的各个部分就是这样的。"②那么"有机"形式是如何来表现自己呢？"有机"和"无机"作为活动形式的特征，原本与自然界中的有生命的物质即"有机体"和无生命的物质即"无机体"相对应的。有机体的活动形式在新陈代谢的生命现象中，表现出一定的自组织性、自洽性和内在性，从而能够自生自长。在社会哲学上，"有机"形式不仅是指生物机体的活动形式，而且泛指具有上述特征的事物活动的形式，尤其是指社会领域内具有上

① [法]卢梭：《社会契约论》，李平沤译，商务印书馆2012年版，第101页。
② [德]黑格尔：《法哲学原理》，范扬、张企泰译，商务印书馆1961年版，第332页。

述特点的事物活动形式。社会学家斯宾塞在《社会学原理》中就集中论述了社会有机体的理论。他认为人类社会活动从总体上说，在一定程度内就表现出自组织性、自洽性和内在性。而“无机”形式恰好与此特征相反，表现为随意性、自发性和盲目性。

这种“有机”形式体现在法律评价中，就是司法机关运用法律规范作为标准，对人们的行为是合法、违法还是犯罪进行评判，并运用国家强制力量保障其实施的实践活动。运用法律规范作为标准，说明司法机关不能随意选用评价标准，而是有组织、有目的、有计划的选用法律规范对人们的行为进行评判。在法律评价中，首先，司法机关根据与法律关系相联系的行为情况，选择相适宜的法律规范。其次，司法机关整合经过选择的主客体之间法律价值关系信息，然后依法进行评判。这两个环节贯穿于法院以审判活动进行的法律评价和检察院以检察监督活动进行的法律评价过程中。

在法律评价中，评价主体是代表着国家权威机构的司法机关，评价标准是法律规范，评价结论以法律事实判断和法律价值判断的形式规范地表达出来。并且法律评价活动的“有机”形式还表现在，其对社会民众评价活动具有引导作用。一般而言，每个社会的团体和个人都要遵守法律。法律是人民在生活中经常用到的评价标准。这是因为，法律是占社会统治地位的人民意志的体现。人民运用法律作为评价标准选择主客体之间的价值关系，然后把这种信息经过整合形成价值观念，以此来指导如何做出行为选择。如果有人不遵守法律或者违法犯罪，就会受到司法机关法律评价的否定性评价，从而遭受到相应的法律制裁。由此可见，从法律层面规范社会民众的评价活动和言论行动来看，法律评价对社会民众评价具有引导作用。

其三，法律评价是司法机关适用法律的实践活动。司法机关在行使法律评价职权时，主要是通过两种方式适用法律的。一种方式表现为人民法院的审判活动，另一种方式表现为人民检察院的检察活动和法律监督活动。

法院的审判活动是法院在行使法律评价职权时适用法律的实践活动。梅因在《古代法》中就指出，13 世纪的英国法官们认为：“除了衡平法和制定法外，英国法的基础自第一次形成以来，就再也没有什么别的东西加上去。”①

① ［英］梅因：《古代法》，高敏、瞿慧虹译，中国社会科学出版社 2009 年版，第 26 页。

衡平法主要是由大法官的判例形成的调整商品经济下财产关系的规范，适用于民事案件。不管是衡平法还是制定法，法官在判案的过程中都是根据既有的法律规范作为评价标准，对人们的行为进行评判。卡多佐更直接地认为，法院的审判活动是一个适用法律的实践过程。他说："制定法是设计用来对付眼前的临时性紧急事件。当这些紧急事件改变时，修改是容易的。在这类案件中，制定法一旦有了解说，其含义就趋向于将这种解说按照第一次确定的形式合法地予以定格。一部宪法所宣告的或应当宣告的规则并不是为了正在消逝的片刻，而是为了不断延展的未来。"①法院适用法律规范对人们的行为作出裁判，并不是为了某个细节和具体问题而解释法律规范，而是在解释法律规范时有一个普遍的、客观的评价标准。这个评价标准是除了我有理由认为是正确的东西，其他有正常智力和良心的人也都会合乎逻辑和情理地认为是正确的东西。

这表明，法院在行使法律评价职权时，选择的评价标准是外部性的、客观性的和普遍性的标准，而且尽量避免掺杂有关人的自身因素。因此，法院及其工作人员在法律评价中，首先会将他个人的政治价值、社会舆论、私人情感等放到一边，努力在他面对的境况下以一种纯粹客观的精神来确定，什么样的生活秩序最符合那个引出争议的法律本身的目标。于是，解决生活争议的最基本和最主要的社会途径，就是通过法院行使审判权而解决矛盾纠纷的法律评价活动。所以，拉德布鲁赫认为，法治国家是"司法国家"②。法院有权通过适用法律保障人民的自由和权益。

检察院的检察监督活动是检察院在行使法律评价职权时适用法律的实践活动。一方面，检察院行使法律评价职权活动表现为检察院的检察活动，包括侦查、公诉、上诉等活动。公诉权又是检察权中最主要的职权。公诉权是检察院代表国家追诉犯罪，将犯罪嫌疑人起诉到法院，请求其给予定罪处罚的权能。检察院通过行使公诉权，对侦查终结的案件进行审查，并出庭支持公诉活动，有利于防止和纠正公安机关在侦查活动中，以及法院在审判活动中的违法行为，实现对侦查权和审判权的制约和监督。所以，作为国家司法制度的重要组成部分，检察院是通过司法实践中的诉讼活动来行使

① ［美］卡多佐：《司法过程的性质》，苏力译，商务印书馆1998年版，第51页。
② ［德］拉德布鲁赫：《法学导论》，米健译，商务印书馆2013年版，第187页。

检察权的职能。

另一方面，检察院行使法律评价职权活动表现为检察院的法律监督活动。法律监督权是宪法规定由检察院行使的一项专门性权力。在司法实践中，检察院行使法律评价职权，就要对公安机关的侦查权、法院的审判权和国家的行政权进行有效监督，确保国家法律的统一正确实施。检察院的法律监督权贯穿于其行使检察权的过程始终。通过对侦查终结案件的审查，检察院对公安机关的侦查权形成必要的监督。通过出庭支持公诉活动，检察院对法院的审判权形成必要的监督。通过受理对贪污、贿赂等犯罪的举报，依法对贪污案、贿赂案、侵犯公民民主权利案、渎职案以及认为需要自己依法直接受理的其他刑事案件进行侦查，检察院对行政权形成必要的监督。检察院的法律监督职权体现了我国司法权行使过程中的相互独立和相互制衡原则。检察院依法享有对公安机关、法院和行政机关的监督权，但是这种监督主要是程序性监督，要通过相应的程序才能依法追究违法犯罪行为。这符合现代司法主张的侦控分离、控审分离、侦控审三边制衡的理念，能够有效防止司法腐败，维护司法公正。

其四，法律评价中的人民主体性和统治阶级。作为人类社会现代文明的重要组成部分，法律评价正成为司法机关保障社会民众合法权益的主要途径和方式。然而，当前社会频繁发生的一些司法机关工作人员违法审判和执行案件的现象，说明他们的人民公仆意识还很淡薄。这就涉及法律评价活动中的人民主体性这一论题。

司法机关依法行使法律评价职权凸显了法治社会的人民主体地位。社会主义中国是在“始终代表整个运动的利益”①的中国共产党带领全国人民浴血奋战的基础上建立起来的。宪法第1条规定：“中华人民共和国是工人阶级领导的、以工农联盟为基础的人民民主专政的社会主义国家”。第2条规定：“中华人民共和国的一切权力属于人民。”这就决定了“中国不存在以往社会中的属于剥削阶级范畴的统治阶级”②。国家的一切权力是“交给社会的负责的公仆”③来体现为人民服务的宗旨。司法机关作为体现社会公

① 马克思、恩格斯：《马克思恩格斯文集》第4卷，人民出版社2009年版，第324页。
② 陈新汉：《哲学视域中的人民主体新思考》，《哲学研究》2014年第2期。
③ 列宁：《列宁专题文集　论马克思主义》，人民出版社2009年版，第223页。

仆责任的权力机关，就应当如列宁所说的那样，是社会的公仆，是全心全意地为人民服务的。

既然社会主义国家的权力机关不是作为“剥削阶级范畴的统治阶级”，那么司法机关就应是人民的公仆机关，其依法行使的法律评价职权活动就是代表人民利益，彰显人民主体性的实践活动。正是因为司法机关依法行使法律评价职权能够成为托克维尔所说的“正确理解的利益”的载体，以及马克思所说的“最高力量的一种自信的生命活动”，司法机关才能超越阶级统治的历史局限，真正代表人民的利益。

首先，司法机关的法律评价活动能够成为“正确理解的利益”的载体。法国著名思想家托克维尔在《论美国的民主》一书中提出了“正确理解的利益”的思想。他在考察美国社会的政治时，发现美国国民普遍认可“正确理解的利益”的思想。“正确理解的利益”的思想承认个人利益。“必须承认，个人利益即使不是人的行动的惟一动力，至少也是现有的主要动力。”①这表明托克维尔提出的“正确理解的利益”的出发点是尊重个人利益。他还认为“个人利益与全体利益有符合和相通之处”，承认个人利益并不否定全体利益，恰恰是“人为他人服务也是在为自己服务”②。这样“正确理解的利益”的思想就很容易为社会大众所接受。法律评价活动是一种在法的实现中表达人的利益的活动。这里的人不是指统治阶级中的少数人，而是指广大人民群众中的每一个人。于是，司法机关的法律评价活动就能实现个人利益与社会利益的有效衔接。

在法律评价中，司法机关遵循着“法律—利益”的思维逻辑结构处理案件。人的合法利益是法律评价要实现的首要目的。但是在目前的司法实践中，冤假错案、司法腐败以及司法暴力等现象表明，某些司法机关在处理案件的过程中把自己当成凌驾于社会民众之上的统治阶级，没有依法保护案件当事人的正当合法利益。例如，在河南李怀亮案中，李怀亮一直被羁押在看守所超过 12 年。这说明，司法机关如果不正当地行使法律评价职权，无视当事人的正当利益诉求，就必然会损害到当事人的合法权益。在这种情况下，司法机关损害的往往不仅仅是当事人的合法权益，更损害了法律的权

① ［法］托克维尔：《论美国的民主》，董果良译，商务印书馆 1988 年版，第 651 页。
② ［法］托克维尔：《论美国的民主》，董果良译，商务印书馆 1988 年版，第 652 页。

威和尊严，间接地损害了全社会对法律的信仰和对司法机关的信任。这样司法机关由于不当行使法律评价职权，损害的是全社会对“正确理解的利益”的期待。反之，司法机关如果正当行使法律评价职权，其维护的就不仅仅是当事人的合法权益。由于“个人利益与全体利益有符合和相通之处”，司法机关其实是维护了其他个体的相同法律权益，这是法律评价要实现的最主要的目的。

其次，司法机关的法律评价活动能够成为“最高力量的一种自信的生命活动”。马克思在《评奥格斯堡〈总汇报〉第335号和第336号论普鲁士等级委员会的文章》中提道：“不应当把代表权看作是对无保护的软弱、对无能为力所作的让步，而是相反，应当把它看作最高力量的一种自信的生命活动。”①他认为，“最高力量的一种自信的生命活动”是国家中的精神力量。“国家用一些精神的神经贯穿整个自然，并在每一点上都必然表现出，占主导地位的不是物质，而是形式，不是没有国家的自然，而是国家的自然，不是不自由的对象，而是自由的人。”②这表明国家中自由的人的一种自信的生命自然活动需要国家“用一些精神的神经贯穿”。法律评价活动就是人们在解决社会矛盾和纠纷过程中的“精神的神经”。

这种“精神的神经”主要体现在，法律评价活动通过对处于一定社会现实关系中的个体利益纠纷进行评判，成为贯通个人利益与全体利益的一种社会途径。其既要保障个人的合法权益得到落实，又要保障全社会的相同利益得到实现。于是司法机关在依法行使法律评价职权的过程中，就要在个人利益与社会利益的统一、法的实现与人的利益的统一等方面充分发挥主观能动性。这种有意识是司法机关代表国家的公仆治理社会的体现，体现了司法机关运用“最高力量的一种自信的生命活动”。在这种体现“最高力量的一种自信的生命活动”中，司法机关就超越了阶级统治的历史局限，在充分维护和实现社会民众的合法权益中实现了社会正义。

于是，法律评价通过成为“正确理解的利益”的载体和体现“最高力量的一种自信的生命活动”，超越阶级统治的历史局限，成为彰显人民主体性的实践活动。法律评价中的人民主体性表达着，人民是社会的实际主体。

---

① 马克思、恩格斯：《马克思恩格斯全集》第1卷，人民出版社1995年版，第344页。
② 马克思、恩格斯：《马克思恩格斯全集》第1卷，人民出版社1995年版，第345页。

作为社会实际主体的人民可以通过法律评价维护自己的合法权益。法律评价创造法治世界的实践及所创造的体现人的价值的世界，构成了所在领域的历史及在其中展开的社会形态。这一社会形态就体现了黑格尔的“意志的努力则在于使这世界成为应如此”①的历史形态。这一历史形态正是超越了阶级统治的社会主义法治国家的社会形态。

第二节 法律评价的逻辑呈现

法律逻辑的逻辑结构是“法律—利益”。法律评价的运行是在法律逻辑的运行下展开的，集中表现在法律逻辑的制度性功能、社会性功能和精神性功能及其可转换性上。法律逻辑将人对自身本质的真实追求置于法律评价的保护之下，这是法律逻辑的人文精神的具体表现。

一、法律评价的逻辑

在法律评价中，司法机关及其工作人员运用法律推理、法律解释和法律论证等具体法律方法得出法律评价结论的思维过程，就是法律逻辑在司法机关及其工作人员适用法律的过程中法律思维形式的体现。法律逻辑遵循形式逻辑的推演规则，是法律规范及诉讼活动的逻辑演绎，是法律评价的内在根据。

1. 法律逻辑是法律评价的逻辑体现

首先，法律逻辑是法治社会的应然逻辑，是人通过法律评价过“有意义”生活的逻辑体现。逻辑的应然性在于增强人在社会生活中的本质力量，引导人过一种有意义的生活。这不仅表明逻辑是科学认识和获取知识的重要工具，更是人对生活的价值考量和行为方式的自觉选择。人们通过法律评价定纷止争，是对有意义生活的一种表达，是人的有意识的价值活动和利益诉求，体现了马克思所说的“为我而存在的关系”②。“为我”就是对于我而言的利益，也就是主客体之间的价值关系。主体总是通过利益表现出来，否则主体就是抽象的。具体的人总是与具体的利益紧密相连。人的

① ［德］黑格尔：《小逻辑》，贺麟译，商务印书馆1980年版，第420页。
② 马克思、恩格斯：《马克思恩格斯文集》第1卷，人民出版社2009年版，第533页。

“有意义”的生活就表现在人实现自身目的的有意识地追求利益的过程中。“以人为本”就体现着人是目的并且人的利益是目的这一理念。能否让社会民众过上有意义的生活，能否实现社会民众最切身的利益，是建设社会主义法治国家最需要集中思考的问题。法律评价的逻辑力量就是要在解决社会矛盾纠纷中体现“以人为本”的理念。法律评价是司法机关对案件的法律行为和法律事实等的评价，意味着司法机关在法律评价中运用法律逻辑对涉案的法律行为和法律事实等的思考，以及对自身依法行使法律评价职权的反思，从而在诉讼活动中能够真正体现人想过有意义生活的价值追求。

其次，法律逻辑体现了人的“有意义”生活逻辑。法律评价通过实现人的自由等社会基本价值而让人过有意义的生活。在法律评价中，法律逻辑呈现为诉讼活动及其适用法律规范的逻辑演绎形式。这说明法律逻辑贯穿法律评价的过程始终。由此可见，法律评价首先要通过法律逻辑体现人的“有意义”生活逻辑，才能实现个案正义让人过“有意义”的生活。所以，对法律评价的社会实现进行反思，集中体现为对表达法律逻辑的诉讼活动及其适用的法律规范进行反思，以使法律评价能够真正保障社会民众的合法权益。

法律逻辑既是法治社会的应然逻辑，又体现了人的“有意义”生活逻辑，所以法律逻辑是司法机关在法律评价活动中法律思维形式的体现。在法治社会中，以宪法为代表的法律和法规等集中体现了权威机构及其工作人员以社会群体的整体利益作为标准的社会自我评价。体现法律逻辑的法治社会自我评价就通过立法机关依法立法，行政机关依法行政，司法机关依法审判，执政党依法执政来规制政治权力，保障人民权利。而司法机关的法律评价是规制行政权力和保障人权的最后一道社会防线。因而司法机关的法律评价是法治社会自我评价的最为重要的评价形式。换言之，法律评价既是法治社会自我评价的现实形式，也是其自觉形式，集中体现了法律逻辑在法治社会的应然作用。于是，法律逻辑就成为法治社会最为重要的逻辑表达。

2. 法律逻辑旨在揭示法律评价的最本质规定

首先，法律逻辑是规定法律评价的最简单和最抽象的范畴。范畴是表达一种思想体系的思维纽结，揭示了一般概念的最本质规定。在司法实践中，法律逻辑是法律思想的逻辑表达。司法机关依照法律规范处理案件的时候，往往是运用法律规范所体现的法律逻辑进行法律评价。而法律逻辑体现为司法机关运用一定的法律思维方式对案件的法律事实和法律行为进行评价。“法律思维是主体在对规范（法律）与事实的认识和构建过程中利用法律解释、法律推理和法律论证等具体法律方法得出法律结果的思维过程。”① 从这一视角而言，在法律评价中，司法机关及其工作人员运用法律推理、法律解释和法律论证等具体法律方法得出法律评价结论的思维过程，就是法律逻辑在司法机关及其工作人员适用法律的法律思维形式的体现。

司法机关及其工作人员在法律评价中适用法律的法律逻辑是一种抽象的法律思维方式。这是因为法律逻辑是不断地运用各种法律方法，穿梭往复地处理法律事实与验证法律规范的一种思维方式和思维过程。从法律逻辑来看，每一条法律规范都是由适用条件、行为模式和法律后果这三个有机部分构成。在司法实践中面对复杂的社会现实，运用法律逻辑对每一个案件适用的法律规范的这三个方面进行分析，是高效公正地处理案件的最抽象，也是最基本、最简单的做法。

其次，法律逻辑能够揭示法律评价的最本质规定。20 世纪七八十年代以来，人们开始从表达法律逻辑的法律思维及其基本问题出发，寻求对司法活动中重大问题的新回答。在法律评价中，运用法律逻辑对案件进行裁判已不再简单地被认为是解决人们生活中的问题，更重要的是通过解决各种问题回答时代对法律提出的新要求，即中国的民主法治建设如何继续迈出新步伐，司法体制和工作机制改革如何取得新进展。这是从哲学的方式对法律评价中的法律逻辑进行本质性思考的表现。考夫曼也认为，法律评价中的法律逻辑要“以哲学的方式反映和讨论诸如法的原理、法的基本问题，并尽可能给出答案”。②

最后，法律逻辑与法律评价的研究对象在历史起点相符合。在司法活动中，法律事实的发现与法律行为的认定都需要运用法律逻辑。司法活动中的法律逻辑是伴随着法律行为和法律事实，在适用法律的过程中而产生的一种法律思维方式。正是在这个意义上，法律逻辑与法律评价的研究对象

① 李瑜青、张建：《法律思维内涵与特征再思考》，《东方法学》2012 年第 2 期。
② ［德］考夫曼等：《当代法哲学和法律理论导论》，郑永流译，法律出版社 2002 年版，第 3 页。

在历史起点相符合。欧洲历史上最古老的法律制度始于《十二铜表法》。在这部法典中，许多不成文的习惯和道德都与民法、刑法和诉讼法的法律规范一样，出现在正式的法律文本中。古罗马官员依据这些正式的法律文本，对人们的法律行为和法律事实进行评判，这个过程就是法律逻辑的思维表达。古罗马官员的评判行为在今天就是司法机关的法律评价。其在评价过程中，依据法律文本的行为就是法律逻辑发挥作用的具体表现。

3. 法律逻辑旨在实现法律对人的合法权益的保护

法律逻辑体现在三大法学流派的主张中。自然法学派强调理性，认为自然法就是人的理性。人只有过理性的生活才能实现自身的权利和利益。自然法学派旨在实现法律—理性向法律—利益的转化。虽然自然法学派的价值分析方法预设了法律的终极价值，具有强烈的批判性，有助于培养人们的法治理念，但其明显的缺陷是在司法实践中对理性、正义等价值的解释存在模糊性，容易滑入相对主义的泥淖。博登海默就说过："正义有着一张普洛透斯似的脸，变幻无常，随时可呈不同形状并具有极不相同的面貌。"[①]分析法学派强调规则，认为法律即规则。规则相比理性等价值表述具有客观性。"法律应当是客观的，这一点是一个法律制度的精髓。"[②]规则通过命令来调整利益，包括主权、主权命令而生的责任、对不服从者以刑罚方式出现的法律责任即法律制裁。分析法学派旨在实现法律—规则向法律—利益的转化。尽管分析法学派旨在实现法律科学化的努力，但其完全排斥价值分析，严格区分"事实"与"价值"，导致历史上"恶法亦法"的出现，最终因缺乏人文关怀，有流为工具主义法学之嫌疑。法社会学派强调法的社会实现，就必然要在社会中考察和检测法的实际运行、实际作用、法的实际效力和实际效果。[③]法社会学派旨在实现法律—实现向法律—利益的转化。但是法社会学派是站在很强的功利主义考量之上对法的社会实现进行分析，就容易陷入只对法律进行社会现象描述的困境。然而对法律的社会实现进行分析，最终目的是为了反思和建构法律，而不仅仅只是描述。可见三大法学流派各有侧重和缺陷，但是其研究都在表达法律对人的利益的实现。换

---

① ［美］博登海默：《法理学：法律哲学与法律方法》，邓正来译，中国政法大学出版社 1999 年版，第 252 页。

② ［英］詹姆斯：《法律原理》，关贵森等译，中国金融出版社 1990 年版，第 6 页。

③ 李瑜青：《法律社会学理论与应用》，上海大学出版社 2007 年版。

句话说，三大法学流派对司法活动中法律评价的本质揭示的侧重点各有不同，但其逻辑起点和归宿都是表达法律对人的利益的实现。也就是说，三大法学流派的逻辑表达都旨在揭示，法律对人的合法权益的保护和实现。

由三大法学流派研究的逻辑表达可以推出，在法律逻辑中，“法律—利益”是其逻辑结构。①法律调整人与人之间的权利义务关系是通过调整人与人之间的利益关系来实现的。法律不会随意调整人与人之间的利益，作为体现“绝对自在自为的理性的东西”②的法律要揭示人与人之间的本质性关系，就要通过法律评价对人们的行为进行评价，从而使社会民众对法律评价及其结论有一定程度的认同和服从。

二、法律逻辑在法律评价中的功能

法治社会的运行是在法律逻辑的运行下展开的，集中表现在法律逻辑的功能上。法律逻辑的制度性功能、社会性功能和精神性功能及其可转换性从根本上体现了法律逻辑在法治社会建设中的功能。

其一，法律逻辑是表达和实现人的利益的空间载体。一般意义上，空间是与时间相对应的一种物质存在形式，其最显著的特点是具有载体的功能。根据亚里士多德在《物理学》中的思想：“自然存在于形式之中而不是存在于质料之中”③。空间具有载体功能，是指空间具有形式而非质料的载体功能，就如波普的物质世界、意识世界和第三世界的三个世界理论一样。他的“第三世界是人造物”④。法律作为“人造物”，在法律评价中以法律逻辑的规范性形式作用于司法案件，因而法律逻辑必然具有空间的形式意义的载体功能，即法律逻辑作为一种空间载体，是表达和实现人的利益的空间载体。

从评价论对存在状态的理解来看，法律评价是司法机关在法律逻辑的支配下，适用法律规范及其制度和体制运行的实践活动，这表明法律逻辑是表达和实现人的利益的制度空间载体。从评价论的关系范畴来看，法律评价是司法机关在法律逻辑的支配下，调整社会中“为我而存在的关系”。社会

① 一般而言，逻辑结构是一个逻辑体系中的关键构成要素按照功能构成的逻辑架构。
② ［德］黑格尔：《法哲学原理》，范扬、张企泰译，商务印书馆 1961 年版，第 255 页。
③ ［英］罗素：《西方哲学史》（上），何兆武、李约瑟译，商务印书馆 2011 年版，第 264 页。
④ ［法］波普：《科学知识进化论》，纪树立译，上海三联书店 1987 年版，第 409 页。

就是人们生活的空间。在社会中，“生活塑造了行为的模子，而后者在某一天又会变得如同法律那样固定起来。法律（评价——笔者注）维护的就是这些从生活中获得其形式和形状的模子。”①可见，法律逻辑是表达和实现人的利益的社会空间载体。从评价论的实践维度看，人的实践活动及其历史发展是构建“为我而存在的关系”的基础。这意味着，人的实践活动本身就体现了一种具有普遍性的逻辑，即人的利益是目的的逻辑，将其上升为国家意志即为法律。这种实践的法律逻辑就直接地表现为是一种体现人的利益的法律精神。可见，法律逻辑是表达和实现人的利益的精神空间载体。

其二，法律逻辑的三重空间载体功能。在法律发展史中，“法律思想家所致力解决的首要问题，就是如何将法律固定化的思想与变化、发展和制定新法的思想相协调，如何将法律理论与立法理论相统一，以及如何将司法制度与司法人员执法的事实相统一。”②庞德的这句话概括了法律逻辑发展过程中的制度空间载体、社会空间载体和精神空间载体的三重空间载体功能。首先，法律逻辑表现为法律固定化的思想和新法的思想，其变化、发展和制定都围绕如何体现和实现人的利益展开，表现为法律的制定、修改和废除都是为了在法律评价中能够起到表达和保障人的利益的制度空间载体功能。其次，法律逻辑表现为如何将法律理论与立法理论相统一，如何将司法制度与司法人员执法的事实相统一，即国家通过法律评价对社会利益进行干预，能够起到表达和保障人的利益的社会空间载体功能。最后，法律精神实现于这三个方面的统一。法律逻辑作为一种对生活的看法和社会需要的理解，会决定人的行为选择。“正是在这样的精神性背景下，每个问题才找到自身的环境背景。”③法律逻辑正是法律精神在法治社会的现实表达，成为能够表达和保障人的利益的精神空间载体功能。

在法律评价活动中，司法机关首先要面对如何将法律制度化、固定化的思想与变化、发展的社会相协调，以及如何将司法人员的司法实践与人们的法治信仰相统一。这就涉及法律逻辑在法律评价中的运用。法律逻辑是通过制度、社会和精神三个层面作用于法律评价，相应地，法律逻辑就具有制度、社会和精神的三重空间载体功能。（1）法律逻辑既体现在司法机关选用

①③ ［美］卡多佐：《司法过程的性质》，苏力译，商务印书馆1998年版，第38页。
② ［美］庞德：《法律史解释》，曹玉堂、杨知译，华夏出版社1989年版，第1页。

不同的法律规范对于同一犯罪行为进行法律评价，又体现在法检公的相互制衡和协同办案的过程中。这是法律逻辑在制度层面对法律评价的影响，体现了法律逻辑的制度空间载体功能。(2)法律逻辑通过司法机关的法律评价及社会影响，会直接对社会中人们的言行举止予以引导，这是法律逻辑在社会层面对法律评价的影响，体现了法律逻辑的社会空间载体功能。(3)法律逻辑通过司法机关的法律评价，最终内化为人们的法治信仰，从而形成全社会都自觉守法，这就是法律逻辑在精神层面对法律评价的影响，体现了法律逻辑的精神空间载体功能。

亚里士多德说："由于连续不断的运动，从一个内在的原则发源而达到某种完成的东西都是'自然的'。"这一"内在的原则"就是"目的"，"一件事物的'自然'('性质')就是它的目的，它就是为了这个目的而存在的"。[①]目的作为实践活动的主体根据[②]，是实践活动得以发动的动力和方向。随着人类社会的发展，时代精神不断地变迁，法律逻辑的空间载体及其功能随之转换。但是目的表达着自然或事物变迁中不变的"内在的原则"，法律逻辑的空间载体功能也就表达着不变的实践活动主体的目的(即人的利益)。因此，卡多佐才说，"在这些原则的发展过程中，逻辑的支配力有可能超过历史"。[③]在法治社会，法律逻辑的空间载体功能也就是亚里士多德所说的"内在的原则"，也是黑格尔所说的人类自身具有的"'神圣'的东西"。

其三，法律逻辑三重空间载体功能的可转换性。虽然法律逻辑的空间载体的可转换性源自一件事物的"自然的"运动，然而法律逻辑的三重空间载体功能及其可转换性并非随意进行，而是有其"内在的原则"，依次表现为法律逻辑的制度空间载体功能向其社会空间载体功能的转换，制度空间载体功能和社会空间载体功能向其精神空间载体功能的转换的连续不断的运动。

首先，表达法律逻辑的法律制度是法律评价的来源和依据。但法律制度是制度化、固定化的法律逻辑，需要通过法律评价才能惩治罪犯，维护社会的长治久安。司法关机在司法实践中遵循法律制度，选择相应的法律规

① [英]罗素:《西方哲学史》，何兆武、李约瑟译，商务印书馆 2011 年版，第 264 页。
② 陈新汉:《自我评价论》，上海人民出版社 2011 年版，第 516 页。
③ [美]卡多佐:《司法过程的性质》，苏力译，商务印书馆 1998 年版，第 31 页。

范对犯罪行为和事实作出评价结论，这样法律逻辑就由制度层面的法律规范转向社会层面的法律实现。从法治文化的建构来看，司法机关运用法律逻辑开展法律评价，会直接引导着人们的法治信仰，成为法治文化生成的直接来源。这也从逻辑层面反映出法律评价活动的复杂性和有规律性的特点。

其次，法律评价要求法律逻辑的三重空间载体功能不断转换，才能在司法实践中达到法律的社会实现这一目标。起初，调整人的利益的“固定化的思想”即法律逻辑经过国家意志上升为法律，使人的行为具有确定性和可预见性。人在法律逻辑的制度空间载体里有序生活。然而社会历史包罗万象，永远会对法律提出新的挑战。法的社会实现要求法律逻辑的制度空间载体功能会不断地转化为法律逻辑的社会空间载体功能，法律逻辑才能成为思考社会问题的出发点和归宿，根据法律逻辑的分析才能成为时代的鲜明特征，法律逻辑的运用才能保障社会生活中人们的各项活动。所以，奥尔特曼才说：“社会应当依据法治来运作的原则已经为法律和政治思想家所信奉并长达两千年之久。它是古代先贤和现代思想家们所赞同的少数几个原则之一。”①也只有法律逻辑的制度空间载体功能不断完善和其社会空间载体功能不断实现，法律信仰才能扎根于人们的内心深处，使得法律逻辑的精神空间载体功能得以彰显。法律逻辑的精神空间载体功能因此就能发挥精神的纽带功能作用，将法治时代的法律逻辑转化为法律评价，法律评价又积累为法治文化，从而将要解决的人的问题转化为法律问题。

三、法律逻辑的人文精神

法律逻辑以“法律—利益”为其逻辑结构，法治社会中法律逻辑的本质是通过法律评价将要解决的人的权利和利益的问题转化为法律问题。因而在法律评价中，法律逻辑就体现为司法机关及其工作人员依法行使职权要以人为本，并且是以人的利益为本的价值诉求。这是法治社会的人文精神的价值要求、具体表现和根据所在。从人文精神角度看法治社会中的法律逻辑，可以看出法律逻辑对法治社会建设的贡献。这表现在，法律逻辑在促进人的“有意义”生活中推进法治社会建设。而法律逻辑是通过在其现实

① ［美］奥尔特曼：《批判法学——一个自由主义的批判》，信春鹰、杨晓峰译，中国政法大学出版社2010年版，第21页。

性上为人类生活开辟制度空间、生活空间和精神空间，来让人过“有意义”的生活。所以从根本性上说，法律逻辑是塑造法学的人性基础，将人对自身本质的真实追求至于法律的保护之下。于是，法律逻辑所创造的意义世界就与人文精神达成内在契合。

正如有学者指出：“人文精神就其核心的内容是人类基于实践活动之上的对生活整体性意义的寻求，在人的活动中始终渗透着人的价值取向和主观性的品格，在与外界对象的关系中始终将对象理解为‘为我关系’的性质。”①人文精神对法律逻辑的人文价值进行追问，促使法律逻辑对人的生活意义提供理性思考。与此同时，法律逻辑在构建法治文明的过程中，将人文精神作为人类文明的基础，使人文精神所主张的自由、平等、人权等价值构成法律评价及法治的基本价值文化。所以，法律逻辑与人文精神内在契合，要求法律评价表达法治社会中的人文精神。从本质上说，法律评价能够表达法治社会的人文精神。因为法律逻辑所蕴含的社会基本价值及其理念正是社会所持有的基本价值及其理念，体现法律逻辑的法律评价应当反映社会基本价值及其理念。如果法律评价有违社会基本价值及其理念，就会受到质疑，法律和司法公正就会被扭曲，法律和司法权威及其信仰就会被削弱，将导致法治社会的人文精神因旁落而无法实现。

法治社会强调全民守法。从社会层面来讲，建设社会主义法治国家的目标是建成法治社会，其路径是全民守法。从国家层面来讲，建设社会主义法治社会的目标是建成法治国家，其路径是依法治国。由此可见，虽然法治社会和法治国家的用语表述各不相同，但是它们的内容却有共同之处，即通过法治建设使社会生活中的普通民众都拥有依法办事的思维方式和生活习惯，在国家治理和社会发展的实践活动中树立法律的权威和实现法律的尊严，从而真正实现有法可依、执法必严、违法必究和全民守法的法治目标。法律逻辑与人文精神内在契合，就要求法律评价表达法治社会中的人文精神，维护守法民众的合法权益。换言之，法律逻辑所体现的人文精神是社会主义法治国家建设的内在要求。人文精神要求法治国家在实行法的统治时，要在全社会实现法所保障的社会民众的权利、利益、平等、民主、自

① 李瑜青：《人文精神的价值与法的合理性追问——从法的现代性角度引发的思考》，《上海大学学报》（社会科学版）2008年第1期。

由、安全、公正等一系列的价值取向及其精神特质。这就要求司法机关在法律评价中，将人文精神所主张的这些价值运用到行使职权的过程中，并通过制度建设和文化建设形成法治的基本价值文化，从而将依法治国、建设社会主义法治国家的治国方略真正落到实处。而司法机关如何通过制度建设和文化建设形成法治的基本价值文化，将在本书第四章《法律评价的文化向度》中，通过法律评价与法治文化的互构、法律评价中的文化精神自觉以及法院文化建设和检察文化建设与司法改革等内容的研究进行相应说明。

第三节　法律评价的基本类型

在司法实践中，法院行使审判权的法律评价活动与检察院行使检察权的法律评价活动是法律评价的两种基本类型。

一、法院行使审判权的法律评价

对法院行使审判权的法律评价进行分析，要研究法院行使审判权的作用和特征。这是对法院行使审判权进行反思的题中应有之义。

法院行使审判权的法律评价是法院适用法律的实践活动。法院适用法律就是将待解决的案件行为和事实等与法律条文的规定相联系，在推理的过程中将案件事实结合法律条文规定的犯罪构成要件，得出法律评价结论的司法过程。在中国，法院管辖的大部分一审民事案件、刑事自诉案件和执行案件都是通过基层人民法庭受理案件的形式来完成。基层人民法庭的法官根据法律和有关规定依法行使法律评价职权的活动，是国家推进其权力行使范围，实现司法功能的最基本表现形式。棚濑孝雄认为："审判的本质要素在于，一方面当事者必须有公平的机会来举出根据和说明为什么自己的主张才是应该得到承认的，另一方面，法官作出的判断必须建立在合理和客观的事实和规范基础上。"①人民法庭的法官在依法行使法律评价职权的过程中，必然要将适用法律的一般过程与当事人的辩论活动相结合，从而作出法律评价结论。

① ［日］棚濑孝雄：《纠纷的解决与审判制度》，王亚新译，中国政法大学出版社1994年版，第256页。

那么在司法实践中，当事人与法官的相互作用又是如何体现。以海南省琼州市人民法院塔洋人民法庭依法行使法律评价职权的活动为例来说明司法运作的过程。塔洋人民法庭处理一起司法案件的过程如下：

长坡镇社学村委会的黄德祥诉黄德健因雇佣引起的工伤事故赔偿案。原告起诉要求被告赔偿各种费用合计38万元，被告对这一请求予以反驳，辩称与其无关，双方对赔与不赔争议较大。根据本案特点，法官审查认为，原告、被告为同村兄弟，雇佣关系不是太明显。但原告是在被告召集下与其他7人为黄德双拆除旧房时摔伤，其他参与人与房主均为受益人，均应承担责任。但如将这些人全部追加为被告并判决其承担相应的责任，除了给执行工作带来难度外，还将给整个村子蒙上阴影，更有可能使矛盾突出。考虑到这一点，塔洋法庭不是简单机械为结案而审判。而是将案件的具体情况向该村调解委员会反映。在取得调委会的支持和配合下，首先说服参与拆房子的7人都必须承担什么样的责任，房主和被告人(召集人)应承担什么样的责任，原告对造成的后果能否承担过错责任等。在区别责任后确定赔偿数额和给付期限。经过法官5次下村分头找当事人劝说、教育和进行法律、政策的讲解，并由村委会召集村民座谈，最后终于各个击破，利益各方根据情况达成和解协议，将原告的赔偿数额从38万元降到8万元，将1个人承担变为10人承担。当原告接过庭长交给的首期3万元时，泪流满面，感动万分。此案的调解成功对该村乃至长坡地区都产生了极大影响。事后，法官们认识到：任何时候都要把群众的利益放在第一位，牢记“群众利益无小事”，始终坚持法律效果与社会效果相结合，更好地解决群众利益的问题。①

塔洋法庭在处理该案件时，并没有认定争议案件为雇佣关系引起的纠纷。因为按照《最高人民法院关于审理人身损害赔偿案件适用法律若干问题的解释》第11条：“雇员在从事雇佣活动中遭受人身损害，雇主应当承担赔偿责任。”原告提出了38万元赔偿金，这对于农村人来说是一笔巨大的赔

① 《牢记为民宗旨 打造一流法庭》，《中国法院网》，2004年11月5日。

偿数额。因此，法官充分考虑了被告人和其他当事人的意见，也预见到按照雇佣赔偿案件定性会遇到执行难的问题。法官就找到村委会，召开村民座谈会充分听取村民们的意见。这个过程就属于司法机关的法律评价活动与社会民众评价活动的互动过程。在这里，法官充分发挥了人民群众在民众评价活动中的主体作用，总结和概括人民群众进行民众评价活动的意见，然后把这种意见反映到法律评价活动中，这是司法机关的法律评价活动发挥民主机制的重要体现。于是，减少后的赔偿数额就有利于赔偿责任的履行。法官在利用法律、政策、情理等多种手段对双方当事人进行说服和调解的过程中，既圆满地解决了争议矛盾，又不伤害双方当事人的和气，还为该地区今后类似纠纷的解决提供了范例，有效维护了该地区的社会稳定，实现了司法正义的理念。这说明法院在行使法律评价职权的实践中，运用灵活全面的司法技术和手段，以及充分了解案件的社会背景是必要的。所以，霍姆斯认为："只有熟悉法律的历史、社会和经济因素的法官和律师，才能够适当地履行其职责。"①

由此可见，法院在行使审判权的过程中，其作用和特征可以归结为以下四个方面：其一，符合中国国情是法院行使审判权的前提。因为法院行使审判权的司法活动只有符合中国的实际国情，才能真正有利于化解案件中的矛盾纠纷。塔洋法庭在审理黄德祥诉黄德健的案件时，充分考虑到了中国农村社会的实际情况。法官通过村委会的座谈会、法庭的调解等多种途径为双方当事人创造协商谈判的环境，最终促成争议的有效解决。这说明法官在对该案件进行法律评价时，已经对案件的争议焦点和案件的社会情况有了充分的了解，然后有针对性地提出解决方案。最终促使双方当事人以及长坡地区的人民群众都在情理上对法官依法行使审判权的司法活动心服口服。这样就使得该案件的解决既能体现合法性，又能体现合理性，还做到了法律效果和社会效果的统一。

其二，多元化纠纷化解机制有利于法院更好地行使审判权。由于法律制度设计与司法实践操作并不一定能够完全吻合，因此在法院依法行使审判权的过程中，法官在不违反法律规定的情况下，在具体的个案及其诉讼环节

① ［美］博登海默：《法理学：法律哲学与法律方法》，邓正来译，中国政法大学出版社 1999 年版，第 151 页。

当中往往要全面灵活地运用司法技术对案件进行法律评价。最经常运用的司法技术有调解和谈判。黄德祥诉黄德健案就属于调解结案的案件。在我国纠纷解决的实践和习惯中，当事人之间的谈判属于典型的“私了”。在遇到一般的买卖或债务纠纷、邻里争执时，通过谈判寻找双方都可能接受的解决方案，是当事人之间最合理的选择。因此，谈判已经成为一种与正式的执法程序相互结合的法律制度。对此，甘肃省庆阳市西峰区人民法院后官寨人民法庭庭长杨文广在处理张某与毛某离婚案①时就认为：“一纸判决，虽然当时结了案，也缓解处理了矛盾，但不能完全彻底解决矛盾，简单讲，就是社会效果不好；特别在农村，当事人不能理解和接受，还会引起新的纠纷，而且也不利于执行，法律效果也不好。”②

其三，法院依法行使审判权会在一定程度上受到物质条件的影响。近些年来全国各地法院，尤其是经济较为发达地区的法院行使审判权的物质条件比以前有了明显改善，为法院行使法律评价职权创造了良好条件。当代中国法学正由面向立法的法学转向司法的法学。司法是法治向日常社会生活渗透的基本形式，与社会生活关联最紧、接触最广、影响最大，因而各级政府和法院都非常重视法院的建设。为了给法院依法行使审判权创造一个良好的环境，许多地区的全国优秀人民法庭从器物、制度到人、观念等方面都有体现时代特色的新特点。如在物质条件方面，大部分法庭的建筑内部功能及其办公设施比起以前都有很大的投入。③如这些法庭都拥有电脑和局域网，方便法庭将立案、结案、调解、上诉等的案件数量以及办案周期均在局域网上面公布。在法律评价活动中，通过证据投影仪、电子防伪印章机等先进的设备有利于法官认定犯罪事实，为提高办案质量创造了良好的物质环境。人民法庭的物质条件有了很大改善，说明在现代社会里，司法机关的办公条件越来越正规化。其地位也不断提升，正在发挥着越来越重要的作用。

---

① 张某与公婆矛盾较深，经常争吵，因此起诉离婚。毛某性格内向，很听父母的话。父母主张他离婚，他在庭审中就主张离婚。但张某与毛某的双方感情尚未破裂。法庭还了解到他们有一子一女上中学，成绩优异，离婚对孩子成长和家庭稳定都不利。因此，法庭分别给双方当事人及其家人做工作。毛某与张某也在相互地沟通交流中认识到了自身的错误。经多方调解和谈判，他们终于和好。现在两个孩子均上了大学，家庭和美，当地群众倍加赞誉。参见《弘扬马锡五审判方式，再创特色调解之路》，《中国法院网》2004 年 11 月 4 日。

② 《弘扬马锡五审判方式，再创特色调解之路》，《中国法院网》2004 年 11 月 4 日。

③ 依据中国法院网、新华网、人民法院报、法制日报等对近十年全国优秀人民法庭报道的文字材料。

其四，法官的职业化程度是影响法院行使审判权的重要因素。虽然法院的办公等物质条件比以前有了很大改善，各地法院的现代化程度却不同步，导致我国东西部地区的法官职业化程度差异很大。这就决定了法官在行使审判权的过程中承担的职责不一样。东部地区由于经济发展较快，社会文明程度较高，法官拥有丰富的法律知识，加上面对大量复杂的新型案件，法官的职业化程度较高，使得法官与法院其他工作人员的区别更加明显。而中西部地区由于经济条件较为落后，法院人员少，法官的职业化程度低。因此在中西部地区，法官不仅依法审判案件，还承担着许多相关职责，例如指导人民调解、通过法律宣传开展普法教育，提出法律咨询建议、参与社会地方综合治理等。

从社会民众的角度出发，也可以对法官的职业化程度进行分析。一位海南省政府某部门的公务员认为："以中国的国情来看，律师接案需要关系，这是现在普遍存在的情况，一般通过法院的关系，朋友的关系等。这样通过关系来接案，一是案源会比较好，面比较广；二是也有利于办理案件。"①这说明我国经济相对落后的地区法官职业化程度较低。法官不仅要做好本职工作，还要承担大量的社会法律服务类工作。在法官与社会的频繁接触中，不少律师与法官就容易发生权钱交易，出现律师行贿、法官受贿的案件。如武汉市中级人民法院案、湖南省高级人民法院案②等案件。因此，法官在依法行使法律评价职权时，需要不断地提升自身的职业化水平。

二、检察院行使检察权的法律评价

通过从审查逮捕、撤回起诉、刑事上诉、民事执行等方面，对检察院依法行使检察权进行实证分析，研究检察院行使检察权的作用和特征。

---

① 高其才：《法社会学》，北京师范大学出版社 2013 年版，第 193 页。

② 在武汉市中级人民法院案中，涉嫌受贿的法官有 13 人，其中副院长 2 人，副庭长 3 人，审判员 6 人，执行员与书记员各 1 人。受贿总金额约 390 多万元。此外，还有 9 人受到纪律处分，30 人被调离岗位。该案中涉嫌行贿的律师多达 44 人。参见程必忠：《武汉中院反思 13 法官窝案》，《21 世纪经济报道》2004 年 2 月 12 日。

在湖南省高级人民法院案中，湖南省检察机关反贪部门共立案查处包括原省高院院长吴振汉在内的法院系统工作人员 43 件 46 人，其中高院 17 人，中院 14 人，基层法院 15 人。贪污案件 7 人，占 13.33%；受贿案件 33 人，占 73.33%；挪用公款案件 6 人，占 13.33%。受贿案件占法院工作人员贪贿总案件的七成以上。参见黄建良、陈秋华：《法官贪污、贿赂犯罪分析》，《检察日报—法治评论周刊》2005 年 10 月 18 日。

检察院行使检察权的法律评价是检察院适用法律的实践活动。检察院适用法律是将待解决的案件行为和事实等与法律条文的规定相联系，在侦查、起诉和法律监督等过程中行使检察权和法律监督权，以便维护当事人的合法权益从而实现司法正义。在中国，检察院行使检察权主要表现在，对公安机关的侦查行为依法审查并决定是否批准逮捕，决定起诉并出庭支持公诉等职权行为；检察院行使法律监督权在司法活动中主要表现在，对公安机关的侦查行为和法院的审判行为及执行行为是否合法进行法律监督。在司法实践中，检察院的这两项职权行为经常交织在一起。通过从审查逮捕、撤回起诉、刑事上诉、对民事执行进行法律监督等司法程序和过程，对检察院依法行使检察权进行实证分析，聚焦检察院依法行使法律评价职权的难点问题，并在此基础上研究检察院行使检察权的作用和特征，有针对性地提出相应的对策意见。

审查逮捕阶段是检察院在公安机关侦查的基础上，确认犯罪嫌疑人是否有犯罪事实，是否有逮捕必要，并依法监督公安机关侦查阶段是否存在违法违规行使职权的行为，确保办理审查逮捕案件的质量，依法打击犯罪，保障犯罪嫌疑人的合法权益。在这一阶段，犯罪嫌疑人未被认定有罪，而公安机关在侦查阶段已对其采取强制措施。因此为了保障犯罪嫌疑人的合法权益，2012 年 3 月通过的《中华人民共和国刑事诉讼法》第 30 条规定："人民检察院审查批准逮捕，可以询问证人等诉讼参与人，听取辩护律师的意见；辩护律师提出要求的，应当听取辩护律师的意见。"最高检《人民检察院刑事诉讼规则（试行）》第 309 条对辩护律师的作用作了详细规定："在审查逮捕过程中，犯罪嫌疑人已经委托辩护律师的，侦查监督部门可以听取辩护律师的意见。辩护律师提出要求的，应当听取辩护律师的意见。对辩护律师的意见应当制作笔录附卷。""辩护律师提出不构成犯罪、无社会危险性、不适宜羁押、侦查活动有违法犯罪情形等书面意见的，办案人员应当审查，并在审查逮捕意见书中说明是否采纳的情况和理由。"通过对 A 市检察院审查逮捕阶段进行实证分析，在此基础上，探讨检察院在审查逮捕阶段如何处理与公安机关的工作衔接关系，维护犯罪嫌疑人的合法权益。通过分析可以发现听取律师意见对于检察院公正办案，对公安机关的侦查行为实行法律监督，维护犯罪嫌疑人的合法权益发挥着重要作用（见表 1-2）。

表 1-2　A 市检察院 2010 年 10 月—2011 年 12 月审查逮捕阶段听取律师意见基本情况

内　容	数　量	比　例
受理刑事案件人数	20 270 件 28 150 人	100%
听取律师意见案件人数	221 件 237 人	1.09%
采纳律师意见不捕案件人数	53 人（未捕共 109 人）	占未捕总人数的 49%

注：此表根据张军、陈运红的《审查逮捕听取律师意见工作实证分析——以 A 市检察机关为考察样本》中统计的资料整理而成，该篇文章刊载于《中国刑事法杂志》2012 年第 10 期。

在很多刑事案件中，犯罪嫌疑人未在侦查阶段聘请律师，直接导致检察院在审查逮捕阶段不可能听取律师意见。现行制度也未明确规定公安机关有告知律师案件进展的法定义务，律师不知道案情也就无法向检察机关主动提交案件材料。在实际办案中，公安机关在收到委托律师函后存在不及时归档的情况，导致检察院无法通过审查卷宗确定犯罪嫌疑人是否聘用律师。由于以上种种情况，导致听取律师意见的案件比率很少。但是在听取律师意见的案件中，律师主要就审查逮捕的程序性问题发表意见，对案件处理产生了较大影响。所以采纳律师意见不捕案件占所有未捕案件的一半比重。这说明听取律师意见是检察院从外部监督途径对公安机关的侦查行为实施法律监督，并取得显著效果。这表明检察院与公安机关在听取律师意见方面应建立协作配合机制，才能更好地保障犯罪嫌疑人的合法权益。

经过审查逮捕阶段，就进入到诉讼程序。检察院的撤回起诉、上诉和对执行的法律监督就发生在法院的审判和执行阶段。公诉权是宪法赋予检察院行使检察权时的最重要权力，包括起诉、不起诉和变更起诉等权力。其中撤回起诉权是变更起诉权的重要权能，也是检察院行使公诉权的重要内容之一。我国曾在 1979 年的《刑事诉讼法》第 108 条对检察院的撤回起诉权有明确规定。然而在 1996 年修正后的刑事诉讼法中，却取消了检察院撤回起诉的权力，以至于引起司法实践中的混乱局面和诉讼理论上的激烈争论[①]。最高

① 主张取消的代表性观点认为，法院要求检察院撤回起诉的规定，“有超越审判权，违反基本诉讼原则之嫌，在司法实践中曾引起强烈的争议”，因此为了防止法院对检察院的起诉活动越权进行违法干预，从而取消了要求检察院撤回起诉的规定。参见顾静薇：《论撤回起诉的规范化》，《中国刑事法杂志》2010 年第 11 期；主张重构检察院撤回起诉规定的代表性观点认为，撤回起诉权是检察院的一项重要权力。撤回起诉权是“一种诉讼的过滤机制和补救措施，也是终止诉讼的一种特殊方式，它对于被告人的人权保障及诉讼的经济性等都有着十分重要的意义。”参见魏虹：《赋权与规则：我国检察机关撤回起诉制度之建构》，《法律科学(西北政法大学学报)》2011 年第 6 期。

法在1998年颁行的《关于执行〈中华人民共和国刑事诉讼法〉若干问题的解释》第177条规定："在宣告判决前，人民检察院要求撤回起诉的，人民法院应当审查人民检察院撤回起诉的理由，并作出是否准许的裁定。"最高检在1999年颁行的《人民检察院刑事诉讼规则》第351条也规定："在人民法院宣告判决前，人民检察院发现不存在犯罪事实，犯罪事实并非被告人所为，或者不应当追究被告人刑事责任的，可以要求撤回起诉"。这样最高法和最高检在无相关立法规定的情况下，基于司法实践活动的需要，又以司法解释的形式明确规定了检察院拥有撤回起诉的权力。

检察院撤回起诉后，出现了不少以撤回起诉的形式代替无罪判决的情况。这主要表现在司法实践中，检察院撤案是撤回起诉后最常用的选择①。这主要是由于在审判阶段检察院没有补充到新证据和新事实，不能认定犯罪嫌疑人有罪，因而在撤回起诉后撤案。然而检察院撤回起诉造成法院对案件的司法审查难以实现。换言之，检察院是以撤回起诉的形式规避了法院对案件的司法审查。虽然最高法《关于执行〈中华人民共和国刑事诉讼法〉若干问题的解释》第177条规定，判决宣告前，检察机关要求撤回起诉的，法院应当审查撤回起诉的理由，并作出是否准许的裁定。但是检察院如果在庭审中要求撤回起诉，法院此时还没有完成对案件的实质性审查，也就无法对涉及案件实体性问题的撤回起诉理由进行审查，于是法院难以实现对撤回起诉的司法审查。所以检察院撤回起诉后又重新起诉的案件占了近四分之一。这表明检察院与法院在撤回起诉方面应建立协作配合机制，才能更好地保障犯罪嫌疑人的合法权益。

刑事案件涉及对犯罪嫌疑人的人身、自由和财产方面的限制，多数犯罪嫌疑人会在一审后上诉，所以对刑事上诉案件进行法律监督能有效维护犯罪嫌疑人的合法权益，因而成为检察院工作的一项重要内容。成懿萍、廖乙桥通过对86起上诉案件进行实证分析，发现刑事上诉案件在"第二审程序中书面审依然占有较大比重"为50%，"维持原判的比例最高(为67.1%——

---

① 根据近年来北京市检察院撤回起诉案件情况的实证分析，撤回起诉后撤案占撤回起诉总数的比例是39.3%、不起诉占撤回起诉总数的比例是14.1%，这两种情况占撤回起诉案件总数的53.4%；重新起诉占撤回起诉总数的比例是21.9%。参见单晓云、李旺成：《检察机关撤回起诉适用"危机"及改革出路——对北京市近年来检察机关撤回起诉案件情况的实证分析》，《北京联合大学学报》(人文社会科学版)2008年第3期。

笔者注)，改判次之”[①]。《刑事诉讼法》第187条规定，二审庭审方式应以开庭审理为主，书面审理为例外。这种较大差距表明刑事上诉案件中诉讼监督存在问题。二审检察院缺乏对上诉开庭审理案件的法律监督，致使其流于形式。这表明为保障犯罪嫌疑人的合法权益，检察院与法院在刑事上诉案件的法律监督方面应建立协作配合机制。

除了对刑事上诉案件的法律监督，检察院对民事执行案件的法律监督有利于救济当事人权利，对维护执法公正具有重大意义。司法实践中的大多数案件都是民事案件，然而民事案件面临执行难问题。检察院通过对民事执行案件进行法律监督，能有效遏制执行难、执行乱等问题。我国宪法第129条规定人民检察院是国家的法律监督机关。同时民事诉讼法第14条规定，人民检察院有权对民事诉讼实行法律监督。这是检察院对民事执行案件进行法律监督的法律依据。但是2007年10月28日，在《关于修改〈中华人民共和国民事诉讼法〉的决定》中，立法机关并没有将对民事执行的检察监督写入民诉法的修正案当中。这表明检察院对民事执行的法律监督还没有专门的和直接的法条规定。

然而，检察院对民事执行案件的法律监督对于缓和司法执行难的问题正发挥着日益重要的作用。例如在涉及国家利益、社会公共利益和公序良俗的案件中，检察院在公益维权主体缺位的情况下，有权作为公共利益的代表“启动民事执行程序、参与民事执行程序以督促生效法律文书中所确认的民事权利获得最终实现”。[②]典型的例子是在对弱势群体权利的保护方面，如果法院怠于启动执行程序或被执行人不愿、不知或消极执行生效法律文书的内容，检察院就能发挥法律监督的作用。检察院可以通过申请法院强制执行，并参与到监督民事强制执行的过程中，就能最大限度地保护当事人的合法权益。从王学成、张和林基于广东省检察院对民事执行案件法律监督的实证分析，可以发现检察院对民事执行的法律监督起到了一定作用。[③]然而

① 成懿萍、廖乙析：《刑事上诉案件中检察监督的缺位与完善》，《中国检察官》2011年第5期。
② 肖建国：《论财产刑执行的理论基础——基于民法和民事诉讼法的分析》，《法学家》2007年第2期。
③ 他们将检察院对民事执行的法律监督归结为查办执行人员职务犯罪、检察建议、促成或参与执行和解、纠正违法行为通知书、执行监督函和说明理由通知书等方式，并发现法院采纳检察院的建议占建议总数的8.8%，不采纳的建议占总数的5.9%；尚未回复的建议占总数的24.5%。参见王学成、张和林：《民事执行检察监督的实践探索与制度构建——基于广东检察办案实践的实证分析》，《河北法学》2008年第11期。

从效果上看，还有相当多的案件尚未回复，这表明民事执行的法律监督仍面临极大困境。如何有效实现生效裁判确定的权利义务，检察院与法院在民事执行的法律监督方面应建立协作配合机制。

通过上述实证分析，检察院行使检察权的作用和特征首先在于，发挥检察院的法律监督职能，实现对公安机关侦查权的法律监督和制约作用。目前公安机关强大的侦查权未能得到有效约束与检察院对公安机关的制约能力有限有关。检察院对公安机关的监督甚至弱于公安机关对检察院的制约，导致了检察院与公安机关关系的异化，不符合宪法精神。例如检察院以退卷的方式制约公安机关，打击犯罪和保障人权的效果并不理想。因此在审查逮捕阶段，通过完善听取律师意见工作机制，能够有效实现对公安机关的法律监督。为此需要制定侦查阶段的律师援助制度，保障律师的会见权和调查权。检察院需建立听取律师意见的工作机制，明确听取律师意见的法定义务。这就在一定程度上维护了犯罪嫌疑人的合法权益，防止侦查阶段公安机关滥用职权的违法活动。

其次，检察院行使检察权的作用和特征还在于，规范检察院自身行使的检察权和法律监督权，尊重法院的独立性，以程序性监督为主。根据宪法、刑事诉讼法、人民法院组织法和人民检察院组织法的相关规定，在法检关系中，检察院主要行使三种权力：公诉权、抗诉权和对法院审判执行活动的监督权。在这里，检察院对法院监督的前提是维护法院审判活动的独立性和司法公正。这样检察院的监督权就主要集中在监督法院审判的程序性问题和判决的执行。将检察院的法律监督权定位于程序性权力并非降低法律监督的实际效力。相反，有助于理清两者的宪法地位和关系，体现出程序性权力的交涉性与理性反思优势。在撤回起诉、刑事上诉和民事执行程序中，检察院应明确检察监督范围。在意识评价层面，检察院应正确认识诉讼过程中的撤回起诉、刑事上诉和民事执行案件的问题，建立健全公正合理的量化考评机制。

第　二　章
法律评价的实施机制

法律评价的实施机制是司法实践中影响司法机关行使职权的重要理论问题。法律评价是法治社会的核心机制，法律评价的共识形成机制则是法律评价机制的核心，继而是法治社会的核心机制之核心。在司法实践中，司法机关及其工作人员的“公”与“私”之间的矛盾是法律评价机制中的基本矛盾。“权力拜物教”和“资本拜物教”是基本矛盾向“私”的方面转化的典型表现。司法腐败是基本矛盾向“私”的方面转化的必然结果。当前社会转型期，司法腐败呈现出新原因和新特征。法律评价机制中的悖论与主体的责任相联系。司法机关不一定是社会主体的现实主体，但总是社会主体的现实的责任主体。司法机关作为现实的责任主体所承担的责任，在实际上总要由社会的全体成员来承担，由此就产生了法律评价机制中的悖论。言论自由和制度反腐是解决这个悖论的重要途径。

第一节　法律评价的机制

法律评价活动是通过法律评价过程中诸要素的相互作用得以体现。从宏观和微观层面把握法律评价的要素，是研究法律评价机制的重要内容。从法律评价活动的程序考察法律评价的机制，能够说明法律评价的评价机制是如何运行的。法律评价的最终目的是为了涉案当事人和社会民众都能够认同法律评价的结论。然而司法机关对法律行为和法律事实等的认识与社会民众对司法活动的认识有差异。所以，对法律评价共识形成机制的研究成为法律评价机制的核心问题。

一、法律评价的要素

通过分析法律评价活动的要素可以发现，法律评价活动作为国家权威评价活动中较为典型的形式，具有自觉性和复杂性等特点。

其一，从宏观上对法律评价活动的要素进行认识，是从整体上把握法律评价作用机制的前提。国内有学者就从宏观上对法律评价活动的要素进行了研究①，认为法律评价的主体是体现统治阶级意志的国家，具体的执行主体是国家行政机关和司法机关。客体是与法律关系相联系的人们的行为。标准是由假定、处理和制裁组成的法律规范。可以说这一认识从整体上来说是合理的，但是其中也有值得商榷的地方。比如这里的主体能够包括国家行政机关吗？国家行政机关行使职权的行为是基于行政权，而司法机关行使法律评价职权是基于司法权，这是两种不同性质的权力。再如这里的客体仅仅是指“与法律关系相联系的人们的行为”②吗？如果认为法律评价的客体仅包括法律行为，那么就窄化了法律评价活动的客体范围。因为法律评价的客体除了包括法律行为，还应包括法律事实、法律证据、当事人的权利和义务等内容。甚至可以说，司法机关只有在弄清案件的法律事实和法律证据以后，才能对当事人的法律行为及其权利义务进行定性。从整体上来说，从主体、客体和标准等方面来规定法律评价的要素，就指出了法律评价活动是司法机关适用法律的实践活动。那么司法机关在适用法律的过程中，其具体要素有哪些，又是如何来体现的？这就要从微观层面来认识法律评价的要素。

从微观上认识法律评价的要素，才能在揭示法律评价要素的具体内涵时，研究其在法律评价作用机制中的具体运用。英国哲学家洛克在其 The Rule of Law：Foundation of Constitutional Democracy 一书中认为，法治的要素具体归纳为：法律必须是可预期的、公开的和明确的；法律应该是相对稳定的；应该是在公开、稳定、明确且在一般的规则的指导下制定特定的法律命令或行政指令；必须保障司法独立；当法律不能够引导行为时，应该遵守像公开审判、不偏不倚那样的自然正义原则；法院应该有权审查政府其他部门的行为以判定其是否合乎法律；在法院打官司应该是容易的；不容许执

① 陈新汉：《权威评价论》，上海人民出版社 2006 年版，第 258—262 页。
② 陈新汉：《权威评价论》，上海人民出版社 2006 年版，第 260 页。

法机构的自由裁量权歪曲法律[①]。洛克提出的法治要素揭示了法治国家中具有共同特性和关系的基本构成元素。

虽然法治的要素与法律评价的要素不同，但是这对我们研究法律评价的要素具有启发性。法律评价的要素也应当揭示法律评价活动中具有共同特性和相互关系的基本构成元素。在司法实践中，人们经常关注司法机关是否依法行使法律评价职权。“以法律为准绳”是判断司法机关在行使法律评价职权时是正当合理还是渎职越权的标准。司法机关不仅要依法行使职权，还要独立行使职权。权钱交易下的司法腐败容易导致冤假错案的发生，其频发的一个重要原因就是司法机关受到各种力量和利益的掣肘，不能依法独立地行使职权。司法机关遵循法定程序审理案件，这是程序法定原则的要求，这样做的目的是防止司法机关滥用职权，防止个人受到不公正的有罪判决。在司法机关行使职权的过程中，其是依据理性的推理方式还是感性的主观方式对案件进行评价，直接决定着法律评价的结果。这与司法机关的工作人员自身是否具备专业的法律知识素养和法律评价能力有着直接的关系。在任何一个具体的法律评价活动中，上述影响法律评价的因素都是客观存在的。

因此，通过司法机关依法行使法律评价职权的共同特性和相互关系，可以发现法律评价活动的要素包括：(1)法院和检察院是否依法行使职权，法律是其评价标准。(2)法院和检察院是否以中立的态度去评价诉讼过程和结果，独立是其评价前提。(3)法院和检察院是否依照法定程序行使法律评价职权，法定程序是其程序保障。(4)法院和检察院是否运用形式正义和实质正义相结合的方法进行理性的归纳和演绎推理，感性是其评价误区。(5)法院和检察院的工作人员是否具备专业的法律知识素养，特有的法律评价能力是其评价保障。所以，法律评价活动的要素是指司法机关在法律评价活动中必须具备相应的评价要素，包括法律规范、法律信仰和精神、法定程序、法律方法以及法律知识和法律评价能力。由于法律评价要素中的法定程序体现着分权制衡、法治、人权和民主等理念，因此在后面会专门论述法律评

① The Rule of Law: Foundation of Constitutional Democracy, Geoffrey de Walker, Melbourne University Press, 1988.

价的程序以及法律评价程序中的共识形成机制。

在这里，一个典型案例是徐州大舜房地产开发有限公司诉王志强商品房预售合同纠纷案[①]。该案属于典型的民事诉讼案件。法院在处理该案的过程中，较为典型地体现了法律评价的要素。(1)一审法院是根据《合同法》第52条第(三)项的规定认定原被告签订的商品房预售合同无效。这说明法律规范是司法机关依法行使职权的评价标准。(2)一审法院根据原被告提交的有关证据，并调查与徐州大舜房地产开发商签订类似合同的李德民、徐斌林等七人的购房情况，发现上述各合同签订人均无对合同载明的房屋主张权利的意思表示，由此得知被告对原告借其名义签订商品房买卖合同进行所有权转移为非其真实目的是明知的。这表明司法机关是以客观中立的态度来审理此案，具备应有的法律素养。(3)由该案一审法院和徐州中院依法律程序审理或处理案件，尤其是徐州中院撤案的处理方式可知，法律程序是法律评价极为重要的要素。(4)在该案中，一审法院根据涉案证据主要运用归纳的推理方式，认定双方签订的合同情况符合《合同法》第52条第(三)项的规定，应当认定合同无效。这说明法律方法是法律评价不可或缺的要素。(5)该案件最终能得以公正处理，与审理案件的法官具备相应的法学知识和法律评价能力分不开。正是因为法官严格按照法律公正司法，才能有效维护涉案当事人的各项权益。

其二，探讨法律评价活动的要素还要研究其与法律要素的关系。具体而言，通过对构成法律要素的分析，有助于人们认识"法律是由什么构成的"这个问题。在对法律构成要素的分析过程中，一般认为法律系统的基本要素即法律要素可以分为法律规则(又称法律规范)、法律原则和法律概念。法律规则是对一定行为和事实赋予法律意义，并确定具体法律后果的准则，所以其由假定、行为模式和法律后果三部分组成。法律原则是指在

① 在徐州大舜房地产开发有限公司诉王志强商品房预售合同纠纷案中，原告大舜公司想通过签订虚假的商品房买卖合同获得银行贷款供企业临时使用，被告王志强以自己的名义与原告签订合同，房屋价款及利息均由原告承担，获得的银行贷款由原告使用，原告享有房屋所有权。之后，原告将名为被告实为自己所有的诉争房屋出售给买受人赵静。被告得知此事，就要求原告履行合同，双方发生争执。原告向徐州市泉州区人民法院提起诉讼，要求认定该合同无效，而被告要求认定该合同有效。法院经过调查取证、询问证人等环节，一审认为原被告双方在签订商品房买卖合同时明知该合同非真实意思表示，应当认定该商品房买卖合同无效。被告不服一审判决，向徐州市中级人民法院提起上诉，因未在规定期限内交纳上诉费，徐州市中级人民法院按自动撤回上诉处理。参见《徐州大舜房地产开发有限公司诉王志强商品房预售合同纠纷案》，最高人民法院网，访问日期：2013年10月17日。

一定法律体系中作为法律规则的指导思想、基础或本源的抽象性和稳定性原理。法律概念是指反映法律事实特有属性和共同特征的范畴或思维形式。在法律要素中，法律规则是主要部分。法律原则是法律精神的基本体现，占统治地位。法律概念和法律规则都要符合法律原则的基本精神。

法律评价活动的要素旨在回答司法实践中“法是什么”的问题。“法是什么”和“法律是由什么构成的”是两个问题。前者通过研究司法实践中的法律评价活动是由什么构成的，进而说明法律评价与社会民众评价、行政评价、权威道德评价是有根本性的区别。而后者通过研究法律的具体构成要素，说明形成一个完整的法律体系，法律规则、法律原则和法律概念是不可缺少的构成要素。可见，法律要素是研究法律体系的构成结构，而法律评价活动的要素是通过研究司法实践活动中，法律是如何运行的，法律与其他社会现象的关系，例如法律与政治、法律与传统观念、法律与经济等的相互作用，回答现实生活中的法是什么样子。法律评价活动的要素通过对司法实践中的法律评价活动是如何构成的，是如何来表达的，使人们对法律的认识建立在法律评价活动的基础上，从而有助于从实践层面把握法的具体形式，也有助于探究法律要素在司法实践中的具体运用，从而深入对法律作用机制的研究。

可见，法律评价活动的要素与法律要素是法学理论研究中的两个领域。由于两者的根本出发点不同，就可以引申出以下三个方面的区别：首先，法律评价活动的要素是从动态的角度考察现实生活中的法律是什么样子。例如，司法机关在法律评价活动中是如何适用法律评价要素的，老百姓又是如何看待司法机关适用法律的职权活动的。这些都是围绕着法律评价活动诸要素是如何运用的问题而展开的讨论；法律要素则是从静态的角度考察法律体系是由什么构成的，是人们从理论上对法律体系的全貌进行考察时运用到的一种思维定式。

其次，法律评价活动的要素是从微观层面对法律评价如何运行的阐释。司法机关的职权行为是否公正，适用法律的评价方法是否得当等都是法律评价要素的具体体现；而法律要素则是从宏观层面对法律的一种整体性认识。法律是作为一个整体的体系而存在，其中法律规则、法律原则和法律概念是作为整体的部分而存在。这里存在着一个问题，在对整体存在的法律体系进行研究的过程中，往往容易忽略对微观层面的法律评价的研究。或者说，在现代社会人们对法律问题的研究，更应该关注完备的法律体系在现实生活中是如何在法律评价中实现的研究。

最后，法律评价活动的要素是从反思的层面研究法律评价的作用机制问题。司法机关在处理社会纠纷和问题时，通过法定的法律评价程序，适用科学的法律评价方法，依据相应的法律评价标准就能让社会民众感受到法律评价是针对什么样的问题做出了相应的裁决。在这个过程中，司法机关完整适用法律评价活动的要素，体现了司法机关对法律评价本质的再认识。司法机关也只有通过案件教育才能使民众对法律有更深刻的理解；法律要素则是对法律体系的知识性阐释，对法律规则、法律原则和法律概念做出确定性的说明，从而达到人们对法或法学能有基本了解的目的。

虽然法律评价活动的要素与法律要素有着显著区别，但是在司法实践中两者又有密切的联系。法律要素是法律评价要素的前提。司法机关在适用法律的过程中，首先要熟练把握法律要素，并用其指导法律评价活动中的具体案例。这个过程就是法律评价要素的体现过程。在司法实践中，法律要素是具体体现在法律评价要素的实现过程之中。换言之，只有把构成法律的要素适用于法律评价活动中，才能真正体现出现实生活中的法是什么，也才能真正实现生活中的法。

二、法律评价的程序

法律评价的诸要素在法律评价活动中，是通过法律评价活动的程序以“有机”的形式体现出来的。黑格尔认为：“在国家中现实地肯定自己的东西当然须用有机的方式表现出来，国家制度中的各个部分就是这样的。”①法律评价活动作为国家权威评价活动中典型的有机形式，必然要在法律评价活动的程序中向社会民众表达法律评价的诸要素，那么司法机关在法律评价活动中依法行使法律评价职权的具体程序是什么？在民事、刑事和行政诉讼程序中，刑事诉讼程序相对较为复杂。下面以刑事诉讼程序为例，说明法律评价活动的评价机制是如何运行的。

① ［德］黑格尔：《法哲学原理》，范扬、张企泰译，商务印书馆 1982 年版，第 331 页。

我国法律规定办理刑事案件的程序是指公安机关、人民检察院和人民法院在当事人和诉讼参与人的参加下，按照诉讼阶段进行刑事诉讼过程的总和。刑事程序一般包括立案阶段、侦查阶段、起诉阶段、审判阶段和执行阶段。在每个阶段，司法机关都要对案件的犯罪行为、犯罪事实和当事人之间的权利义务关系，以及适用的法律规范和程序运作等方面进行评价，因而法律评价活动就主要体现在这五个阶段中。

其一，立案的过程是在法律评价活动中确立评价对象的过程。法律评价的对象主要指向犯罪嫌疑人的犯罪行为是否构成犯罪事实，因而主要揭示法律评价在定罪量刑方面的内容。评价客体是指评价主体的检察监督活动、审判活动以及执行活动所指向的法律事实、法律行为和法律证据，以及适用的法律规范和程序运作等方面。此时，作为评价主体的司法机关和作为评价客体的犯罪事实以及犯罪嫌疑人之间的关系已经确立起来，以刑事诉讼为内容的法律评价活动也由此展开。

其二，侦查的过程是主体揭示客体属性、获取客体信息的过程。这一过程是国家专门机关对客体的认识活动过程，为后面的评价活动提供了前提。

其三，诉讼的过程是从认知过程转入评价过程，将客体材料由认知主体（公安机关和检察院）提交给评价主体（法院）。认知主体决定提交或不提交客体材料，评价主体决定接受或不接受客体材料，这些都是评价活动，这时认知主体已经转化为评价主体。

其四，作为刑事诉讼中心的审判过程是严格意义上的评价活动过程。严格意义上的司法也就是审判。审判活动的主体是合议庭，其是权威评价活动中的权威机构在司法审判活动中的具体体现。整个法庭审理过程都是为了在查清犯罪事实的基础上，选择相适应的法律规范作为审判标准，并对犯罪嫌疑人的犯罪事实进行评判，从而以具体形式体现了权威评价活动的两个环节。

“严格意义上的评价活动包括两个环节即选择评价标准和把经过选择的主客体之间价值关系的信息经过整合形成价值观念。”①具体到刑事诉讼过

① 陈新汉：《权威评价论》，上海人民出版社2006年版，第262页。

程而言，首先，司法机关根据与法律关系相联系的行为情况，选择相适宜的法律规范。选用不同的法律规范对于同一行为进行法律评价，会产生不同的定罪量刑结论。因此选择法律规范必须查清其与法律关系相联系的法律事实，并考虑到以往的法律适用惯例和本地区或其他地区的司法机关对类似案件所运用的法律规范，还要坚持形式上的平等公正原则。其次，司法机关整合经过选择的主客体之间法律价值关系信息，形成判决。法律价值关系与法律关系不同。法律关系虽然体现着价值关系，但是属于法律评价的客体范畴。法律价值关系是指司法机关和与法律关系相联系的犯罪事实以及犯罪嫌疑人的主客体之间的价值关系。在法律价值关系信息的整合过程中存在着两个思维运动：一是把法律规范具体化到与法律关系相联系的具体行为的一般到个别的演绎推理；二是把与法律关系相联系的具体行为抽象到法律规范的个别到一般的归纳推理。法律判断的形成就体现在这一过程中。

其五，刑事诉讼中的执行阶段是法律评价活动的一个阶段，也是法院审判活动后最为关键的阶段。就评价活动而言，执行阶段是评价活动由观念形态转化为实践形态，从而发生实际效果的阶段。离开了这一阶段，前面的四个阶段都成了“纸上谈兵”。然而当前中国的实际情况是，法律执行是法律评价活动中最为薄弱的一个环节。所以，党的十八届四中全会通过“推动实行审判权和执行权相分离的体制改革试点”，以期切实解决地方人民法院“执行难”的问题。

在司法实践中，如果司法机关没有严格遵守上述法律评价活动的程序，就极容易导致冤假错案的发生。以河南李怀亮案①为例，分析检察院在检察监督活动中行使法律评价职权的具体程序，可以继续说明法律评价程序的重要性。检察院明知其移交的现场勘查笔录、尸检鉴定、物证鉴定意见、证人证言等，仅能证实被害人的被害情况或物品系被害人所有，不能证实被害人被害系李怀亮所为。换言之，检察院提供的有关物证系被害人所有，但与认定被告人李怀亮犯罪并没有关联性。但是，检察院对李怀亮被刑讯逼供的事实并未结合卷宗材料认真进行研究，却在涉案证据存在明显疑点的

① 2001年8月2日，李怀亮被怀疑涉嫌杀害平顶山市叶县李村13岁女孩郭小花(化名)，同年8月5日被抓获，后被刑事拘留并逮捕。该案历经三级法院七次审理和三次判决。在仍没有结案的情况下，法院为阻止被害人父母上访，承诺对李怀亮判死刑，于是一纸“死刑保证书”在网络上开始流传，使得该案浮出水面。参见卢美慧：《七审三判　李怀亮被羁押12年》，《新京报》2013年4月28日第A18版。

情况下仍然做出起诉决定。这就明显地违反了法律评价活动的程序。这同时表明检察院没有依法行使检察权，没有对公安机关的侦查行为起到相应的法律监督作用。检察院在公安机关移交的证据不足且争议较大的情况下，依然决定提起公诉的行为最终造成这起冤假错案的发生。

对此，最高人民检察院于 2013 年 5 月 23 日下发《关于人民检察院审查逮捕工作中适用“附条件逮捕”的意见(试行)》，进一步明确附条件逮捕的适用标准，防止疑罪或轻罪案件“以捕代侦”。检察院行使检察权和法律监督权是司法实践领域法律评价的重要表现形式。如果检察院不能依法行使法律赋予的检察监督职权，那么检察院就不能正确地适用法律，在行使检察权和法律监督权的程序中进行相应地法律评价。这样检察院在司法实践领域违法行使检察监督职权，不仅使得国家的法治精神和法治目的无法实现，而且不能保证社会民众的合法权益，最终会造成法律权威和司法机关权威的双重旁落。

三、法律评价的共识形成机制

在对法律评价活动融入社会民众现实生活的研究中，共识是一个很重要的范畴。在法律评价活动中，司法机关遵循一定的法律程序，依照相关的评价标准，运用相应的评价方法对案件做出裁判，其最终目的是为了涉案当事人和社会民众能够认同法律评价活动的结论。新闻媒体上面报道的许多冤假错案在社会上引起了轩然大波就能说明，司法机关如果滥用职权或者不能依法判案，法律的权威和尊严就不会被社会民众信任，法律评价活动的结果自然就不会得到社会民众的认可。

在电影《秋菊打官司》①中秋菊的困惑就是一个典型的例子。影片中，

① 故事发生在中国西北小山村。秋菊的丈夫万庆来与村长王善堂因为盖房子发生争执，庆来被村长踢中下体并造成肋骨骨折。秋菊怀着身孕去找村长说理，村长不以为然而不肯认错。秋菊不服要讨个说法，前往乡里公安局上访。乡公安局以调解的方式让村长赔偿庆来二百元结束。村长口头答应赔偿秋菊家的经济损失，心里则认为不应该赔钱并将钱甩在空中。受辱的秋菊没有捡钱，而是踏上了到县公安局上访的漫漫路途。县公安局复议书维持原判。秋菊还是不服来到市公安局上访。市里的复议书仍然维持原判，只是要求多加五十元赔偿金。复议书同往常一样直接交到村长手里，村长仍然不以为意。秋菊就到法院起诉了村长。而法院则判决市公安局处理得当，维持原案裁决复议。秋菊不服向市中级法院上诉。过年时秋菊难产了，然而村里人都去相邻的王庄看戏了。庆来只好去求村长请人回来抬秋菊去医院。孩子顺利出生了，秋菊一家都感谢村长鼎力相助。然而在孩子满月之时，中级法院判决拘留村长十五天。这让只想得到一句道歉的秋菊感到意外……参见《秋菊打官司》介绍，凤凰网，访问日期：2008 年 11 月 21 日。

秋菊去找村长说理，说明她认为这起纠纷仅是一桩普通的民事纠纷，只要村长肯认错，就算是讨到了说法。然而乡公安局以调解的方式让村长赔偿二百元，说明这是一起行政案件。按照法律规定，故意伤害只有达到轻伤才算犯罪(刑事案件立案标准)，轻微伤以下的，公安机关可以采取调解结案的方式，情节恶劣的，可以采取最高15日的治安拘留处罚措施。村长对县公安局和市公安局的复议书不以为然(属情节恶劣)，法院发现庆来的受伤程度达到轻伤(达到刑事立案标准)，最终村长被拘留15日。

这样的解决方式反映出很多问题。其一，社会民众与司法机关对该案同一事实和行为的认识和评价有着明显的差异，而这种差异在当前中国社会是客观普遍的现象，这就造成社会民众对法律评价存在认同问题。其二，公安机关和法院的职权界限不明晰。该案本应由公安机关做出15日的治安拘留决定，却由法院越俎代庖。公安机关也没有严格依法调查庆来的伤害程度是否达到轻伤，如果达到轻伤则该案就是一起刑事案件，反之就是行政案件，只能依据《治安管理处罚法》进行处罚。不管是哪种情况，相应的民事纠纷都可以提起民事诉讼。其三，在解决该案的过程中，存在法理与情理的冲突。村长认为自己有理，始终不肯认错，这其实是他不承认公安机关的处罚决定，在村长这里就面临着情理与法理的冲突。秋菊在村长帮忙之后，已经在情理上原谅了村长，而等待法院处理结果的她却等到了法院对村长的判决，这让她感到意外，说明此时的秋菊也面临着情理与法理的冲突。该案并未进一步描述同时面临法理和情理冲突的村长和秋菊接下来的生活处境，但是我们可以想象，在一个“熟人社会”里，村长被法院拘留将极大地削弱他在村里的权威。即使村长一家原谅她，秋菊也会被其他村民议论纷纷。不管是村长还是秋菊，都没有从这种处理方式中受益。其四，假如我们换一种视角来看该案，在村长与秋菊一家发生纠纷之后，秋菊是找村协调委员会或村里的权威人士调解她和村长之间的纠纷，或者村长态度友好，那么就不会出现以后发生的种种情况。后退一步来说，秋菊很执拗，村长也不认错，乡、县、市的公安局和法院有任何一方主动介入调解这起纠纷，耐心细致地做双方工作，相信也能圆满解决这起纠纷(因为在案件中，村长和秋菊都不是无赖，否则村长不会帮秋菊，秋菊也不会“感到意外”)。以上这些情况之所以没有出现，与社会民众缺乏法律知识有关，与法检公没有依法、主动和灵活行使职权有关，这才导致了社会民众对法律的不理解、不信任和不认同，因此如何在法律评价中建立起社会民众对法律的信任和认同的问题极为重要。 这是法律评价的共识形成机制要重点研究的内容。

上述分析在一定程度上表明，司法机关对法律行为和法律事实的认识与社会民众对司法活动的认识有差异。 所以，对法律评价共识形成机制的研究就成为法律评价机制的一个非常重要的问题。 司法机关依法行使法律评价职权的最终目的是让双方当事人都能认可法律评价结论，这是法律评价内部共识形成机制的要求。 只有这样，社会民众才能在个案正义中感受到法律的公正性，法律的权威性才能由内而外地真正得以落实，这是法律评价外部共识形成机制的要求。 可以说法律评价的共识形成机制是法律评价机制的核心。 研究法律评价活动中的共识形成机制，有利于深入认识法律评价活动中的信任危机，增强人们学法、信法、遵法、守法和用法的法律意识。

其一，法律评价活动中的信任危机与法律评价内部共识形成机制。 讲诚信是中华民族的优秀传统文化。 这种价值观念和行为方式从我们民族的格言“言必信、行必果、诚必诺”就可以看出来。 然而近些年来我们经常被各种信任危机困扰，如“安徽阜阳劣质奶粉案”、“海南华银信托销售虚假国债案”、“西安宝马假彩票案”等。 法院在依法对这些案件进行审理时，都曾引起全社会的广泛关注，说明法律评价活动中的信任问题是当今社会人们最为关注的话题之一。 当转型期的社会变迁影响到人们的传统生活方式，特别是牵涉到人们的利益冲突时，人们在没有安全感的信任危机中就容易对事物抱有普遍怀疑的态度。 这种情况投射到法律评价活动中，当司法不公、司法腐败发生的时候，人们往往会对冤假错案抱有极大的同情态度，而对法律评价活动普遍怀疑甚至持否定态度。

因而化解法律评价活动中的信任危机，首先有利于达成法律评价活动的内部共识。 法律信任是一种制度信任，是一种基于非人格化的法律规范、法律制度和法律运作而产生的信任。 由于法律评价具有强制执行力，其一经生效就直接对人们的行为进行调整，因而法律评价对社会生活的规范作用具有强制性。 虽然施行的法律也可能会有漏洞，但在具体的法律评价活动中，当事人的合法权益受到侵害，有权运用法律赋予的一系列手段来维护自己的合法权益。 在我国的诉讼制度中，合议庭制、公开审判制、回避制、人民陪审员制、律师制度、审级制、法官任职制、法检公权力制衡制等制度都是用来保障当事人的合法权益、维护司法公正的。那么，为什么在司法实践中，人们还是会对法律评价活动产生信任危机呢？这是因为中国传统的信任是建立在人际信任的基础之上，这是由传统农业社会形成的“熟人社会”决定的。人际信任是基于对熟人的了解而产生的一种信任。在电影《秋菊打官司》中，秋菊是了解村长为人的，而法官却不了解村长，所以当法院依法拘留村长时，秋菊的困惑就产生了。所以，人际信任只能适用于乡土社会中狭小的人际范围。

然而随着人口流动的加剧、职业变换的频繁、人际交往的扩大，现代社会已经不再是秋菊所处的“熟人社会”，而是陌生人社会了。这是传统农业社会向现代化工业社会转型的必然结果。依靠人际信任来调整人际关系已经不能满足当前社会的需求。于是，建立一种不依靠血缘关系和地缘关系的普遍信任就成为时代呼声。法律信任是一种制度信任。在法律评价活动中，司法机关面对的个体是不确定的。双方当事人基于法律而建立的信任是一种抽象信任关系。司法机关在对法律行为、法律证据和法律事实等的评价活动中，是根据法律规范而不是双方当事人的意愿进行评价，其在避免陷入当事人利益掣肘的同时，可以极大地降低人们之间信任的制度成本。因此，法律评价就成为现代社会调整人们之间关系最为重要的手段和方式。

其二，两种法律信任情况及其向法律内部共识形成机制的转化。首先，在法律评价中，当事人与司法机关在实际上存在着“我对法律的信任”与“司法机关对我的信任”两种情况。于是就存在当事人与司法机关的相互信任问题。一方面，从当事人对司法机关的信任情况来看，当事人一般是从司法机关是否依照法律规定和法律程序行使法律评价职权，来判断自己对法律的信任及其程度。法律评价的内容如果能体现并维护当事人的合法权益，那么就容易在当事人之间形成“我对法律的信任”。罗伯斯庇尔认为：“法律的效力是以它所引起的爱戴和尊重为转移的，而这种爱戴和尊重是以内心感到法律公正和合理为转移的。”①如果司法机关违法行使职权，

① Eli Lederman，Ron Shapir：Law，information and information technology，The Hague：Kluwer Law Internationa，2001：121.

不仅难以在当事人之间树立“我对法律的信任”，还会造成当事人对司法机关违法行使职权的愤怒，从而可能引发当事人上访等连锁社会问题。另一方面，从司法机关对当事人的信任情况来看，司法机关一般根据案件的法律事实，以及当事人在法律评价过程中的表现等情况，来判断当事人对法律的信任及其程度。法律评价的内容如果能体现并维护当事人的合法权益，那么就容易在当事人之间形成“司法机关对我的信任”。黑格尔说：“法的命令是：‘成为一个人，并尊敬他人为人’”[①]。司法机关通过维护当事人的合法权益体现着“尊敬他人为人”，从而在当事人心中形成“司法机关对我的信任”。如果司法机关违法行使职权，不仅难以在当事人之间树立“司法机关对我的信任”，还会造成“我对法律的不信任”。

其次，法律信任中的利益原则是当事人对法律的信任向法律评价内部共识形成机制转化的关键。“我对法律的信任”意味着法律评价能维护“我”的利益，而“司法机关对我的信任”意味着通过维护“我”的利益，司法机关就能维护其他个体的相同法律权益。在法律评价中，只有同时实现“我对法律的信任”与“司法机关对我的信任”，才能达成“我”、当事人之间和司法机关这三者的法律共识。共识是指：“不同价值主体之间通过相互沟通而就某种价值或某类价值及其合理性达到一致意见。”[②]按照这个定义，法律评价的共识可以理解为，在法律评价中，“我”、当事人之间和司法机关这三者依照法律规定和法律程序，通过相互沟通而就案件的处理达成一致意见。在法律评价中，司法机关居于主导地位，通过对当事人之间的权利义务关系进行评价，进而以法律评价结论的形式调整当事人之间的利益关系，影响当事人对法律评价所要表达的价值观念的认同。陈新汉认为：“要使某一社会价值观念在个体的认同中发生作用，就要使该社会价值观念所体现出来的利益意识的变化与个体价值观念所体现出来的利益意识变化‘高度吻合和匹配’。”[③]法律评价通过使个人利益与其他个体的相同利益相一致来表达基本的社会价值观念。一旦“我”在法律评价活动中意识到基本的社会价值观念与自身利益相符合，那么“我”就会产生“我对法律的信任”。并且

① 黑格尔：《法哲学原理》，范扬、张企泰译，商务印书馆1961年版，第46页。
② 汪信砚：《普世价值·价值认同·价值共识——当前我国价值论研究的三个重要概念辨析》，《学术研究》2009年第11期。
③ 陈新汉：《哲学视域中的认同意蕴新思考》，《湖南师范大学社会科学学报》2014年第3期。

因为司法机关依法行使法律评价职权旨在维护“我”以及处于相对当事人地位的“我”的合法权益，而使“我对法律的信任”与“司法机关对我的信任”在我的认同中相互交织和相互影响，于是“我”的利益意识就转化为对法律评价活动所要表达的社会基本价值观念的认同，从而达成法律评价活动中各方利益的共识。

由此可见，法律评价是在两种法律信任情况的相互作用中形成内部共识。司法机关通过法律评价表达着非私人的社会基本价值观念，总会对生活于社会中的“我”发生影响，那么我对这些社会基本价值观念的认同就必然会对“我”发生作用，从而在法律评价活动中达成各方利益的共识。所以法律评价为要解决矛盾纠纷的“我”提供了一个定纷止争，从而达成各方利益协调一致的公共载体和平台。除此之外，罗尔斯的“重叠共识”以及法律评价中的谈判和调解，对形成法律评价的外部共识形成机制有着重要启示。

其三，罗尔斯的“重叠共识”理念与法律评价外部共识形成机制。相对于涉案当事人而言，一般社会民众对法律评价的认同是外在于法律评价活动的。相对于法律评价的内部共识，这种认同是法律评价的外部共识形成机制在发挥作用。首先，法律评价内部共识形成机制是法律评价外部共识形成机制的前提。法律评价内部共识形成机制通过在法律评价中形成“我对法律的信任”与“司法机关对我的信任”，使“我”认同法律评价所要表达的社会基本价值观念，达成当事人各方利益的共识。作为社会民众中一员的当事人，能够在法律评价中理解对方或他者的社会价值观念，并在此基础上扩展自己的理解，从而寻找到某种相互共享的价值理念。那么，其他社会民众同样也能通过个案正义感受到司法公正，从而对法律评价产生认同。这就涉及罗尔斯的“重叠共识”理念，其实质是通过寻求和达成某些社会价值观念的“重叠”共识面，而调和民众之间的社会关系，从而使民众能够和谐地共存。

其次，法律评价的外部共识形成机制体现在，不同身份的社会民众在法律面前都一律平等，这就为不同价值主体之间的相互沟通，以及达成信任和共识创造了平等的司法载体和社会环境，从而有利于一般社会民众信任法律，认同法律评价活动。例如，审判公开制度要求除法律规定的特殊案件外，法院的审判活动一律公开。这样作为非涉案当事人的一般社会民众，也能参与到法律评价活动中，并通过阐述自己的立场和观点表达自己的价值取向。于是，法律评价就为一般社会公众提供了一个参与司法活动的公开透明的公共平台。罗尔斯认为，“重叠共识”的形成必须使不同价值主体的讨论进入到公共论坛，在这种“超出自己观点的狭小圈子”里才能“发展各种他们可以依此面对更广阔的公共世界来解释和正当化其所偏好”[①]。这一思想体现在法律评价活动中，由作为一般社会民众的“我”的认同差异所带来的社会价值观念的不同，可以通过社会舆论等多种途径以理性对话和多元性竞争而得到表达。在这个过程中，不同主体在理解对方的立场和观点或者在对方的社会价值观念中，能够有效扩展“我”的理解和主张，丰富“我”的利益诉求，从而可能找到某种相互共享的价值理念，达到利益的协调一致。这种相互共享的价值理念因为体现了“我”的利益与其他个体的相同利益，于是成为社会基本价值观念的表达。这样“重叠共识”就进一步解释了为什么作为一般社会民众的“我”会认同法律评价所表达的社会基本价值观念，从而认同法律评价活动。

其四，法律评价活动中的谈判和调解与法律评价共识形成机制。通过使拥有不同价值观的“我”进入到公共论坛而形成一致的利益意识和价值观念的情况，在法律评价活动中是普遍存在的。许多案件在法律评价活动中是通过谈判或调解的方式结案的。“在当代各种非诉讼纠纷解决方式中，利用率最高的是谈判、调解和仲裁，它们也被称为非诉讼程序的基本方式。”[②]从程序上来说，法律评价活动可以分为诉讼前和诉讼中两种情况。检察院对公安机关依法提交的案件是否决定起诉的评价就属于诉讼前的法律评价活动，这里的谈判和调解是法院针对“绝大多数民事或民间纠纷（以及部分轻微刑事案件和行政争议）均可以由当事人自行选择纠纷解决方式或处分结果”[③]。可见，法院处理的大多数社会矛盾和纠纷都会首先选择非诉讼程序来解决。法律评价活动中的谈判和调解就是诉讼前程序。如果非诉讼程序不能很好地解决矛盾纠纷，就会进入到诉讼程序来解决。

① ［美］罗尔斯：《政治自由主义》，万俊人译，译林出版社 2000 年版，第 175 页。
② 范愉：《非诉讼程序（ADR）教程》，中国人民大学出版社 2002 年版，第 96 页。
③ 范愉：《非诉讼程序（ADR）教程》，中国人民大学出版社 2002 年版，第 2 页。

法律评价活动中的谈判是司法机关为当事人创造一个可以通过对话交流而达成合意的解决纠纷方式。由于谈判能够充分表达双方当事人的意志，具有高度的自主性，因此在案件纠纷解决的过程中，谈判是一种纠纷解决方式。调解是法律评价活动中的另一种纠纷解决方式，往往是在司法机关工作人员充当第三方的协助下，以当事人自主协商来解决纠纷的司法活动。这两种解决纠纷的司法活动都是建立在当事人自主协商解决的基础上，有利于他们充分表达自身的利益诉求，在不伤和气的基础上达成和解协议。这表明，法律评价活动中的共识达成需要当事人的充分参与。

法律评价活动中的谈判和调解通过为当事人建立一个公共对话和沟通的平台，使当事人在平等自主处理个人事务的过程中感受到法律的公平和正义，从而有利于纠纷的解决。在这个过程中，司法机关促成当事人达成共识就运用了公共理性的方法，通过为当事人提供一个协商解决纠纷的平台，使其能感受到法律对个人利益的尊重即是对社会利益的尊重，在引导当事人对法律评价活动产生好感的过程中，使当事人“超出自己观点的狭小圈子”，在公开审判或公开协商的场合“发展各种他们可以依此面对更广阔的公共世界来解释和正当化其所偏好，”从而达成法律评价活动中的共识。

这个过程同样也是作为非涉案当事人的一般社会民众在认同的相互作用中，对法律所体现的公平正义、自由平等和保障人权利益等社会基本价值观念形成共识的过程。其表明形成法律评价内部共识的过程也是形成法律评价外部共识的过程。只有一般社会民众都能认同法律评价，法律评价的共识形成机制才具有意义，也才能真正实现法治中国建设。从这一视角而言，法律评价的外部共识更为重要。值得一提的是，不管是在法律评价活动中，还是从外部视角来看法律评价活动，个体的认同差异并没有被社会基本价值观念所简单替代或否定，而是在对社会基本价值观念的补充和完善中，形成了社会基本价值观念共识的丰富资源。于是在法律评价活动中，存在着不同主体的利益诉求，然而不同利益诉求的价值主体又是作为整个社会共同成员中的一员而存在的，这样法律评价活动的主体基础就在不断地拓展。

第二节　法律评价机制中的矛盾

在司法实践中，司法机关及其工作人员的“公”与“私”之间的矛盾是法律评价机制中的基本矛盾。权力拜物教与资本拜物教是基本矛盾向“私”的方面转化的典型表现。司法腐败是基本矛盾向“私”的方面转化的必然结果。当前社会转型期，司法腐败呈现出新原因和新特征。

一、法律评价机制中的“公”与“私”

司法机关由处于各级职位的工作人员组成。之所以用司法机关工作人员，而不用法官或检察官，是因为在司法机关中存在着三类人员：法官、检察官，法官助理、检察官助理等司法辅助人员，行政管理人员。这三类人员在不同的权限范围内行使司法职权。这些工作人员都按照一定的权力运行规则，行使司法机关中具体职位的功能，是具体职位的人格化。司法机关工作人员的一切行为从理论上说都是为了社会主体的需要和利益服务的。然而这些工作人员在社会生活中总是有具体的需要和利益，他们在行使司法职权时同样如此。在正常情况下，司法机关工作人员按照一定规则行使权力的工作是一种劳动，从本质上说是一种经济活动。按照亚当·斯密“理性行为最大化”的经济人假设[①]，这些工作人员在行使职权时都是利益主体，总要通过理性计算而作出最佳行动选择，以实现自身利益的最大化。因此司法机关为了维护社会主体的利益，会制定权力运行的规则及有关机制，以此来约束司法机关中私人利益对社会利益的侵犯。司法机关工作人员通过以下两种方式来对待这些规则及机制：

其一，司法机关工作人员按照权力运行规则及机制行使权力，使他的劳动成果体现“理性行为最大化”。在这里，司法机关工作人员不仅能获得应有的个人劳动收入，而且因为遵循权力运行规则及机制行使权力，从而满足或更好地满足了社会主体的需要和利益。我们可以把司法机关工作人员的这种行为称之为“公”。这里的“公”应理解为司法机关工作人员遵循权力

① 樊纲等：《公有制宏观经济理论大纲》，上海三联书店1992年版，第47页。

运行规则，在满足社会主体的需要和利益时，同时满足了自己(包括家庭)的需要和利益。

其二，司法机关工作人员违背权力运行规则及机制行使权力，使他的劳动成果体现“理性行为最大化”。在这里，有些司法机关工作人员把获得职位的权力当作谋取私利的工具，在行使司法职权的劳动中违背权力运行规则及机制，从而使自己获得更多体制外的“收入”。还有一种情况，有些司法机关工作人员受其他不正当影响而违背权力运行规则及机制，虽然其可能没有得到任何“好处”，却使社会主体的合法权益受损，造成司法不公。从表面上看，有些司法机关工作人员违法行使职权没有得到任何“好处”，其实不然。既然他们受到各种不正当影响，说明这些不正当影响都在某些方面深刻影响着他们的生活，这对他们而言或许是一种潜在的利益，只是这种利益不必然要立即兑现而已。我们可以把司法机关工作人员的这些行为称之为“私”。这里的“私”应理解为司法机关工作人员违背权力运行规则，运用所掌握的权力，在满足自己(包括家庭)的需要和利益时，使社会主体的需要和利益得不到满足，甚至受到伤害。

由此可知，司法机关工作人员在按照“理性行为最大化”行使职权时，有可能遵循权力运行规则，在满足社会主体的需要和利益时，同时满足自己(包括家庭)的需要和利益；也有可能违背权力运行规则，在满足自己(包括家庭)的需要和利益时，却使社会主体的需要和利益受到侵犯。这就构成了司法机关工作人员在行使司法职权时的“公”与“私”之间的矛盾。

影响司法机关工作人员行使职权时，到底是为“公”还是为“私”的因素非常复杂。就为“公”的方面而言，司法机关工作人员如果具备较高的法律素养和综合素质，珍惜自己的工作岗位，爱惜自己的名誉，有很强的职业认同感和荣誉感等因素都会促使他们在行使法律职权时公正司法。于是，司法机关工作人员不仅因公正办案能获得应有的劳动收入(并有可能升迁或受到表彰等)，而且还因为遵循或模范地行使权力运行规则，从而满足或更好地满足了案件当事人的需要和利益。在这种情况下，“公”的方面是司法机关工作人员行使职权时矛盾运动的主要方面。

然而，由于我国当前的司法体制和机制不健全，存在其他国家权力对司法权的侵蚀情况，加之社会上普遍蔓延“信权不信法”的社会风气，以及人们更加注重当下的经济利益等复杂因素，使得司法机关工作人员在很多案件中为“私”不为“公”，从而获得体制外的利益。就为“私”的方面而言，上述诸多影响因素都可能会造成司法机关工作人员不依法行使职权。以法院及其工作人员办案为例，就深层次原因来说主要是因为，相关法律法规不完善，司法体制和机制不合理或不健全，容易使“私”的方面成为司法机关工作人员行使职权时追求的目的。我国法律规定法院具有独立审判权，而法官没有独立审判权，就容易导致法官在审案中为“私”的情况。我国《宪法》第126条规定：“人民法院依照法律规定独立行使审判权，不受行政机关、社会团体和个人的干涉。”法院组织法第4条规定：“人民法院独立进行审判，只服从法律。”法院具有独立审判权并不能表明法官就能独立审案，因为法官会受到法院内部权力体系的制约。目前在中国的法官群体中，有很多对案件只审不判，由合议庭或审判委员会最终对案件作出判决。主审法官向合议庭或审判委员会汇报案情时，会故意或无意地带有个人倾向，很容易使合议庭或审判委员会作出错误判决。这样的话，如果出现错案，由作出判决的集体承担责任，主审法官就规避了责任(使得错案责任无人承担)。然而，主审法官在审案过程中很有可能受当事人或其律师，或其他权力机关及其工作人员等的不正当影响，为获取体制外的“好处”，使“私”的方面成为法律评价中的主要方面。

重庆市李渡新区管委会发函要求法院驳回村民诉求一案[①]，就能反映出如下问题：其一，审案法官不具有独立性。受法院内部行政管理体制掣肘，本应由审案法官审判的案件却由副院长专门“把关”。这说明该案主审法官在审案中受到了其他权力人物的不正当影响，从而使“私”的方面成为其行使职权时矛盾运动的主要方面。十八届四中全会专门针对这一现象提

① 在2010年重庆市李渡新区管委会发函要求法院驳回村民诉求一案中，农民付强的蛙场被划入工业园区，在与管委会没有达成补偿协议的情况下，爆破公司施爆造成大批青蛙死亡，经西南大学司法鉴定所鉴定蛙场损失额为63万元。付强与爆破公司展开民事诉讼。管委会直接就此事向一审法院法官致函，被网民称为“史上最牛公函”，内容如下：“一审(法院)不应采信(西南大学司法鉴定所的)错误鉴定结论，应做出驳回原告诉讼请求的判决……如果一审法院不采信我们的意见，而一意孤行或者基于其他原因，硬要依据上述错误鉴定结论作出判决……将会造成原告缠诉或者上访，并且不利于处理另外三户养殖户的诉讼。我们想：这也是一二审法院都不希望发生的后果！”涪陵区法院副院长黄建全专门批示：“交承办人阅处。”审案法官将该函放入卷宗，并在一审判决中判付强败诉。后经查明，公函来自李渡新区管委会副主任刘荣生，而他原为重庆市三中院民一庭法官，后被调任该职，分管征地拆迁和法律事务等工作。参见杨万国：《法院判决前接到政府“警告函”》，《新京报》2010年6月28日第A01版。

出，要“建立司法机关内部人员过问案件的记录制度和责任追究制度”①。其二，其他权力机关及其工作人员对司法机关及其工作人员行使司法权的不当干涉问题。李渡新区管委会直接给涪陵区法院发函的行为属于行政权力直接干涉司法权。管委会副主任刘荣生具有专业司法实践背景，却“知法犯法”开出违法公函；涪陵区法院副院长黄建全随意干涉主审法官办案，对该公函作出“批示”；主审法官违反法律程序将该公函放入卷宗。这一系列行为都表明我国当前的司法体制和机制很不健全，导致司法机关工作人员在法律评价中为“私”不为“公”。

对此党的十八届四中全会强调：“完善确保依法独立公正行使审判权和检察权的制度。各级党政机关和领导干部要支持法院、检察院依法独立公正行使职权。建立领导干部干预司法活动、插手具体案件处理的记录、通报和责任追究制度。任何党政机关和领导干部都不得让司法机关做违反法定职责、有碍司法公正的事情，任何司法机关都不得执行党政机关和领导干部违法干预司法活动的要求。对干预司法机关办案的，给予党纪政纪处分；造成冤假错案或者其他严重后果的，依法追究刑事责任。”②只有把这些要求制度化，才能有效推进司法机关工作人员行使职权向“公”的方面发展。党的十八届四中全会还提出，为确保法官依法独立审案，要“完善主审法官、合议庭、主任检察官、主办侦查员办案责任制，落实谁办案谁负责”，并且“实行办案质量终身负责制和错案责任倒查问责制”。并通过了一系列具体措施，如“构建开放、动态、透明、便民的阳光司法机制，推进审判公开、检务公开、警务公开、狱务公开，依法及时公开执法司法依据、程序、流程、结果和生效法律文书，杜绝暗箱操作。加强法律文书释法说理，建立生效法律文书统一上网和公开查询制度”。③这一举措和上述诸多举措不仅有利于案件当事人对主审法官等行使职权行为形成强有力的监督，促使其依法行使职权，维护当事人的合法权益，从而使法律评价活动中“公”的方面成为矛盾运动的主要方面；还会有效减少司法机关工作人员在办案中为“私”的情况，促使司法机关工作人员依法行使职权由为“私”向

---

①②③　《中共中央关于全面推进依法治国若干重大问题的决定》，《人民日报》2014年10月29日第1版。

为“公”的矛盾运动方面发展。

司法机关在行使司法权的劳动中“公”与“私”之间的矛盾，是由司法机关工作人员在行使司法职权时的“公”与“私”之间的矛盾推演出来的，集中体现为司法机关在法律评价活动的两个环节的决策中“公”与“私”之间的矛盾。在法律评价活动的第一个环节中，司法机关应当站在社会主体的立场上对其需要进行比较和权衡，以决定哪种需要最能体现出社会主体的优势需要，从而用这种需要作为评价标准。在法律评价活动的第二个环节中，司法机关应当根据社会主体的需要，对经过选择并实现整合的价值关系进行肯定或否定以及肯定程度或否定程度大小的判断。然而，司法机关工作人员在行使司法职权时存在“公”与“私”之间的矛盾。这些工作人员的地位和权力大小不同，在“公”与“私”的矛盾中发挥作用的大小也不同。这就有可能使司法机关不能或不能完全站在社会主体的需要和立场上行使职权，从而使在决策中所选择的评价标准与社会主体的优势需要发生偏差和背离，使在决策中所作出的评价与社会主体的整体需要和利益发生偏离。于是，司法机关工作人员的“公”与“私”之间的矛盾就转化为司法机关在法律评价活动的两个环节的决策中“公”与“私”之间的矛盾。在司法实践中，司法机关及其工作人员的“公”与“私”之间的矛盾是法律评价活动的基本矛盾。

影响司法机关行使职权时，到底是为“公”还是为“私”的因素也非常复杂。就为“公”的方面而言，司法机关能真正独立行使职权，不受“行政机关、社会团体和个人的干涉”，以及司法机关工作人员依法行使职权等因素，都会促使司法机关公正司法。在这种情况下，“公”的方面是司法机关行使职权时矛盾运动的主要方面。司法机关只有努力让人民群众在每一个司法案件中感受到公平正义，法律权威才能真正得到人民的内心拥护和真诚信仰。这是从应然角度描述司法机关为“公”的情况。然而在现实生活中，很多冤假错案都是司法机关没有依法行使职权，导致“私”的方面成为法律评价活动中矛盾运动的主要方面，需要对此专门分析。

司法机关的不独立是导致司法机关不能依法行使职权的主要原因。虽然我国法律规定司法机关应独立行使职权，但是在我国目前的司法体制和机制下，司法机关很难在行使职权时保持独立性。司法机关的人事权和财政权不独立，行政权就容易侵蚀司法权，导致司法机关成为地方保护主义的工具。众所周知，各级司法机关工作人员由同级人大产生并对之负责(遗憾的是，法律并未详细规定如何负责)，地方政府掌握当地司法机关的财政权、人事权和物权[①]，这些“中国特色”都使得司法机关工作人员选择评价标准进行决策时，要在与法律无关的诸多因素之间进行博弈，往往是这些因素最终导致“私”的方面成为法律评价活动矛盾运动的主要方面。例如，长期以来，许多政府部门为了加强社会维稳工作，任意干涉司法机关工作人员办案，导致许多冤假错案发生，李怀亮案就是一个典型。

在法律评价活动中，“公”与“私”之间的矛盾运动中何者转化为矛盾的主要方面，与上述诸多因素密切相关，其中如何让当事人在案件处理中能有效表达利益诉求，以及如何通过制度建设约束司法机关的职权行为是值得认真思考的问题。在法律评价活动中，案件当事人如果能充分参与司法审查的全过程，就能在参与的过程中真实体现自己的意志，即案件当事人通过言论自由等方式表达利益诉求，这样在法律评价活动的两个环节的决策中，司法机关及其工作人员就应当充分考虑案件当事人的需要和利益，这有利于促进法律评价的基本矛盾向“公”的方面发展。反之，当法律评价的基本矛盾向“私”的方面发展时，则有可能造成诸如张辉、张高平这样的冤假错案。

在十八届中央纪委二次全会上，习近平总书记发表重要讲话时强调：“要加强对权力运行的制约和监督，把权力关进制度的笼子里。”[②]制度主义理论认为，制度通过影响社会主体对各种行为方案的成本与收益的计算而最终影响其行为选择。如果司法制度健全，司法机关工作人员就会遵循权力运行规则及有关机制。于是，法律评价的基本矛盾就会向“公”的方面发展。如果司法制度不健全、不合理，有些司法机关工作人员就会违背权力运行规则及机制，从而使法律评价的基本矛盾向“私”的方面发展。由此

① 针对这一问题，党的十八届四中全会通过的《中共中央关于全面推进依法治国若干重大问题的决定》中明确提出，“改革司法机关人财物管理体制，探索实行法院、检察院司法行政事务管理权和审判权、检察权相分离。”参见《中共中央关于全面推进依法治国若干重大问题的决定》，《人民日报》2014年10月29日第1版。只有把这一举措制度化，才能真正有效解决司法机关的独立性问题。上海市在2014年率先试点司法体制改革，其中探索建立省以下法院、检察院省级统一管理体制和探索建立法院、检察院经费省级统一管理机制是此次改革的重点和亮点。参见《明确法官检察官办案主导权让其过上体面生活安心办案》，《京华时报》2014年7月13日第4—5版。

② 习近平：《更加科学有效地防治腐败　坚定不移把反腐倡廉建设引向深入》，新华网访问日期：2013年1月22日。

可见，加强和完善司法制度建设对于法律评价活动中“公”与“私”之间的矛盾运动向“公”的方面发展有着至关重要的意义。在本章第三节法律评价机制中的悖论，我们将继续围绕言论自由与制度建设对于法律评价科学化作些方法论方面的思考。

二、权力拜物教与资本拜物教：“私”的两重化

根据马克思的社会发展“三形态说”①，我国目前正处在由自然经济社会形态到商品经济社会形态的转型中，从而使当前我国社会具有两种社会形态的特征。人对人依赖关系的自然经济社会形态容易形成权力拜物教，人对物依赖关系的商品经济社会形态容易形成资本拜物教。在当前我国的社会中既有权力拜物教，又有资本拜物教。就前者而言，从社会学的角度来看，权力拜物教是人们在社会生活中，凸显权力的优越与霸道，将权力视为获取社会承认、名誉、地位、财富的唯一根本的途径，并随之将权力的追逐、获取与使用视为人生的根本，因而对权力顶礼膜拜的一种社会畸形现象。②其实质是在权力占统治地位的官本位条件下，权与利的非正当和非合法的交换，即通过权力获得“合法”的特权以及非法的利益。就后者来说，陈新汉认为：“资本拜物教是货币拜物教和商品拜物教的延伸和发展，对资本拜物教的分析需要建立在对货币和商品拜物教分析的基础之上。”③货币拜物教和商品拜物教是指人们像宗教迷信那样，把货币和商品当作神来崇拜的一种观念和做法。马克思早就指出：“劳动产品一旦作为商品来生产，就带上拜物教性质。”④资本拜物教的实质是在资本占统治地位的商品经济条件下，人与人之间的关系不得不采取了物化或货币化的方式。

权力拜物教与资本拜物教都是人的物质生产与精神生产及其产品变成异己力量，反过来统治人的一种社会现象。就前者而言，在官僚政治条件下，部分官僚阶层把国家公共权力变成私有财产以谋取私利，导致国家权力

① 马克思指出，人类必然要经历以“人的依赖关系”为基础的自然经济社会形态、“以物的依赖性”为基础的商品经济社会形态和以“人的自由发展”为基础的产品经济社会形态。参见刘佑成：《马克思的社会发展三形态理论》，《哲学研究》1988 年第 12 期。

② 姜赞东：《权力拜物教略论——兼析前苏东社会主义转型的深层原因》，香港《学术前沿》2004 年第 7 期。

③ 陈新汉、张艳芬：《哲学与人生——哲学概论新论》，上海人民出版社 2010 年版，第 112 页。

④ 马克思：《资本论》第 1 卷，人民出版社 2002 年版，第 89 页。

不能真正反映社会主体的利益。其实质是这些官僚阶层把行使职权的劳动异化为谋取私利的手段。就后者来说，在商品经济社会中，资本成为世俗的上帝，人的劳动被异化为资本增值的工具，资本成为支配人的命运的主要力量。由此可见，权力拜物教与资本拜物教都是异化劳动的表现形式。马克思深入揭示和批判了异化劳动的社会现象。他指出："在异化劳动中，劳动者把自己外化在他的产品中，这不仅意味着他的劳动成为对象，成为外部的存在，而且还意味着他的劳动作为一种异己的东西不依赖于他而在他之外存在着，并成为与他相对立的独立量；意味着他灌注到对象中去的生命作为敌对的和异己的力量同他相对抗。"[①]这说明在异化劳动中，劳动作为人的"自由的有意识的活动"[②]的性质完全发生了改变，使人丧失了他作为类存在之自由自觉的特性，而成为权力与资本的奴隶。权力拜物教与资本拜物教在当前由自然经济社会形态到商品经济社会形态的转型中，通过经济财富与政治行为的相互转化而交织在一起。

具体体现在法律评价活动中，权力拜物教与资本拜物教就是法律评价基本矛盾运动向"私"的方面发展的典型表现，是"私"的方面的两重化。一方面，当事人直接或通过律师间接向法官或审判机关的负责人发出行贿要约，法官或审判机关的负责人由于缺少有效的内外监督接受了这种要约，从而构成受贿事实。虽然我国目前的司法腐败监督制度既有上下级法院的审判监督、法院内部的纪检监督等系统内部监督，又有议会性质的人大监督、行政性质的监察监督、社会性质的媒体监督等外部监督，对行贿或受贿的惩罚既有刑事处罚和党纪处分，又有行业的自律性处分。然而，系统内部监督极容易形成一致对外的利益集团，使得司法腐败具有极强的隐蔽性；系统外部监督由于缺乏专门的调查手段和调查权力，加上司法的专业性，使得司法腐败的捕获率非常低。另一方面，法官或审判机关向当事人明示或暗示很强意愿的贿赂行为(索贿行为)，当事人由于缺乏必要的法律意识或知识，或为了保证打赢官司，从而与其发生贿赂的事实。第一种行为是经济财富向政治行为的转化，是资本拜物教向权力拜物教转化的典型表现。第二种行为是政治行为向经济财富的转化，是权力拜物教向资本拜物教转化的典型

① 马克思：《1844年经济学哲学手稿》，人民出版社1985年版，第45页。
② 马克思、恩格斯：《马克思恩格斯文集》第1卷，人民出版社2009年版，第162页。

表现。

尤其需要注意的是，在法律评价活动中，权力拜物教是部分司法机关工作人员违法行使职权，导致法律评价基本矛盾运动向“私”的方面发展的主要原因，对其成因要进行具体分析。具体到法院的审判活动中，法官行使法律赋予的审判职权，是司法公正的人格象征。他是一个能够判别是非曲直、合法与否，甚至当事人可以将自己的生命和自由交予其裁判的人。然而在现实社会中，法官也是人，也有求人处，法官自己职位的升迁、子女入学、老人入院等可能都要托关系或走后门。加上我国法官正常职业年限的有限，法官职业的正常收入偏低，法官职业整体声誉的不太理想和职业稳定性的欠缺，使得法官在一个“有权不用，过期作废”和“事事靠打点、处处找关系”的社会环境下极有可能利用手中的权力徇私枉法。也就是说，在法律评价活动中，法官有可能通过违背权力运行规则，获取体制外的“收入”。这就表现在，通过影响审判案件人员的确定、影响案件时间进度表、影响有关事实认定的环节、影响法律适用等，都有可能致使法官不能站在客观公正的立场上来进行法律评价活动。

由以上分析可知，法律评价中的拜物教正是法律评价机制中“公”与“私”的基本矛盾运动向“私”的方面发展的结果。一般说来，司法机关工作人员在按照“理性行为最大化”行为时，遵守权力运行规则及机制，既能实现社会正义，又能维护案件当事人的合法权益，同时自身的劳动也会受到尊重。如果司法机关工作人员违背权力运行规则，在权钱交易等活动中满足自己不正当的需要和利益，而使包括案件当事人在内的社会主体的利益受到伤害，这时“私”的方面就成为法律评价机制中基本矛盾运动的主要方面，司法实践中的权力拜物教与资本拜物教及其相互转化的社会不正常现象就由此而生。司法腐败既是法律评价机制中基本矛盾运动向“私”的方面发展的结果，又是司法实践中权力拜物教与资本拜物教及其相互转化的社会表现形式。

三、司法腐败:“私”的必然结果

在司法腐败盛行的时候，司法是否能担当正义的防线就成为一个令人深忧的问题。从司法所担负的社会职能来看，消除司法腐败并不是目的，而是一项最起码的要求。司法的最终目的是通过在司法活动中所体现出来的法治精神，树立法律权威，让法律能够成为普通公民定纷止争所信仰的最主要手段，从而在实现司法公正中有效维护人权。在法律评价活动中，法院是依照法律规定代表国家独立行使审判权的国家权威评价机关，具有权威性。这种权威性不仅体现在保障审判结果以法律强制力的形式得以实现，还表现在审判过程中，法院及其工作人员不受行政机关、社会团体和个人的非法干涉。然而，在司法实践中，法院及其工作人员极有可能成为某些行政机关、社会团体和个人的“喂食”对象。多数腐败法官会遵循“理性最大化假设”来行动，这样就会造成人们对法官群体的失望和愤怒。法律的权威就会在腐败法官的投机行为中丧失殆尽。在这种情况下，法院的判决本应成为当事人自觉认可并自愿执行的权威性规范文件，却由于丧失了公正性而得不到有效地执行。这也是当前中国社会中法院判决执行难的一个很重要的原因。

现实生活中的司法腐败是法律评价机制中的基本矛盾运动向“私”的方面发展的结果。司法机关由全国人大及其常委会产生并对之负责，那么司法的任务就是对社会民众被损害的权利进行救济，对被践踏的正义予以恢复，公正的司法是惩治腐败的最后屏障。然而在司法腐败中，少数司法机关工作人员把所属社会的广大人民群体的需要、利益和意志置于脑后，为了一己私利或者迫于地方保护主义等的压力，损害了社会民众的合法权益，牺牲了司法公正对于社会的意义。这就是某些司法机关及其工作人员在法律评价机制的基本矛盾运动中，行使职权错位的表现。具体而言，中国当前的司法腐败现象主要表现为：滥用职权，要弄特权；玩忽职守，推诿扯皮；知法犯法，弄虚作假；执法不公，徇私舞弊。

英国著名哲学家、法学家培根在《论法律》一文中说过：“一次不公正的审判，其恶果甚至超过十次犯罪。因为犯罪虽是无视法律——好比污染水流，而不公正的审判则毁坏法律——好比污染水源。”[①]因此，司法腐败的特殊性就在于，它对一个社会来说是最大的腐败，也是最后的腐败。江泽民同志指出：“官吏的腐败、司法的腐败，是最大的腐败，是滋生和助长其

① ［英］培根：《培根论说文集》，水天同译，商务印书馆1983年版。

他腐败的重要原因。”[1]这表明，集中体现司法权的法律评价活动不同于一般的社会评价活动。法律评价活动是社会公平正义的最后一道防线。在法律评价的矛盾性关系中，司法机关及其工作人员应当时刻认识到，自己代表的是替人民守护社会公平正义的最后一道防线。只有这样，法律评价机制中的基本矛盾运动才会向“公”的方面发展。司法机关及其工作人员也绝不会，更不能因为一己之私或者小集团的利益损害了司法机关的公正形象。如果不能正确处理好法律评价的矛盾性关系，就会把法律评价活动中的基本矛盾运动引向“私”的方面，就会导致司法腐败的发生。司法腐败若得不到有效治理，人民群众的合法权益就得不到切实有效保护，势必动摇人民对法治的信心和对党的信任，其就会像一个“毒瘤”危害党和国家的肌体，危及执政党的地位和基础。2010 年 1 月 19 日，廊坊市中级人民法院以贪污、受贿罪判处最高人民法院原副院长黄松有无期徒刑。有媒体报道说，黄松有是新中国成立以来司法系统因涉嫌贪腐而落马的最高级别官员。这说明，国家已经要求司法机关及其工作人员认真行使司法职权，否则自己不正当地行使职权也会受到法律的审判。

从司法腐败产生的过程来看，司法腐败是司法机关在行使法律评价职权的过程中产生的腐败现象。除了黄松有案，从 1998 年开始整顿司法队伍以来，各地查处的冤假错案数量是相当惊人的[2]。法院和检察院是行使审判权和检察权的司法机关，对于社会民众而言掌握着生杀予夺的大权。法院和检察院在行使职权过程中由于各种原因导致的司法腐败，严重影响了社会民众对法律的信任。这样法院和检察院在群众的心目中也就不成其为法院和检察院了。所以，美国法学家亨利 · 米斯在谈到法院的重要性时说道：“在法官作出判决的瞬间，被别的观点，或者被任何形式的外部权势或压力所控制或影响，法官就不复存在了。……法院必须摆脱胁迫，不受任何控制和影响，否则他们便不再是法院了。”[3]由此可见，司法公正对实现人民

---

① 《十四大以来重要文献选编》(下)，人民出版社 1999 年版，第 2270 页。

② 例如 1995—1997 年间黑龙江就纠正了 1 386 起冤假错案，查处公安及司法人员 1 873 人。参见《黑龙江错案追究制日臻完善》，《法制日报》1997 年 12 月 7 日第 1 版。尤其是在 2013 年 3 月 15 日，周强被选为最高人民法院院长以来，短短两个多月时间，各地密集平反冤假错案，如李怀亮案，张辉、张高平案，萧山案等，这表明最高人民法院正在努力让人民群众从每一个司法案件中都能感受到法律评价的公平正义，参见《检察日报》等各大报纸的相关报道。

③ ［英］科特威尔：《法律社会学导论》，潘大松等译，华夏出版社 1989 年版，第 236—237 页。

权益和自由的重要性。如果任由司法腐败蔓延，社会民众就会完全丧失对党、国家和政府的信任和尊重，必然会导致人心的背离和社会的动荡。通过上述司法腐败现象的探讨，可以进一步具体分析司法腐败现象产生的原因与特征。

其一，社会转型期司法机关工作人员的行为规范与行为方式转换不同步导致司法腐败的易发性。我国正处于社会转型期，这不仅意味着司法机关及其工作人员的行为模式的转换，而且也意味着其行为规范体系的重新建构。司法机关一方面要通过司法权体现法律的权威性，另一方面又要通过法律评价活动体现社会发展和进步取得的改革成果，这就有可能要求法官和检察官突破法律的界限大胆尝试。然而法律的权威性就体现在它要维护现有的甚至是传统的价值和秩序，而社会的转型是在改革中完成的，改革就是要突破法律的限制。这样，法院及法官、检察院及检察官在不断市场化的环境下越来越表现出“不适应性”，反映在行为上便呈现出种种矛盾性的倾向，很容易出现各种“短视”（追逐利益的短期行为）和“斜视”（一只眼盯着市场，另一只眼则盯着“市长”即行政权力），其审判行为和检察监督行为就容易导致“失范”。

其二，社会转型期司法机关工作人员行为方式转换所导致的司法腐败现象的逐利性凸显。在社会转型期，随着自然经济社会形态到商品经济社会形态的转型逐步确立和不断深化，司法机关工作人员的腐败行为方式逐步转向“利益主导型”，其实质是政治行为向经济财富的转化。法院及法官、检察院及检察官的自身利益不仅被肯定，而且还成为其行为动力的源泉。与此同时，也就出现了一些法官和检察官为了追求自身利益的最大化而从事权钱交易的腐败行为，逐利性也就在社会转型期表现得尤为突出。剖析我国当前的司法腐败现象，一个很突出的表现就是经济利益因素的主导性日益增强。

其三，在法律评价活动中，与社会转型期相联系的司法腐败现象发生领域具有相对集中性和博弈性特点。我国司法腐败大都是涉及司法机关及其工作人员为牟取私人利益通过一定的为社会和法律规范所不认可的行为影响法律评价活动的现象，其博弈和腐败行为都只可能在涉及某一具体司法审判活动或检察监督活动中的当事人、证人、法官、检察官、律师这样的小团体范围内展开。在法律评价活动中，可能只是双方当事人之间进行博弈，也可能同时还有双方当事人聘请的律师参与，或者是他们与法官、检察官之间进行博弈。在相对集中的领域里，由于国家司法资源的垄断性和有限性，导致了司法腐败案件的数量和涉案金额越来越大，对抗性也越来越大，腐败行为的保护层也越来越厚，成为司法腐败中的一个突出现象。

其四，在法律评价活动中，司法腐败的诱因呈现复杂性特点。其主要表现在：在制度建设方面，解决诉讼纠纷的实体法和程序法都不太健全；在诉讼参与人方面，社会民众事前预防法律风险的意识和知识都比较匮乏；在司法管理方面，司法行政管理机关与司法审判机关、司法检察机关、法律监督机关没有分离，这样就可能会造成行政干预司法的司法腐败现象；在操作程序上，法律评价活动没有将所有内部的标准和程序透明化(法律规定除外)；在职业设计上，法官职业的正常收入偏低，正常职业年限的有限，法官职业稳定性的欠缺，法官职业声誉的不理想等都可能成为司法腐败的诱因；在对审判活动的监督上，司法系统内部监督极容易形成一致对外的利益集团，使得司法腐败具有极强的隐蔽性；在诱发司法腐败的社会因素上，政治因素的介入，人们传统思维习惯的制约等都有可能成为司法腐败的诱因。

其五，在法律评价活动中，还没有建立起有效的司法评估制度。孟德斯鸠曾在《论法的精神》中说过："一切有权力的人都容易滥用权力，这是万古不易的一条经验。"[①]英国剑桥大学教授阿克顿勋爵也曾说过："权力导致腐败，绝对权力导致绝对腐败。"[②]在法律评价活动中建立起有效的司法评估制度是遏制司法腐败的一种思路。司法评估制度作为司法制度改革的一个重要组成部分，应当包括以下内容：对司法审判程序的评估制度、对检察权和法律监督权行使的评估制度、对司法审判人员的评估制度、对检察机关工作人员的评估制度、对司法审判结果的评估制度、对检察机关行使职权结果的评估制度、对司法审判方法的评估制度、对检察机关行使职权方法的评估制度、当事人和律师对司法机关及其工作人员行使职权的评估制度等。司法评估通过建立由专业监察人员、内部监督人员和外部监督人员各占一定

① [法]孟德斯鸠：《论法的精神》(上)，张雁深译，商务印书馆1987年版，第154页。

② [英]阿克顿：《自由与权力：阿克顿勋爵论说文集》，侯健、范亚峰译，商务印书馆2001年版，第342页。

比例的专门的司法评估委员会，可以客观有效地评估法律评价活动，并提高司法腐败的捕获率。

第三节 法律评价机制中的悖论

法律评价机制中的悖论与主体的责任相联系。司法机关及其工作人员不仅有着自身的利益，而且担负着相应的社会责任。当法律评价机制中的“私”成为矛盾运动的主要方面，司法机关就不是社会主体的现实主体，但却是社会主体的现实的责任主体。司法机关作为现实的责任主体所承担的责任，在实际上总要由社会的全体成员来承担，由此就产生了法律评价活动中的悖论。言论自由和制度反腐是解决这个悖论的重要途径。

一、法律评价机制中主体的责任

马克思认为，“人即使不像亚里士多德所说的那样，天生是政治动物，无论如何也天生是社会动物”，因而“作为确定的人、现实的人，你就有规定，就有使命，就有任务，至于你是否认识到这一点，那都是无所谓的”。[①]这段话包括四层意思：首先，马克思认为，人有双重属性，既是自然人，又是社会人。自然人是人的自然属性，社会人是人的社会属性。其次，社会性是人特有的属性。这表现在，作为确定的和现实的人，就有规定、使命、任务和责任。再者，社会人有着自己具体的需要和利益。这些需要和利益在规定、使命、任务和责任中使得自然人与社会相联系，所以马克思才说：“把人与社会连结起来的惟一纽带是天然必然性，是需要和个人利益。”[②]最后，既然每个人都是社会人，有着自己具体的需要和利益，那么人在社会中就不仅为自己而存在，也必然为他人而存在，因而就有责任。人都具有责任，这是把人的自然性和社会性，人的具体需要和利益相连结的纽带。为此，康德说：“人，每一个在道德上有价值的人，都要有所承担，没有任何承担，不负任何责任的东西，不是人而是物件。”[③]于是，社会中的人

① 马克思、恩格斯：《马克思恩格斯全集》第3卷，人民出版社1964年版，第329页。
② 马克思、恩格斯：《马克思恩格斯全集》第1卷，人民出版社1964年版，第154页。
③ [德]康德：《道德形而上学原理》，邓晓芒译，上海人民出版社1986年版，第6页。

既是“利益人”，又是“责任人”。

既然所有人都是社会人，都有相应的利益和责任。对于司法机关的工作人员，以及由众多工作人员构成的司法机关而言也同样如此。每个工作人员如法官或检察官，以及身处其中的司法机关由于地位、特征及权益的不同，相应地具体需要、利益和责任就具有很大的差异性。司法机关的差异性是通过“自为地发展为整体而推移到”①普遍性、现实性和有机性。在实践层面，这种“自为地发展”就体现在司法机关的决策过程中。司法机关是通过法律评价活动中的评价等决策把社会主体的意志、需要和利益，贯彻到社会主体的实际行动当中。因而司法机关就要为其所发动的社会行动的结果负责。只有这样，司法机关才能成为社会主体的现实主体。因其能对社会行动的结果负责，司法机关就成为社会主体的现实责任主体。这说明，司法机关既是社会主体的现实主体，又是社会主体的现实责任主体。

然而由于法律评价活动的基本矛盾运动，当司法机关是从社会的需要和利益出发依法行使职权时，“公”的方面就会成为矛盾的主要方面，这时司法机关是所属社会的现实主体和现实责任主体，司法机关能够在现实性上体现社会主体的意志；当司法机关没有依法行使职权时，“私”的方面就会成为矛盾的主要方面，这时司法机关就失去了所属社会的现实主体和现实责任主体的资格，司法机关就不能在现实性上体现社会主体的意志。

第一，司法机关由于认识方面的原因不能体现社会主体的意志时，不能由此说明司法机关在行使法律评价职权的过程中就发生了以职权谋取私利的腐败行为。这时司法机关没有丧失社会主体的现实主体的资格，其在决策和执行的过程中仍然是社会主体的现实主体。例如，在“文化大革命”中，法制和民主遭到了极大的破坏。法检公机关被砸烂，造反派组织可以任意剥夺上至党和国家领导人，下至普通老百姓的自由乃至生命。这时不能体现社会主体意志的司法机关作为所属社会的权威机构，仍具有把它的实践理念贯彻到社会的行动之中的合法权力，由此决定了其依然能成为社会主体的现实的责任主体。只不过在当时的特殊时代背景下，司法机关被造反派严重地践踏，法治建设也遭到了毁灭性的打击。这就告诉我们依法治国

① ［德］黑格尔：《法哲学原理》，范扬、张企泰译，商务印书馆1961年版，第201页。

首先是依法办事，任何组织、单位和个人都不能凌驾于法律之上，都不得有超越宪法和法律的特权，绝不允许再出现任何以言代法、以权压法和徇私枉法现象。

第二，司法机关由于司法腐败不能体现社会主体的意志。这时由于它已经在本体上丧失了社会主体的现实主体资格，因此社会主体就不应该为它所发动的行动负责，社会的全体成员在现实性上也不应该为它所发动的行动负责，责任只能由构成司法机关的全体工作人员来承担，或构成司法机关的责任人员或其中的腐败人员来承担。但是作为由众多工作人员构成的司法机关，从本质上来说是为了所属的社会主体的利益服务的。因而司法机关及其工作人员由于腐败而产生的责任就不能由司法机关的全体工作人员来承担，否则司法机关就不是社会主体的现实主体和责任主体了。

在这里需要说明的是，司法机关在法律评价中造成错案的原因以及承担的责任需要进行具体分析。首先，如果是因为认识方面的原因导致司法机关不能正确地认识社会主体的需要和利益，在行使职权时出现错判的情况，并不能因此就说明司法机关没有依法行使职权，司法机关仍然是社会主体的现实的责任主体，因此就不需要追究错判案件的工作人员的责任，但是需要提升其法律综合素养和法律评价能力，使其能正确认识到社会主体的需要和利益。《人民法院审判人员违法审判责任追究办法(试行)》第22条就明确规定："因对法律、法规理解和认识上的偏差，以及因对案件事实和证据认识上的偏差而导致裁判错误的，审判人员不承担责任。"例如，在"疑罪从无"成为刑事案件法律评价的基本原则之前，我国司法实践普遍坚持"疑罪从轻"原则，这不利于维护犯罪嫌疑人、被告人的合法权益。因为"疑罪"本身就说明因事实不清或证据不足，无法认定犯罪嫌疑人、被告人有罪，就应当"从无"处理。然而由于认识方面的原因，即为了打击犯罪，怕漏放罪犯，坚持"从轻"处理，这虽不符合现代社会的基本法治精神，但符合当时的社会治理环境。在"疑罪从无"成为刑事案件法律评价的基本原则写入刑法之前，司法机关按照"疑罪从轻"处理案件并不承担任何责任。当"疑罪从无"成为刑事案件法律评价的基本原则之后，司法机关按照"疑罪从轻"处理案件，就属于不依法行使职权，就要追究相应责任人的法律责任。《人民法院审判人员违法审判责任追究办法(试行)》第2条规定："人民法院审判人员在审判、执行工作中，故意违反与审判工作有关的法律、法规，或者因过失违反与审判工作有关的法律、法规造成严重后果的，应当承担违法审判责任。”这说明，审判人员因过失造成严重后果要承担法律责任。这个过失的认定标准应该依据审判人员的外在行为是否失当作为判断标准①。

其次，如果是因为司法腐败等原因导致司法机关工作人员不依法行使职权，甚至出现错判，其并不能逃避相应的法律责任，但是因此而给案件当事人、社会和国家造成的损失和责任恐怕是这些工作人员所不能完全承担的。实际上，他们只承担了部分责任，而不是全部责任，有相当一部分责任是由作为群体的社会主体来承担了。由于司法机关的性质和地位，其仍然是作为社会主体的现实责任主体的资格行使司法职权。一个现实生活中的具体例子是黄松有案。通过黄松有案就可以具体分析由于司法腐败等原因造成的责任分担情况。最高人民法院原副院长黄松有因贪污罪和受贿罪成为新中国成立以来因涉嫌贪腐被调查的级别最高的司法官员。其在位期间利用职权便利多次贪污受贿，社会影响极为恶劣。其中，“中国第一烂尾楼”—“中诚广场”案，和“湛江中美化工公司破产案”引起了社会的广泛关注。在前一个案件中他幕后操作使其既得利益集团获利 4 亿多元；在后一个案件中他直接参与其中，支配 1 540 万元并个人获利 120 万元。廊坊市中院一审判决认定黄松有犯受贿罪，判处没收个人全部财产，犯贪污罪判处没收 50 万元个人财产，并决定执行无期徒刑，剥夺政治权利终身。然而，黄松有在职期间滥用职权造成的巨大社会损失和恶劣的社会影响，无论是最高人民法院及其全体法官还是黄松有本人，在实际上都是不能承受和弥补的。这说明作为现实的责任主体，司法机关及其工作人员造成的损失本来不应当由社会成员来承担，实际上社会成员共同地承担了这一损失。这一损失虽然由责任主体依法承担了一部分，但是其在实际上远不能承担所造成的巨大社会损失和恶劣的社会影响。这就说明司法机关在法律评价活动中，存在着

① 如果审判人员不是故意违反法律、法规，而是因为不可控制因素等原因造成了严重后果就属于过失。而认定故意的标准比较容易，因而不属于审判人员主观故意的行为就可以认定为过失。例如《广东省高级人民法院关于违法审判责任追究的暂行规定》第 6 条就列举了审判人员故意违反法律、法规的六种情形：(1)有证据办“人情案”、“关系案”、“金钱案”，导致裁判错误的；(2)对当事人有充分证据和理由的抗辩不予理会，导致错误裁判的；(3)法律、法规已有明确规定或者不容分歧的司法解释，但不适用或者曲解，导致裁判错误的；(4)违反法律、法规、司法解释或者审判程序，经发现指出后仍不纠正，导致裁判错误的；(5)无故拖延案件的审理，严重超期的；(6)有其他证据足以证明是故意违反裁判，或者违法执行、不执行的。

司法机关及其工作人员的主体责任问题。

二、法律评价机制中悖论的描述

“要忠实地描述悖论，就应当将悖论置于当时一般的人类智识背景中去。没有这个背景，悖论就会变得像动物们的竞技杂耍一样。”①罗伊·索伦森的这句话揭示了悖论②的一个精神实质，即悖论通过特定的逻辑形式展开特定的思想内容，从而表达了悖论的现实意义。人们通常都强调悖论的形式逻辑性③，例如在《辞海》中，对悖论的定义是：“一命题A，如果承认A，可推得¬A(非A)；反之，如果承认¬A，又可推得A，就称命题A为一悖论。”④这表明悖论是逻辑上自相矛盾的命题。更深层次地理解悖论可以发现：“悖论当然与主观认识有关，但它不是逻辑错误，而是逻辑循环。不论悖论在形式上多么自相矛盾，多么难以理解，它们都不是胡思乱想的结果。自然界和现实生活中大量存在的循环现象，就是它们的客观结果。”⑤这表明从辩证思维的方向来理解，悖论就指出了现实生活中深藏着的矛盾和往复循环。这一理解若从理论研究的视角来看，悖论的出现就意味着理论问题内深藏着的矛盾被尖锐地揭示了出来。悖论正是这种深蕴矛盾的一种特殊表现形式。法律评价机制中的悖论也是如此。研究法律评价机制中的悖论，对于我们深刻理解并着手解决法律评价机制中所出现的悖论是有帮助的。

法律评价机制中的悖论与主体的责任相联系。在法律评价活动中，当司法机关没有依法行使职权，从而使“私”的方面成为法律评价机制中基本矛盾运动的主要方面，这时司法机关就不能成为社会主体的现实主体，其作为社会主体行动的现实责任主体所负的责任，既不应当由社会主体来承担，也不应当由构成司法机关的工作人员，或实际上完全由其中的责任人员或腐败人员来承担。但是司法机关作为现实的责任主体，其所负的责任在现实

---

① ［英］索伦森：《悖论简史——哲学和心灵的迷宫》，贾红雨译，北京大学出版社2007年版，前言III。

② “所有的悖论在广义上都属于逻辑。”参见维·马奇舍夫斯基：《现代逻辑词典》，中国人民大学出版社1992年版，第12页。一切悖论都具有逻辑形式，因而都可以称之为逻辑悖论。

③ 通常意义上理解的悖论都是形式逻辑悖论，即符合悖论必不可少的三要素：“公认正确的背景知识”、“严密无误的逻辑推导”、“可以建立矛盾等价式”。参见张建军：《逻辑悖论研究引论》，南京大学出版社2002年版，第8页。

④ 《辞海》(缩印本)，上海辞书出版社1999年版，第1197页。

⑤ 景天魁：《社会认识的结构和悖论》，中国社会科学出版社1990年版，第259页。

性上必须要有实际的承担者。这就是法律评价机制中的悖论。

进一步而言，司法机关作为现实的责任主体所负的责任，在实际上必然要由所属社会主体或所属社会主体的全体成员来承担。这是因为构成司法机关的工作人员，或其中的腐败人员在实际上是不能承受司法机关作为现实的责任主体所负的责任。从黄松有案就可以清楚地看出来。由此得出的结论是，司法机关所负的责任不应当落到社会主体的身上，但是在实际上必然会由社会的全体成员或相关人员来承担其不应当承担的责任。具体而言，在法律评价机制中，悖论的形式矛盾就表现为：不应当承担责任的社会主体必须在实际上承担由丧失了社会主体的现实主体资格的司法机关作为现实的责任主体所承担的责任，这一事实反过来说明了，丧失了社会主体的现实主体资格的司法机关在实际上仍然具有社会主体的现实主体的资格。

“不应当承担责任的社会主体必须在实际上承担责任”这个命题，是把两个对立面即“社会主体不应当承担责任”和“社会主体在实际上必须承担责任”分别予以肯定，然后又把它们连结在一起。同时，“丧失了社会主体的现实主体资格的司法机关在实际上仍然具有社会主体的现实主体资格”这个命题，是把两个对立面即“司法机关丧失了社会主体的现实主体资格”和“司法机关在实际上仍然具有社会主体的现实主体资格”分别予以肯定，然后再把它们连结在一起。这说明这两个命题都是悖论。并且由“不应当承担责任的社会主体必须在实际上承担责任”这个命题可以推导出“丧失了社会主体的现实主体资格的司法机关在实际上仍然具有社会主体的现实主体资格”这个命题，反之亦然。这说明这两个命题在这里实际上是同一个命题，其本质也是悖论。

法律评价机制引发的悖论意味着法律评价机制中深蕴着的矛盾被尖锐地揭示了出来。它正是法律评价机制中的矛盾运动的表现形式。黑格尔在论述康德著名的四个“二律背反”[①]时就认为：“康德理性矛盾说在破除知性形而上学的僵硬独断，指引到思维的辩证运动的方向而论，必须看成是哲学知

① 康德的四个著名的“二律背反”是：(1)正题：世界在时间和空间上是有限的；反题：世界在时间和空间上是无限的。(2)正题：世界上的一切都是由单一的、不可分的东西构成的；反题：世界上没有单一的东西，一切都是复合的、不可分的。(3)正题：世界上存在自由；反题：世界上没有自由。(4)正题：世界中有一个绝对必然的存在物；反题：世界上没有一个绝对必然的存在物。参见[德]康德：《纯粹理性批判》，韦卓民译，华中师范大学出版社2000年版，第420、426、434、441页。

识上一个很重要的推进。”[①]这个“思维的辩证运动的方向”就指向不能成为社会主体的现实主体的司法机关。司法机关不能成为社会主体的现实主体的主要原因是法律评价机制中的“私”的方面成为基本矛盾运动的主要方面。而这是与司法机关或其中的责任人员或腐败人员，以职权谋取私利的腐败行为内在地联系在一起。因而法律评价机制中的解悖建构就围绕着如何从制度上消除司法腐败展开，这是遵循上述悖论所指出的“思维的辩证运动的方向”所产生的必然结论。

三、法律评价机制中解悖的方案

首先，研究法律评价机制的目的在于能够科学地运用法律评价对社会中的法律现象、法律事实和法律行为有一个客观真实的把握。法律评价机制中的悖论要求我们深入分析法律评价机制科学化的实质，从而能够有效地对法律评价机制的解悖方案有一个全面的认识。这是因为，司法机关一般总能自觉地站在社会主体的立场上进行评价活动，并形成在形式上具有统一性的评价意见，这是法律评价活动自觉性的体现。这种自觉性为法律评价机制的科学化提供了可能，也是法律评价机制能够科学化的前提。

其次，法律评价机制的解悖建构绕不开对法律评价机制科学化的分析。法律评价机制科学化的根据在于法律评价机制能够体现科学化的两个根本特征，即理性和实事求是。马克思认为：“科学就在于用理性方法去整理感性材料。”[②]这里的理性既指与感性相对应的概念、判断和推理的思维活动，又指从辨别好坏、是非、美丑等方面来控制自己行动的自觉能力。“实事求是”是科学的另一个根本特征。罗素认为：“我所说的科学的实事求是，是指把我们的信念建立在人所可能做到的不带个人色彩、免除地域性及气质偏见的观察和推论之上的习惯。”[③]科学的这两个特征是内在地联系在一起的。理性是为了达到实事求是，实事求是体现着理性的力量，两者的结合就是科学的基本内涵。法律评价活动是人们通过法律途径理性解决纠纷的最为重要的途径。司法机关在依法行使法律评价职权时要实事求是地对案

① ［德］黑格尔：《小逻辑》，贺麟译，商务印书馆1980年版，第133页。
② 马克思、恩格斯：《马克思恩格斯全集》第2卷，人民出版社1957年版，第163页。
③ ［英］罗素：《西方哲学史》（下卷），马元德译，商务印书馆1976年版，第397页。

件进行全面客观地分析，这表明当法律评价机制中的基本矛盾向“公”的方面发展时，法律评价活动具有科学性，体现了极大的社会建设力量。然而当法律评价机制中的基本矛盾向“私”的方面发展时，法律评价活动就会滋生司法腐败，因而法律评价机制的科学化是必要的。

而人们经常否认法律评价机制的科学性，其认识论的误区在于对法律评价活动中的事实判断和价值判断的区别做了不正确的理解。事实判断与认知活动相联系，对于事实判断具有科学性一般没有异议。价值判断与评价活动相联系，对于价值判断具有科学性的异议就在于人们对价值判断的客观性存有异议。价值判断的客观性体现在，价值判断的对象和内容具有客观性。第一，价值判断的对象是主体的需要，“主体需要是客观的”[①]。一般而言，人们能够意识到自己的需要，这就容易使人们把需要和对需要的意识等同起来，从而把需要看成主观的东西。事实上需要不等于对需要的意识，主体的需要是由主客体关系决定的，因而具有客观性。“不仅主体的物质需要是客观的，而且主体的精神需要也是客观的。”[②]第二，价值判断的内容是客观的。价值判断的内容是，主体把自身需要与客体属性相联系从而形成价值判断并对之进行反映。其实质是主体对主客体之间价值关系的性质在反映的基础上做出的判断，不以主观为转移。可见，在评价活动中，主体因素不等于主观因素。第三，如果把主客体之间的价值关系看作是一个与主体相对立的新客体，那么主体对客体的评价活动就转化为主体对这个新客体的认知活动。价值判断能够具有科学性，说明了评价活动能够具有科学性。法律评价活动属于评价活动，因而法律评价活动中的价值判断与事实判断一样，具有科学性。

对法律评价机制的科学化研究，可以从以下两条途径做些方法论方面的思考。这是对法律评价机制进行科学化研究的基本要求。法律评价机制的科学化是一个过程，法律评价的解悖方案及预防腐败的关键依靠法律评价机制的科学化。这首先表现为法律评价机制的科学化与言论自由的关系。哲学意蕴上的言论自由与主体的能力相关，是指作为自愿和自觉相统一的主

---

① 陈新汉：《邓小平认识论思想论纲》，上海人民出版社2001年版，第98页。

② 陈新汉：《评价论导论——认识论的一个新领域》，上海社会科学院出版社1995年版，第112—115页。

体，能够对某一社会事件发表自己的评价意见。其关注的是主体在言论自由中的能力问题。主体越是自由，就越能增强主体的意识和能力，主体因而就越能自由言论。而政治学意蕴上的言论自由与民主联系在一起，是指处于社会政治生活中的主体在多大范围内能够享受言论自由。科恩认为："民主是一种社会管理体制，在该体制中社会成员大体上能直接或间接地参与或可以参与影响全体社会成员的决策。"[①]社会成员平等参与的权利是与人身自由紧密相连，言论自由是人身自由派生的权利，同时也是其标志。因为连言论都无法自由的人很难想象其人身具有自由。其关注的是主体所处的环境中有关言论自由的民主机制问题。在一个社会内部，众多个体在一个民主氛围浓厚，人人都能平等交往的政治环境中自由地发表评价意见，就是言论自由的现实表达。

对于法律评价而言，法律评价活动中的言论自由通过体现哲学和政治学意蕴上的言论自由，促进法律评价机制的科学化建设。言论自由往往反映着一国民主法治建设的状况。如果民主法治健全，司法机关及其工作人员就不敢在法律评价中为"私"，当事人也可以通过言论自由促使法律评价中的基本矛盾运动向为"公"的方面发展。然而如果民主法治不健全，就滋生了司法机关及其工作人员为"私"的便利条件，当事人无法通过言论自由监督法律评价活动的依法进行，甚至还会因此遭受各种打压，于是就产生了法律评价机制中的悖论。

我国宪法、刑法和民事诉讼法中都有言论自由的条款。在我国，每个公民都依法享有言论、出版、结社的自由和宗教信仰的自由。这是法律规定每个公民依法享有的正当权利。可是在司法实践中，这些高度概括的法律词语在许多具体的法律评价活动中并没有被细化，在一些案件中导致侵犯公民合法权益的情况频繁发生。"彭水诗案"[②]就是一个典型。秦某的言论

① ［美］科恩：《论民主》，聂崇信、朱秀贤译，商务印书馆1988年版，第10页。

② 2006年彭水县的公务员秦某用诗歌的形式讽刺彭水县官场上的一些不良现象。其诗歌内容为《沁园春·彭水》："马儿跑远，伟哥滋阴，华仔脓包。看今日彭水，满眼瘴气，官民冲突，不可开交。城建打人，公安辱尸，竟向百姓放空炮。更哪堪，痛移民难移，徒增苦恼。官场月黑风高，抓人权财权有绝招。叹白云中学，空中楼阁，生源痛失，老师外跑。虎口宾馆，竟落虎口，留得沙沱彩虹桥。俱往矣，当痛定思痛，不要骚搞。"他用手机短信和QQ将这些内容转发给多人。当地公安机关以涉嫌诽谤罪将其刑事拘留，并经检察机关批准逮捕。后来该案件被认定为错案。造成错案的原因是该县的政法部门不依法办案，党政领导非法干预司法。这是一起典型的政府部门侵犯公民言论自由权的案件。参见《重庆彭水诗案：公务员因编写短信针砭时弊被刑拘》，中国新闻网，访问日期：2006年10月19日。

被政府部门认为是危害到了当地社会的稳定和安全状况。在法律评价活动中，司法机关并没有对秦某言论的内容和形式进行合法合理地审查，就定为诽谤罪。而我国《刑法》第246条规定："以暴力或者其他方法公然侮辱他人或者捏造事实诽谤他人，情节严重的，处三年以下有期徒刑、拘役或者剥夺政治权利。前款罪，告诉的才处理，但是严重危害社会秩序和国家利益的除外。"根据诽谤罪的构成要件，秦某的行为不属于"以暴力或其他方法公然侮辱他人或者捏造事实诽谤他人"的情况，不构成诽谤罪的行为要件。然而在当地政法部门和党政领导的非法干预下，秦某被定罪处罚。这显然背离了法律评价机制的科学化要求，而在审判中侵犯公民言论自由的典型案件。这既说明秦某的言论自由能力被不正当地剥夺了，又说明彭水县的不民主政治氛围严重阻碍了秦某行使言论自由的法律权利。只有对其进行认真反思才能在今后碰到类似的案件时做出正确的法律评价结果，这是法律评价机制科学化的要求。

我国自古以来就有"防民之口甚于防川，川壅而溃，伤人必多。是故为川者，决之使导，为民者，宣之使言"的说法。[①]法律是现代社会保障公民言论自由的最为基本的途径。在法律评价活动中保障言论自由，是在社会内部贯彻言论自由的根本要求。防止"彭水诗案"的再次发生，不仅要求在法律评价活动中有具体可操作性的制度与之配套，更重要的是要在法律评价活动中废除以思想定罪的恶习。之所以会出现"彭水诗案"，就是因为秦某未被审判就被政法部门和党政领导主观认定有罪。这就说明，在今后的法治建设中只有加强言论自由的保护力度，免使其遭受践踏，才能够有力地促进法律评价活动的健康发展，从而提高其科学化的程度。同时，加强言论自由的法治建设，不仅是对言论自由的保护，而且也是对滥用言论自由的严格限制。这里需要注意，错误的言论自由不等于滥用言论自由。人们发表的言论有可能是错误的，也应当允许其有自由发表的权利。因为"正确的"和"错误的"标准有一个历史检验的时间问题。如果不允许人民发表错误的言论，无异于变相地剥夺人们的言论自由。而滥用言论自由则是故意破坏社会的稳定秩序，诽谤或者侵犯他人的隐私等合法权益，或者泄露

---

① 《国语·周语上》。

各类秘密的行为。这些行为都有明确的法律规定。充分保障言论自由可以使法律评价机制所引发的悖论得到较为合理的解决，但是并不能必然解决法律评价活动的正确性问题。解决法律评价活动的正确性问题还与从制度上对法律评价机制的正确引导有关。

其次是法律评价机制的科学化与制度反腐的关系。法律评价机制的科学化不仅与民主机制内在地联系在一起，而且与制度建设内在地联系在一起。制度反腐是解决法律评价机制中悖论现象的另一个重要途径。新制度主义认为，制度是人们设计出来约束和规范相互行动的一系列正式的规则和非正式规则的集合体。与法律评价活动的科学化相联系的制度主要是指正式的规则，而且这种正式的规则“必须以法律制度的形式得以建立，亦即以法的形式才能得以生存”①。这个制度便是保障法在社会生活中实现的科学化依据。对于这一点邓小平有着深刻的认识，他在总结党和国家的历史经验和教训时说：“我们过去发生的各种错误，固然与某些领导人的思想、作风有关，但是组织制度、工作制度方面的问题更重要。这些方面的制度好可以使坏人无法任意横行，制度不好可以使好人无法充分做好事，甚至会走向反面。”②在完善法律评价机制的制度建设方面，许多学者都进行了具体的思考③，归纳起来可以采取的制度反腐措施有：编织完善的司法干部选拔制度；编织健全的法律评价职权行使程序和严格的法律监督制度；建立严格并且合理的法律评价职权行使程序；建立严格的司法监督考核制度；发挥互联网的功能，与社会民众评价活动的反腐败监督结合起来；编织严密的刑事的、民事的、行政的惩罚制度；建立惩治腐败制度；建立司法职业资格的限制和剥夺制度等。

这些具体的制度措施是通过影响人们对各种行动方案的成本和收益的理性计算而最终影响个人的选择。新制度主义认为，制度通过正式的规则使得司法机关的工作人员“不想贪、不能贪、不敢贪”④。这是因为制度决定了这些人是遵守权力运行规则（为“公”）还是违背权力运行规则（为“私”）。当制度制定的不科学、不合理时，制度就会使腐败成为一种有利可图、有机

①④　刘守芬、许道敏：《制度反腐败论》，《北京大学学报》（哲学社会科学版）2000年第1期。
②　邓小平：《邓小平文选》第2卷，人民出版社1994年版，第333页。
③　陈新汉：《自我评价论》，上海人民出版社2011年版，第567—571页。

可乘、风险很少、却获利很大的达到个人利益最大化的行动方式。这时基本矛盾运动就会向“私”的方面发展，产生法律评价活动中的悖论。同样，当制度制定的科学、合理时，制度就会使权力在公开、公平、公正、透明的环境中运行，促使基本矛盾运动向“公”的方面发展，有效解决法律评价活动中的悖论。在这样的环境里，民众评价活动就会把人民群众的评价意见集中起来，对法律评价活动形成有力地监督，减少司法腐败等现象。由此可见，加强和完善司法制度建设对于法律评价机制中“公”与“私”之间的矛盾运动向“公”的方面发展有着至关重要的意义。

党的十八大以来，习近平总书记就反腐败斗争发表了一系列重要讲话。特别是在十八届中央纪委第二次全会上，他指出：“要善于用法治思维和法治方式反对腐败，加强反腐败国家立法，加强反腐倡廉党内法规制度建设，让法律制度刚性运行。”①这一科学论断明确告诉我们，反腐败要走法治化道路。在经过一段时间的“老虎”和“苍蝇”一起打的高压反腐之后，中央也对现行反腐败机制中存在的问题进行反思。虽然我国社会主义法律体系基本形成，但在反腐败领域却没有一部可遵循的基本法律，导致目前的反腐败工作制度不健全，反腐败工作中还存在不少问题。所以在十八届中央纪委第三次全会上，习近平总书记强调加强反腐败立法，把权力关进制度的笼子里。他说：“把权力关进制度的笼子里，首先要建好笼子。笼子太松了，或者笼子很好但门没关住，进出自由，那是起不了什么作用的。”②可见，加快制定反腐败法律法规是法治化反腐的基本前提。

需要指出的是，通过建立互联网反腐机制可以有效推进法治化反腐进程。为了给社会民众提供一个参与党风廉政建设，以及与腐败斗争的高效便捷渠道，中央纪委监察部开通了专门的举报网站。在开通后一个月内收到上万封举报信，举报网站也一度被刷爆③。这表明广大网民对反腐工作的大力推动。司法机关不仅要建立网上举报渠道，更要在建立后认真思考如何科学化地处理案件。比如怎样有效处理海量的举报信息？怎样保护举

---

① 习近平：《科学有效防治腐败　坚定不移把反腐倡廉建设引向深入》，中国共产党新闻网，访问日期：2013年1月23日。

② 习近平：《在十八届中央纪律检查委员会第三次全体会议上的讲话》，中国共产党新闻网，访问日期：2014年1月14日。

③ 倪洋军：《中纪委举报网站一度被刷爆说明啥？》，中国共产党新闻网，访问日期：2009年11月3日。

报人的合法权益？ 如何使网络举报成为法律评价机制中的有机组成部分？如何进一步完善包括网络举报在内的各种举报方式？ 这些都对法律评价机制的科学化提出了新要求。 法律评价机制的科学化也是在充分依靠制度反腐的过程中，才可能有效解决法律评价机制中的悖论问题，进而真正实现中国社会向法治型治理的转变。

第　三　章
法律评价的社会条件

法律评价的有效实施需要一定的社会条件。 处在社会形态中的法律评价主要受党的领导，行政评价，律师、法学专家以及社会舆论等社会因素的影响。 通过个案分析这些社会因素对法律评价的影响，反思现有的司法体制和机制进而推进司法改革。 法律评价的社会作用主要体现在，其是创新社会治理的重要内容，是推动社会变迁的重要力量，是实现社会公正的重要途径。 作为哲学反思的重要内容，只有研究法律评价的社会性，才能更好地实现司法公正和有效维护人权。 于是就要求我们充分重视法律评价中的社会意识，正确理解法律评价中的社会规定，辩证看待法律评价中的社会批判。

第一节　影响法律评价的主要社会因素

影响法律评价的主要社会因素有：党的领导，行政评价，律师、法学专家评价和社会舆论等。 在推进国家治理能力和治理体系现代化的历史进程中，要正确理解党的领导与法律评价之间的权属关系，还要探讨行政评价与法律评价互动的作用机制。 三者的双向互动集中体现为，党依法执政、行政机关依法行政，以及司法机关公正司法。 在司法个案中，律师和法学专家对法律评价的内在推动体现在，通过个案反思现有的法律制度进而推进司法改革。 社会舆论对法律评价产生着较为复杂的影响，尤其是在互联网时代，社会舆论容易使个案成为公共事件，对司法机关行使职权提出了更高要求。 研究影响法律评价主要社会因素的目的是为了有效维护司法机关依法独立行使职权，这是法治社会的基本要求。

一、党的领导对法律评价作用的分析

党的领导、行政评价与法律评价都属于国家权威评价的重要组成部分。在推进国家治理能力和治理体系现代化的历史进程中，只有理清三者之间的关系，才能真正坚持党依法执政、行政机关依法行政，以及司法机关依法行使法律评价职权，为维护人民权益和社会公正，实现中华民族伟大复兴的中国梦提供健康稳定的国家权力运行环境。

其一，党的领导与法律评价之间的权属关系。党的十八届四中全会就党的领导与法律评价等之间的关系作了全面而深刻的阐述。全会提出："坚持党领导立法、保证执法、支持司法、带头守法，把依法治国基本方略同依法执政基本方式统一起来，把党总揽全局、协调各方同人大、政府、政协、审判机关、检察机关依法依章程履行职能、开展工作统一起来，把党领导人民制定和实施宪法法律同党坚持在宪法法律范围内活动统一起来"。具体而言，"政法委员会是党委领导政法工作的组织形式"①。全会明确指出："各级党委政法委员会要把工作着力点放在把握政治方向、协调各方职能、统筹政法工作、建设政法队伍、督促依法履职、创造公正司法环境上，带头依法办事，保障宪法法律正确统一实施。"②也就说，党对司法机关行使法律评价职权的领导主要是方向性的领导和示范性的领导，而不是以前直接进行命令式的领导。从哲学上进行分析，党的领导与法律评价之间就是一种引导性关系而非构成性关系。康德的有关分析给我们提供了必要的理论支撑。

康德在《法学形而上学导论》中认为，国家是在普遍先天联合的人民意志中达成的一项契约。他说："人民的普遍意志并不是所有人关于一种给定情形而达成的意志，而是一种将所有不同的意志完全联接起来的意志，也即为所有人决议的共同体的意志"③。可见康德所谓的普遍先天联合的人民意志就是卢梭所说的公意。康德认为在普遍先天联合的人民意志中可以达

①② 《中共中央关于全面推进依法治国若干重大问题的决定》，《人民日报》2014年10月29日第1版。

③ Kant，Vorarbeiten zu Die Metaphysik der Sitten，AAbd.23，S.351.

成一项关于建构国家的契约，即“每一个国家都包含三种权力，或者说，包含体现为三重人格的普遍联合的意志：统治权，行政权（依照法律）和司法权（对每一个依法取得的存在的准予），也即普遍联合的意志表现为领导人格、治理者人格、法官人格。同样地，也可视其为实践三段论中的三个命题：大前提：规定意志的法则，小前提：基于法则的程序规定，也即大前提之下的涵摄原则，以及结论：裁断（判决），那些在该判决所处的案例中合法的结论。”①由这段话可以看出，他认为国家的这三种权力是逻辑上的依次递进式的引导关系。统治权是规定国家意志即法律的权力，行政权是贯彻法律规定的权力，司法权是依照法律规定作出结论的权力。这三种权力只具有逻辑上的先后引导关系，即统治权是规定其他权力来源的权力，但并不因此就能直接代替和干涉其他权力，为了使统治权得以实现，设立行政权就成为必要，而司法权是解决前两种权力行使过程中出现问题时进行裁决的权力。可见这三种权力之间不能相互替代，更不能相互侵犯，因而就不是权力之间能够相互命令的构成性关系。

党的十八届四中全会规定党（体现为领导人格的统治权）对司法机关（体现为法官人格的司法权）行使法律评价职权的领导主要是方向性和示范性领导，而非命令式领导，正符合康德关于国家权力之间权属关系的规定。在中国，作为执政党的共产党要在宪法和法律范围内依法执政，就要维护司法机关依法独立行使职权。依法独立是宪法对司法机关行使职权的明文规定和要求。这集中体现在司法机关及其工作人员在办案时服从法律且只服从法律。因为在社会主义法治国家中，法律是人民意志的体现，司法机关及其工作人员向法律负责就是向人民负责，从而也是向集中代表人民意志和权益的共产党负责。这就是马克思一直强调的“法官除了法律就没有别的上司”②。于是，在法律评价中任何机关（包括执政党、立法机关、行政机关和社会团体）都不能干涉司法机关独立行使职权。在这里需要指出的是，社会团体作为一种掌握社会资源的社会力量，拥有一定的社会权力，其对司法机关依法行使法律评价职权的干涉，往往以社会舆论等形式表现出来。后面在讲“唐慧案”时，会分析社会舆论对该案造成的复杂影响。在该案

① Kant，Die Metaphysik der Sitten. Erster Teil，A165/B195.

② 马克思、恩格斯：《马克思恩格斯全集》第1卷，人民出版社1995年版，第180页。

中，掌握社会舆论的媒体先以唐慧的慈母护女视角介入该案，引起民意的广泛关注，对司法机关行使职权造成了严重干涉，然后再以司法机关没有依法断案的视角介入该案，对司法机关行使职权的公正性提出质疑，从而对该案司法机关进行致命一击。这里的关键问题是，该案司法机关一开始就迫于媒体和唐慧的压力没有独立依法审案，才导致司法公信力和权威节节败退。如果该案司法机关服从法律且只服从法律独立审案，即使在审理过程中出现了“媒体断案”对司法的干涉，也不能阻止司法机关公正司法，就不会出现审案过程中的被动局面，也不会被媒体反复质疑司法机关审案过程中的公正性问题。

正确理解党的领导与法律评价之间的权属关系，是在国家权力运行过程中正确处理党的领导与法律评价之间关系的前提和基础。党的领导与法律评价之间的双向互动就体现在这一正确理解的过程中。只有坚持把党的领导贯彻到依法治国全过程和各方面，才能在推进司法体制和机制的改革中不断优化司法职权配置，为司法机关行使法律评价职权活动创造稳定、健康和独立的司法环境；只有坚持司法机关依法独立行使法律评价职权，才能真正发挥司法权维护人民合法权益和实现社会公正的作用，让人民群众在每一个司法案件中感受到司法公信力和司法权威，真正落实党领导司法工作是在实现“为人民服务”的宗旨，进而使国家和社会生活法治化有序向前推进。反之，如果法律评价仅仅成为党内少数人维护特殊利益的工具，那么司法权就会成为马克思所批判的“法的动物形式”，也就是：“当特权者不满足于制定法而诉诸自己的习惯法时，他们所要求的并不是法的人类内容，而是法的动物形式，这种形式现在已丧失其现实性，变成了纯粹的动物假面具。”①

二、行政评价与法律评价的双向互动

行政评价是一种重要的国家权威评价类型。广义的行政评价就是马克思所说的“国家的组织活动”②，是对国家事务的管理。在此意义上国家的权力机关、审判机关、检察机关、军事机关以及执政党都以不同方式对国家实施管理，都可以称之为行政。狭义的行政与立法和司法相对应，是国家

① 马克思、恩格斯：《马克思恩格斯全集》第1卷，人民出版社1995年版，第249页。
② 马克思、恩格斯：《马克思恩格斯全集》第3卷，人民出版社2002年版，第386页。

行政机关以政府的名义，依据一定的法律、法规，管理国家的政务活动，是国家行政权力的运用和实现。这里的行政评价就是在此涵义上使用的，即行政评价是行政机关的行政管理活动，其往往以行政决策、行政执行、行政监督等的形式体现出来。在日常生活中会经常出现行政机关进行行政评价时侵犯当事人合法权益的情况。如果当事人将该纠纷诉诸司法机关，就会发生行政评价与法律评价之间的双向互动。这种互动就会通过行政诉讼的司法渠道得以体现。

行政诉讼是行政评价与法律评价双向互动的主要渠道。行政诉讼是通过启动法律评价程序对行政评价活动的合法性进行审查的司法制度。具体而言，行政诉讼是指人民法院在当事人和其他诉讼参与人的参加下，依照法律规定审理行政案件的司法活动。其主体是外在于行政机关的人民法院，客体是行政机关的行政管理行为或行政评价活动，前提是公民、法人认为行政机关或行政机关工作人员的行政行为侵犯其合法权益向法院提起诉讼的行为。行政诉讼作为一种法律评价活动，是法院以行政管理法规为标准，对以行政机关为主体所进行的行政评价活动进行评价，或者说，对行政机关所进行的行政评价活动与所属社会群体主体的需要和利益之间所形成的价值关系进行反映。行政诉讼反映了法律评价活动的两个特征，即在评价活动的第一个环节中，选择相适用的行政法规作为评价标准；在第二个环节中，以相适用的行政法规作为整合价值信息时的依据，由此形成对行政机关所进行的行政管理行为与所属社会群体主体的需要和利益之间所形成的价值关系的肯定性或否定性判断，即合法或不合法的判断。

在行政诉讼中，司法机关是依据法律规范对行政评价活动进行合法性审查，而行政评价往往依据政策文件或领导人的讲话、批示和指示，如果司法机关认为行政评价活动侵犯了当事人的合法权益，就会对其进行否定性判断。然而我国长期存在着司法权依赖于行政权的政法传统，造成了司法机关在行政诉讼中存在立案难、审理难和执行难等问题，即民难告官问题。因此，行政评价与法律评价互动的边界就在于如何在行政诉讼中实现当事人（包括原被告等）的合法权益，实现个案的公平正义。对于作为被告的行政机关而言，司法机关对其评价活动的合法性和合理性审查属于康德所说的“普遍先天联合的人民意志”赋予司法权对行政权是否依法行使的审查。

如果行政机关的评价行为违反法律规定，司法机关就会通过相应的法律评价促使其纠正违法行为，这样既有利于塑造司法权威，更有利于重塑行政权的权威性。所以，司法机关只有服从且只服从于法律，才意味着司法机关不受其他任何力量的干涉，才有可能实现个案中的公平正义。社会民众也才能在“民告官”的诉讼中感受到公平正义。这对于社会民众、司法机关和行政机关任何一方而言，都有利于促使其严格遵守法律，自觉维护法律的权威和尊严。这正体现了党的十八届四中全会所倡导的社会民众自觉守法、司法机关公正司法，以及行政机关依法行政的法治精神。

三、律师和法学专家对法律评价的内在作用

法官、检察官、律师和法学专家都属于法律职业共同体。当然，法律职业共同体还包括立法工作者、公证员、陪审员、司法行政人员、警察等在内，而法官、检察官、律师和法学专家是法律职业共同体的核心组成部分。法律职业共同体是借用美国科学史和科学哲学家托马斯·库恩提出的“科学共同体”概念，他认为：“一个科学共同体由同一个科学专业领域中的工作者组成。在一种绝大多数其他领域无法比拟的程度上，他们都经受过近似的教育和专业训练；在这个过程中，他们都钻研过同样的技术文献，并从中获取许多同样的交易。通常这种标准文献的范围标出了一个科学学科的界限，每个科学共同体一般有一个它自己的主题。”[①]根据这一学说，中国的法律职业共同体都经过专门的法学专业教育或法律职业资格训练，往往以法律职业道德为其行为底线，具有法律知识结构的一元化特征和法律职业共同利益，在法律评价活动中唯法律至上，都关注并参与到法治中国建设的历史进程中，是中国特色社会主义法治国家建设的重要力量。

尽管他们在司法实践中承担着不同角色，依法行使不同职权，但是最高法的蒋惠岭认为，“他们奉行着相同的职业精神：一是唯法律为上；二是以职业道德为行为底线；三是相互认同、相互尊重”。[②]具体就他们在法律评价活动中的职权角色而言，法官和检察官依法行使职权的活动就是法律评价活动；律师是法律评价活动的重要参与方，是司法案件中维护当事人合法权

① ［美］库恩：《科学革命的结构》，金吾伦、胡新和译，北京大学出版社2012年版，第148页。
② 蒋惠岭：《司法改革能否改出强有力的法律职业共同体？》，《中国法律评论》2014年第3期。

益、监督法律正确实施、追求社会公平正义的重要力量；法学专家是反思法律评价活动的重要主体，是司法实践活动的重要参与者，是推动社会法治进步的重要力量。为推进法律职业共同体队伍的正规化、专业化和职业化，提高其职业素养和专业水平，党的十八届四中全会提出："建立从符合条件的律师、法学专家中招录立法工作者、法官、检察官制度……加快建立符合职业特点的法治工作人员管理制度"[①]等。其表明，律师和法学专家是推动和完善司法机关依法行使法律评价职权活动，建设中国特色社会主义法治国家的重要力量。具体而言，律师和法学专家对法律评价的内在推动更重要地体现在，通过法律评价中的个案反思现有的法律制度，进而推动司法改革朝着有利于维护当事人的合法权益，实现社会公平正义的方向发展。

在法律评价活动中，律师主要通过法律程序的程序正义维护当事人的合法权益，并监督司法机关依法行使职权。如果律师在帮当事人打官司的过程中，不仅不能维护当事人的合法权益，甚至连自身的合法权益都不能维护时，就谈不上实现个案中的公平正义。李奎生案[②]就典型地反映了这一问题。在李奎生案中，李奎生本来是要维护薛五辰的合法权益。然而相关检察院的王某在李奎生履行律师职责的过程中，极力阻挠并诬陷他涉嫌帮助薛五辰伪造证据，将其依法逮捕并提起公诉。这既反映出当前我国某些司法机关在行使职权时存在着肆意侵犯当事人人权的问题，又折射了一种社会不良心态，"谁帮助犯罪嫌疑人，谁就是坏人，理应受到相应的惩罚"。殊不知，法律也要保护犯罪嫌疑人的正当合法权利，而律师最为重要的职责就是实现法律所要保护的犯罪嫌疑人的正当合法权利。运用"非法证据排除规

① 《中共中央关于全面推进依法治国若干重大问题的决定》，《人民日报》2014年10月29日第1版。

② 李奎生被称为"中原第一大律师"。1998年4月，荥阳市财政局局长薛五辰因涉嫌经济犯罪被捕，李奎生为他提供侦查阶段的法律服务。12月2日，他被叫到检察院"办理案件"，遭到殴打。检察院工作人员王某叫来荥阳市公安局工作人员非法将李奎生刑事拘留，并"联合办案"，对他进行审讯。次日凌晨4时，他被以"涉嫌受贿罪"关押看守所。12月5日，他被荥阳市检察院以涉嫌帮助伪造证据罪批准逮捕。2000年3月13日，尚未被提起公诉的薛五辰在羁押期间死亡，"死因不明"，司法机关不再对薛五辰行使刑事追诉权，而李奎生被诬陷帮助薛五辰伪造证据的指控应随薛五辰一案被终结。因为李奎生不能被证明有罪，对他的指控就无法成立。而当地司法机关并没有放过李奎生及其所在的擎天律师事务所，将他的毕业证书、律师资格证和撰写的《世界酷刑大典》草稿[被河南省列为"五个一工程"项目(社科类)]搜查没收，通过检查扣押擎天律所的大量办公物品致使该所瘫痪。2000年5月9日，中牟县首次开庭审理此案。在庭审中，李奎生出示身上被刑讯逼供14天留下的血痂等证据，令全场震惊。而中牟县检察院指控李奎生涉嫌"帮助伪造证据罪"的证据经法庭质证属于伪造证据。中牟县法院在当晚召开审判委员会，一致认为李奎生不构成犯罪，而郑州中院不同意无罪判决，并随后调走案卷。参见郭国松：《酷刑研究者遭遇酷刑——"中原第一大律师"蒙难记》，《南方周末》2001年4月13日。

则”就可以得出如下结论：该检察院提起公诉的“证据”属于非法伪造的证据，应予以排除；而李奎生在法庭上质证的被刑讯逼供的证据属于被害人陈述，可以依法直接予以认定。经过公开的控辩双方举证质证的法律程序，审理该案的法院审委会才一致认为李奎生不构成犯罪。可见，正是该案中的检察院及其工作人员违反了“非法证据排除规则”等法律规定，才造成这起冤假错案。而该案又直接推动了诉讼过程中加强当事人和其他诉讼参与人人权的司法改革。党的十八届四中全会就此问题专门提出，要在法律评价活动中“加强人权司法保障。强化诉讼过程中当事人和其他诉讼参与人的知情权、陈述权、辩护辩论权、申请权、申诉权的制度保障。健全落实罪刑法定、疑罪从无、非法证据排除等法律原则的法律制度。完善对限制人身自由司法措施和侦查手段的司法监督，加强对刑讯逼供和非法取证的源头预防，健全冤假错案有效防范、及时纠正机制。”①当然“李奎生案”是律师维权案件中较为典型的案件。大部分律师在办案中为当事人提供法律服务时，其人身财产等权利是能够得到法律保护的。并且由于“律师服务是维护法律正确实施，维护公共利益和社会正义的一种法律手段”②，而成为推动法律评价活动努力实现公正司法的重要力量。

然而律师本身也有双重人格，在其参与法律评价的过程中既可以成为维护公共利益和社会正义的一种重要力量，也可能成为司法腐败或司法不公的重要推手。例如在李天一案中，相关律师以揭示案件真相、追求案件公平正义的名义操作媒体不正当影响司法审判过程和结果，甚至藐视法庭审判，拒不尊重和接受法院判决，最终被给予行业纪律处分。2013 年 11 月 28 日，北京市律师协会向李天一等人强奸案中 7 名相关辩护及代理律师正式发出立案通知。经过法定的调查、听证、答辩和讨论等程序，北京律协对其中的 6 名律师分别作出训诫、通报批评、公开谴责等处理决定。与此同时，北京律协在《北京市律师执业规范》修订工作中针对该案专门修改了相关内容，并组织起草了《北京市律师协会规范执业指引第 9 号》和《北京市律师办理不公开审理刑事案件业务操作指引》两份文件明确提出，律师不得

①　《中共中央关于全面推进依法治国若干重大问题的决定》，《人民日报》2014 年 10 月 29 日第 1 版。

②　张福森：《律师制度的改革与完善》，《中国法律评论》2014 年第 3 期。

利用媒介干扰正常司法，不得提供不实或误导性信息，不得对案件进行歪曲、不实的评论或宣传，不得泄露案件信息等。特别需要指出的是，律师在行政诉讼案件中更应当正确维护当事人的合法权益。很多律师对民事诉讼和刑事诉讼很熟悉，但是对行政诉讼很陌生，导致在许多民告官的案件中不能有效维护公民的正当合法权益，陈光案[①]就是一个典型。作为法治职业共同体中的一股重要力量，律师只有依法行使法律赋予的权利，正确地参与到法律评价活动当中，才能真正成为推进中国法治建设的重要力量。

一般而言，法学专家是指专门从事某一方面法律研究工作，并在该领域取得社会公认成就的专业人士，以科研院所从事法学研究的专家学者，法检公、人大以及律师群体中从事法律研究的专家等为主。法学专家都是长期从事法学相关领域理论和实践研究的专家，因而对该研究领域非常熟悉，往往能准确而全面地把握该领域面临的一些问题，并提出有建设性的指导意见和措施。例如在孙志刚案[②]中，3 位法学博士和 5 位法学家两次上书全国人大常委会要求审查《城市流浪乞讨人员收容遣送办法》和《关于收容遣送工作改革问题的意见》。他们联合上书全国人大常委会，就孙志刚案以及收容遣送制度实施状况提请启动特别调查程序。这是中国公民首次行使违宪审查建议权，由此引发了关于全国人大建立违宪审查制度的讨论，对法治中国建设起到了一定的推动作用。党的十八届四中全会专门就此问题提出："完善全国人大及其常委会宪法监督制度，健全宪法解释程序机制。加强备案

---

① 陈光案案情如下：2009 年，陈光联合 800 名村民，认为廉江市政府下发的砂场招标方案侵占了村里九州江河堤内 70 多亩集体土地，将廉江市市长和 12 个相关部门负责人告上法庭。2009 年 4 月，陈光首次向湛江中院提起行政诉讼。一年后，他被告知该案"告错地方"，应先向湛江市政府申请行政复议。事实上，该市政府在诉讼之前并未受理他的复议申请。2010 年底，村民第三次向湛江市政府申请行政复议，并在 2011 年 3 月收到复议决定：维持廉江市政府发布的《2008 年度廉江市河道采砂开采权公开招标实施方案》。村民不服，决定再向湛江中院提出诉讼。2011 年 4 月，该案正式进入诉讼程序，却被法院告知"告错对象"。陈光等人提起行政诉讼时，将廉江市政府和水务局、国土局一同告上法庭。然而，根据《行政诉讼法》，行政诉讼被告应是作出具体行政行为的行政机关，即作为招标下达招标公告导致村民利益受损的水务局。于是，陈光等人在诉讼中接连败诉。在该案中，律师不懂相关行政诉讼法律法规，在没有将被告主体界定清楚的情况下就忽悠村民告政府，还认为村民一定能打赢官司。这是律师在代理案件或提供法律服务过程中极为不负责任的表现。这并不排除该案律师为了收取代理费甚至误导村民打官司，而这些官司明明根本就打不赢，结果给村民造成了巨大经济损失。在该案中，陈光等人在这场官司中共花费 70 多万元。他告诉记者："现在村民已经没有能力再打官司了"。参见《广东廉江官员：很多律师不懂法忽悠村民告政府》，《南方农村报》2014 年 12 月 3 日。

② 武汉青年孙志刚于 2003 年 3 月 17 日晚，在广州市天河区黄村大街被派出所民警带回询问。因其未携带任何证件，被错误作为"三无"人员关押在天河区公安分局收容待遣所。18 日晚，孙志刚被送往广州市卫生部门负责的收容人员救治站诊治。20 日凌晨，孙志刚遭同病房的 8 名被收治人员两度轮番殴打，造成创伤性休克死亡。参见《谁为一个公民的非正常死亡负责》，《南方都市报》2003 年 4 月 25 日。

审查制度和能力建设，把所有规范性文件纳入备案审查范围，依法撤销和纠正违宪违法的规范性文件，禁止地方制发带有立法性质的文件。”[①]被法学界尊为“中国法治三老”之一的李步云就认为，建立宪法监督制度正当其时。因为“依法治国的根本是依宪治国，依法执政的根本是依宪执政”，于是维护宪法的权威就成为法治中国建设的关键，而“维护宪法权威要建立宪法监督制度，包括违宪审查。如果这个制度建立起来，将成为我们法治中国建设的里程碑”。[②]

沈岿教授在深入参与“孙志刚案”的过程中发现，有许多类似孙志刚的人被收容遣送，并被判刑。“他们，年龄多半在20与30之间，最小者甚至只有17岁。他们之中，有的(张明君，年仅24岁，被判十五年有期徒刑)在法庭上明确讲述，自己在孙志刚之前几个小时被收容进去，已经挨过三次殴打，而在打孙志刚之前又受到‘你不打就整死你’的威胁。他们之中，有的(胡金艳，女，救治站护工，年仅20岁，被判三年有期徒刑)曾经两次试图制止对孙志刚的殴打。”[③]由此可见，很多被收容遣送的人不仅要承受殴打威胁，还要被判刑。仅就被肆意殴打威胁一项就严重违反了宪法对人权的保护精神，然而似乎收容遣送中的殴打威胁成为某些地方常规性和习惯性地存在，在这种情况下何谈司法实践中的正义。因此变收容遣送制度为城市无着者流浪乞讨人员救济制度，并通过建立宪法监督制度和违宪审查制度，依法撤销和纠正违宪违法的规范性文件，让恶法及由此而生的体制和机制无法存在，才能真正减少司法实践中的冤假错案。新华网就对“孙志刚案”发表时评：“把收容遣送站变为对城市困难群体包括外来困难者的救济站，让需要救济、应当救济的人享受政府的救济服务”[④]。很快国务院发布第381号令，废除实行了20多年的“收容遣送制度”，同时公布惠及千百万人的《城市无着者流浪乞讨人员救济管理办法》。正是因为上述法学专家看到收容遣送制度非法限制人身自由，违反宪法对人权的保护精神，才提请全国人大审查收容遣送制度，并最终废除这一实行20多年的法律制度。“孙志

① 《中共中央关于全面推进依法治国若干重大问题的决定》，《人民日报》2014年10月29日第1版。

② 李步云：《宪政之争实质是一些人对制度不自信》，《凤凰网》2014年10月23日。

③ 沈岿：《深以当下个体生命为切——一个学人的孙志刚案备录》，《法之理》2007年2月2日。

④ 张建高、赵鹏：《孙志刚案反思："收容站"应当成为"救济站"》，新华网2003年6月12日。

刚案”充分体现了法学专家通过对司法个案的反思和参与，进而推动司法改革朝着有利于尊重和保护人权，真正实现司法公正和社会公正的方向发展。这样由孙志刚案引发的就不仅仅是一例个案，而成为变革一项社会制度的历史性事件。

四、社会舆论对法律评价的复杂影响

社会舆论是“一定社会群体内相当数量的成员对社会现象所发生的倾向较为一致的议论意见”①。其既可以指向本群体内的个体和权威机构，又可以指向本群体外的某一主体。这种指向具有普遍的参与意识和实践意向，因而对对象造成压力，迫使其按照社会舆论的倾向性要求行动。所以，马克思认为社会舆论是一种“普遍的、隐蔽的强制力量”②。社会舆论往往以非强制的形式即“普遍的、隐蔽的”形式体现出来。对于所指对象而言，社会舆论可谓无孔不入、无处不在，甚至会出现“千夫所指，无疾而亡”的情况。这种普遍性程度与其强制力大小成正比。相对于国家公权力的强制力，社会舆论的强制力具有隐蔽性。其并不标明身份也不依托暴力机器，而是广泛存在于街谈巷议和大众传媒之中，因而对身处其中的人具有潜移默化的影响力。正如李普曼所言，“新闻、宣传可以创造出舆论世界，也可以通过歪曲事实等手法操纵舆论世界”③，说明社会舆论可以被操纵。

这主要是因为，社会民众表达他们的意志和意见的社会舆论具有自发性和盲目性，因而就容易受到某些群众领袖意见或某些权威机构评价活动的影响，受其操纵。从表面上看，社会舆论与这些力量相结合，盲目性似乎上升为自觉性，但是这些力量并不一定真正反映社会民众的真实利益和需要，反而可能使社会舆论的盲目性以自觉性的形式呈现出来。近年来，司法与社会舆论的关系日益成为法学界讨论的热点话题。尤其是在社会舆论可以被操纵的情况下，其对司法机关行使职权会产生什么样的影响，成为探讨影响法律评价的一个重要内容。

社会舆论对法律评价产生着较为复杂的影响。首先，社会舆论对法律

① 陈新汉：《民众评价论》，上海人民出版社2004年版，第120页。
② 马克思、恩格斯：《马克思恩格斯全集》第1卷，人民出版社1964年版，第237页。
③ 徐向红：《现代舆论学》，中国国际广播出版社1991年版，第98页。

评价的干预存在着正面影响和负面影响的问题。如果在个案中，社会舆论对法律评价产生负面影响，将不利于实现司法公正，以及维护当事人正当合法的权益。在法律评价中，如果社会舆论被不正当操纵，这种“普遍的、隐蔽的强制力量”就会对个案产生不公正影响，导致司法不公现象发生，损害当事人的合法权益。在“唐慧案”[①]中，社会舆论主要是以大众传媒的形式表现出来。媒体一开始就没有全面、客观地报道该案，而是选择了树立唐慧慈母护女的道德形象展开报道，以博取社会民众对该案的广泛关注。这一时期的“新闻报道几乎都是对唐慧视角的复制和对唐慧的支持，具有极大的倾向性，似乎没有进行基本和完整的事实调查”[②]。媒体制造的舆论压力对司法机关产生了“普遍的、隐蔽的强制力量”，体现在办理该案的司法机关明显背离客观事实的认定，造成法律事实与客观事实脱节；在定罪量刑方面也没有坚持以事实为依据、以法律为准绳，导致本应判处无期徒刑的周军辉和秦星被判死刑；司法机关在节节败退中助长了唐慧“信访不信法”的意识，严重削弱了司法的公信力和权威性。这表明，司法机关如果不能坚持独立办案，而是被社会舆论裹挟，最终无论怎么做可能都是错误的结果。最高人民法院对“唐慧女儿案”发回重审，省高院才依法改判，以及该期间媒体对唐慧的“倒戈”便是明证。

---

① “唐慧案”由三个案件组成，一是“唐慧女儿案”即唐慧的女儿乐乐被强迫卖淫、强奸的刑事案件，二是唐慧被劳动教养行政复议案，三是唐慧被劳动教养国家赔偿案。案情如下：2006年10月1日，19岁的乐乐与周军辉在出租房看碟，并发生性行为。10月3日，乐乐离家出走，经周军辉介绍到柳情缘休闲中心卖淫，直到12月30日被家人发现带走，其间，她被迫接客一百多次，还多次挨打。2007年1月4日，唐慧报案。2008年4月，检察院对该案提起公诉。此时，媒体出现支持唐慧的“一边倒”现象，加上唐慧的不断“闹访”，一审法院在6月6日判决秦星犯组织和强迫卖淫罪死刑，周军辉犯组织和强迫卖淫罪、强奸罪死刑，其余当事人也分别被判刑。2012年6月5日，湖南省高院终审裁定维持原判。唐慧与被告人双方都不服判决，均要上访。唐慧在上访中表现出极强的“闹访”能力，如跪见公安局长、在检察院绝食、在法院滞留吃住长达一个月、在法庭追打被告律师、与法警发生冲突、诬陷办案人员等。据媒体报道，唐慧6年共进京上访23次，到省城上访百余次，为“稳控”她，镇里耗资80多万元。她在接受媒体采访时说，“上访的方式反映问题既能追究相关人员的责任，又可以对正在进行的司法审判起到震慑作用，保证审判公正进行”。因为上访，她两次被拘留。2012年8月2日因“闹访”，唐慧被处以“劳动教养1年6个月”。她不服该决定，于8月7日向省劳动教养管理委员会提出书面复议申请。后者于8月10日撤销了市劳教委对唐慧的劳教决定。此时，社会舆论希望“唐慧案”能成为压垮“劳教制度”的最后一根稻草。2013年1月23日，唐慧因被劳教而提起行政赔偿诉讼，在被法院驳回诉讼请求以后，她上诉到省高院。7月15日，省高院就唐慧诉永州劳教委一案作出终审判决，唐慧胜诉。2014年6月12日，“唐慧女儿案”中的秦星、周军辉的死刑未被最高法核准，案件被发回省高院重新审理。此时社会舆论尤其是媒体，又突然转向“攻击”唐慧，批评其不道德甚至违法的缠访闹访，不当干预司法，从而全面“倒戈”。9月15日，省高院对“唐慧女儿案”公开宣判，秦星和周军辉等人分别被判无期徒刑等刑罚。至此，时隔八年之久的“唐慧女儿案”终于尘埃落定。参见《从“唐慧案”看司法与媒体的关系——案情回放》，《中国法律评论》2014年第3期。

② 陈柏峰：《从“唐慧案”看中国法治生态》，《中国法律评论》2014年第3期。

其次，社会舆论对法律评价的正面影响，在于通过合法途径监督司法机关处理案件，防止冤假错案的发生。当办理该案的司法机关不依法审判“唐慧女儿案”，对该案刑事被告人从重处罚后，媒体等社会舆论突然集体“倒戈”，讨论该案在侦查、起诉和审判环节中的种种不合理现象，并颠覆了之前唐慧的道德形象。尤其是在最高人民法院将此案发回重审后，相关司法机关才真正意识到之前被社会舆论等力量所裹挟导致错案发生，而现在又因为这一问题重新陷入社会舆论的风波之中。当然这一时期的社会舆论是以监督“冤假错案”的形式表现出来，有利于司法机关公正司法。然而即使如此，我们也不免产生疑惑，司法机关如何才能摆脱“媒体断案”，正确处理社会舆论监督与依法行使职权的关系？这个答案就在于，司法机关及其工作人员在法律评价中只应服从法律且只服从法律，才能做到公正司法，才能实现司法的公信力和权威。

社会舆论既可以通过正面影响或负面影响，又可以通过直接途径或间接途径对司法机关依法行使职权产生复杂影响。通过对“唐慧案”进行分析可知，一方面司法机关应通过具体个案让人们感受到公平正义；另一方面社会舆论应通过合法途径监督司法机关处理案件，尤其是大众媒体应加强职业伦理和职业能力建设，才有可能对案件产生正面影响，对司法机关依法独立行使职权创造良好的舆论环境。党的十八届四中全会就专门提出，“司法机关要及时回应社会关切。规范媒体对案件的报道，防止舆论影响司法公正”。①而“唐慧案”之所以跌宕起伏、一波三折，与以大众传媒为主的社会舆论对该案的直接影响和间接影响分不开。不管是媒体对唐慧一边倒的支持，还是对她转向“倒戈”，都对当时的司法机关产生了间接或直接压力。如果该案出现司法不公，就会极大地破坏司法权威和公信力，进而对民众期待的社会公正具有致命破坏作用。时隔八年，该案最终在既反映“民意”（社会舆论要求司法机关公正判案）又反映“法意”（司法机关严格依法判案）的判决结果（湖南高院二审重审）中才尘埃落定。

在互联网时代，社会舆论容易使个案成为公共事件，因此对司法机关行使法律评价职权提出了更高要求。因为网络交往中的开放性、符号化与主

---

① 《中共中央关于全面推进依法治国若干重大问题的决定》，《人民日报》2014年10月29日第1版。

体意识的凸显，互联网降低了个体和群体进入公共领域的门槛，使得个案很容易变成公共事件。“唐慧案”起初只是一起普通的刑事案件。经过多家互联网媒体的“倾向性”报道后，该案引起社会民众的普遍关注。无论是媒体还是网络民意都出现支持唐慧的“一边倒”现象，促使该案成为能够影响司法诉讼的社会公共事件。这表明互联网已经成为社会民众影响法律评价的公共领域。面对铺天盖地的社会舆论，办理“唐慧案”的司法机关并没有依法独立办案。在其迎合了社会媒体之后，媒体并没有买账，反而揭露该案从立案到审判过程中的种种问题，这就对该案之前的司法裁判提出质疑。媒体舆论的监督迫使该司法机关重新公正断案。可见，社会舆论就是一把“双刃剑”。“它既可以通过监督功能而促进司法公正，但是如果过度使用则会破坏司法公正，甚至导致民众法治信仰的崩溃。”①那么，在众声喧哗的互联网时代，司法机关应当如何避免类似案件的再次发生？这与许多因素有关，应通过司法改革加强司法机关适用法律的独立性，应通过完善制度提高司法机关工作人员行使职权的能力，社会媒体应提升职业道德、职业能力和依法报道的意识，社会民众应增强法律知识、法律意识和社会公德，等等。

综上所述，处于社会形态中的法律评价会受到上述社会因素的影响。在这些主要影响因素中，党的领导是从司法机关行使法律评价职权的外部介入，通过方向性和示范性领导确保法律评价能够体现出“普遍先天联合的人民意志”，真正发挥“为人民服务”的社会功能；行政评价与法律评价是两种基本的国家权威评价类型，通过行政权和司法权的相互监督形成外部制约。行政诉讼是一种特殊的法律评价，通过对行政评价进行合法性审查，成为两者在法律评价内部双向互动的主要渠道；律师是法律评价的重要参与方，是通过个案实现司法公正和社会公平正义的不可或缺的社会力量。法学专家既通过对司法实践的理论研究，又通过参与法律评价，反思法治建设中存在的问题，进而提出意见和建议推进司法改革。可见，律师和法学专家主要是从内部影响法律评价；社会舆论通过“普遍的、隐蔽的强制力量”从外部对法律评价产生复杂影响。这里存在的关键问题是，不管是法律评

① 刘桂明：《从规则到规律：培育法治思维与彰显法律尊严》，《中国法律评论》2014 年第 3 期。

价的外部影响还是内部影响，都不能任意干涉司法机关依法独立行使职权。司法机关也不能沦为维护特殊利益的手段和工具，否则司法权就会异化为“法的动物形式”。由此可见，研究影响法律评价社会因素的主要目的，就是通过将法律评价与这些主要社会因素的互动过程清楚地呈现出来，为司法机关依法独立行使法律评价职权创造良好的社会环境，这也是法治社会的基本要求。

第二节　法律评价的社会作用

在中国特色社会主义国家的治理类型中，法治是治国理政的基本方式，法律评价是社会治理的具体形式。当社会治理进入法治轨道，法律评价就成为创新社会治理的重要内容。中国社会正处于前法治社会向法治社会的变迁过程。作为社会治理的主要分支，法律评价既是这场社会变迁引发的必然结果，又是推动这场社会变迁的重要力量。法律评价通过积极有效地维护社会民众的基本权利来实现社会公正。

一、法律评价是创新社会治理的重要内容

现代化的社会治理不同于传统意义上的社会管理。其一，从主体上来说，社会管理的主体具有单一性，主要是掌握权力的国家和政府对社会各方面的强制性管理。而社会治理的主体具有多元性，更强调国家、社会和个人三者之间的合作互动。多元主体的参与和互动是治理不同于管理的鲜明特征。其二，从作用方式和方向而言，社会管理往往采用自上而下的单向性行政管理模式，其是以统一的决策权和单一的执行权作为管理的基本前提，因而就有可能缺乏充分的协商讨论和必要的民主基础，使其科学有效性无法保证，以及正当合理性受到质疑。而社会治理更强调多元主体的参与和协商，尤其是自下而上的社会组织和个体积极主动地参与社会治理，因而更容易就社会问题达成广泛共识，增强多元社会主体的社会责任感和认同感。其三，从社会发展模式来看，社会管理体现“强国家—弱社会”的社会发展模式，强调政府对社会的全面主导和管理。随着社会力量的成长，以及国家与社会的日益分化，社会治理逐渐凸显“强国家—强社会”的社会发

展模式，强调政府与社会相对独立又相互配合。这说明，随着社会主体参与国家管理意识的提高，社会自组织力量的逐渐壮大，人民群众真正在社会治理中发挥国家主人翁作用，这正体现了宪法规定的“人民依照法律规定，通过各种途径和形式，管理国家事务，管理经济和文化事业，管理社会事务”的基本精神。

党的十八届三中全会提出，“要创新社会治理体系”。社会治理由此被提到国家治理的高度。十八届四中全会在此基础上提出，“加快保障和改善民生、推进社会治理体制创新法律制度建设”，进一步明确从社会治理的法治化途径创新社会治理体系，“提高社会治理法治化水平”。这与十八大提出的“加强和创新社会管理”相互衔接，深刻反映了党在社会治理问题上从传统的社会管理到现代的社会治理转变的过程。这符合马克思主义关于社会管理“归还给社会有机体”的基本思想，需要从两方面进行分析。

首先，国家进行社会治理的前提和基础是其承担了一定的社会职能。恩格斯就曾经指出，“政府统治到处都是以执行某种社会职能为基础，而且政治统治只有它执行了它的这种社会职能时，才能继续下去”①。由此可见，政治统治的正当合法性基础在于其要执行所肩负的社会职能。然而政治权力具有天生的扩张本性，在国家对社会的强势建构下容易形成“强国家—弱社会”的社会发展模式，从而弱化社会民众和社会组织等社会力量在国家管理中的地位和作用。我国改革开放之前的社会管理就在计划经济体制模式下，形成政府包揽和疲于应付一切社会事务的状况，导致社会长期缓慢发展甚至畸形发展的严重后果。这从反面说明，国家在行使社会治理的权力时需要国家、社会和个人之间的合作互动。西方学者已经注意到“国家能力不应该单纯归因于国家政权的发展。国家和社会的合作关系，国家精英和主要社会组织领袖的盟友关系同样关系到国家自主性的建构和自身管理能力的发展”。②这就引出了国家进行社会治理的方式问题。

其次，在中国特色社会主义国家的治理类型中，法治是治国理政的基本方式，法律评价是进行社会治理的具体形式。党的十八大报告提出：“依法

① 马克思、恩格斯：《马克思恩格斯文集》第9卷，人民出版社2009年版，第187页。

② Joes S.Migdal，Atul Kohli，Viveenne shue，State Power and Social Forces：Domination and Transformation In The Third World，Cambridge University Press，1997，the conclusion，pp.321—322.

治国是党领导人民治理国家的基本方略，法治是治国理政的基本方式。”对于国家公权力而言，党要在宪法和法律范围内依法执政；立法机关要健全宪法监督和实施机制；行政机关要深入推进依法行政，加快建设法治政府；司法机关要保证公正司法，让社会民众在具体案件中感受到公平正义；社会民众要增强法治观念，推进法治社会建设。以上五个方面是党领导人民依法治理国家的主要内容。用一句话来概括，法治是治国理政的基本方式。在法治中国建设的历史进程中，法律评价是适用法律的核心环节和主要机制，因而已经成为法治社会治理类型的主要分支和具体形式，江国华就认为，“司法的专业性决定了其所承载的社会治理职能只能是‘通过审判的社会治理’”①。他指出了法院以审理和裁判个案的方式参与社会治理的司法实践。然而，法律评价活动不仅仅指法院的审判活动，还包括法院的执行活动、检察院的检察活动等内容。在具体个案中，只有法检公等国家公权力机关都能依法办案，才有可能真正化解个案中的社会矛盾和纠纷，从而彰显法律评价参与社会治理的权威力量。司法机关只有在个案中依法办案才有可能实现司法公正，并通过个案引导和教育社会民众，提高他们的法律意识和法律素养；也只有在个案中实现司法公正，才能对社会公正发挥重要引领作用，从而彰显司法之治的价值取向即实现以人为本的法治追求。

可以说，当社会治理进入法治轨道，法律评价就成为创新社会治理的重要内容。“在法治视域看来，创新社会治理就是推动社会治理在法治保障的基础上实现社会治理多元主体在理念、制度、行为上的创新。它所追求的最终目标亦在于追求社会治理形式的合法化和主体行为的合规范化。”②法律评价就是推动社会治理走向法治轨道的基本途径。

（1）从理念方面来看，法律评价通过个案实现司法公正和社会公正，正凸显了法治时代的社会治理以人为本的价值取向。以人为本的理念在法律评价中集中体现为矫正受损的合法权益。因为法律纠纷从表面看往往表现为社会纠纷，其实质是权利和利益之争。司法机关只有公正司法，才可能妥善解决当事人之间的权益纠纷，这是从源头上治理社会和化解社会矛盾纠

---

① 江国华：《通过审判的社会治理——法院性质再审视》，《中州学刊》2012年第1期。

② 陈荣卓、颜慧娟：《法治视域下的社会治理：区域实践与创新路径》，《江汉论坛》2013年第12期。

纷的治本之策。而社会治理方式逐渐实现从人治向法治的转变，首先指向个案中的法律评价要能防止冤假错案的发生，切实维护人的尊严、权利和目的。这必然涉及从制度层面进行社会治理创新研究。

(2) 从制度层面来看，推进社会治理法治化要建立合理配置并有效约束的国家权力运行体制和机制，使国家各项权力在社会治理过程中都能在宪法和法律的范围内有效运行。在法治时代，社会治理的核心就在于控权。如何把法律评价从政治统治工具转变为约束政治权力的利器，进而维护和实现社会民众的合法权益，已经成为全社会对法治中国建设的基本要求。正是基于这一认识，党的十八届四中全会就全面推进社会主义法治国家建设，从法治上为解决当前社会治理面临的一系列重大问题提供制度化方案。

如针对当前社会治理中普遍存在的行政权对司法权的干涉问题，党的十八届四中全会提出，“探索设立跨行政区划的人民法院和人民检察院”①。这是因为，随着社会主义市场经济深入发展，跨行政区划乃至跨境案件越来越多，涉案金额越来越大，导致法院所在地有关部门和领导越来越关注案件处理，甚至利用职权和关系插手案件处理，造成相关诉讼出现“主客场”现象，不利于平等保护外地当事人合法权益、保障法院独立审判、监督政府依法行政、维护法律公正实施。因此，探索设立跨行政区划的人民法院和人民检察院，有利于排除对审判工作和检察工作的干扰、保障法院和检察院依法独立公正行使审判权和检察权，有利于构建普通案件在行政区划法院审理、特殊案件在跨行政区划法院审理的诉讼格局。

(3) 从社会治理多元主体的行为分析，社会治理是社会多元主体共同参与社会事务管理的实践活动。这就要求社会多元主体行为的合规范化，即都能在宪法和法律的范围内活动，即党要依法执政、立法机关要科学民主立法、行政机关要依法行政、司法机关要公正司法、社会民众要普遍守法。在社会多元主体依法参与社会治理的格局下，国家公权力对社会的管理和控制必然要向与社会其他主体互动的方向发展。于是，从管理向治理的转变就表现为社会多元主体行为之间的关系从行为控制到关系协调的转变。这

① 《中共中央关于全面推进依法治国若干重大问题的决定》，《人民日报》2014年10月29日第1版。

对于法律评价而言更是如此。法律评价不是司法机关单纯控制当事人行为的权威活动，而主要是协调当事人之间关系的权威活动。在法律评价中，司法机关要充分尊重当事人表达言论自由等权利。当事人只有充分参与到法律评价当中，才能切身感受到司法公正性，从而有利于其认可并执行生效的法律裁判。

在互联网时代，法律评价中的个案极容易变成社会事件，从而对社会治理产生广泛影响。因此，司法机关在法律评价中不仅要保证当事人的充分参与权，更要关注法律评价的社会效果。这并不意味着法律评价要被其他社会力量所牵引，而是通过关注社会民众的现实需求，增强法律评价结论的公正性、权威性和可接受性。例如，十八大以来在审理省部级以上的“大老虎”时，相关法院通过官方微博及时公布案情进展情况，并召开新闻通报会向社会民众通报案件判决结果。这就有力地回应了社会民众对案件的关注，成为今后审理类似案件的典型教材。所以，互联网时代的法律评价作为社会治理的重要途径，不仅要保证司法权行使过程中的合法性和民主性，更要注重法律评价的功能和实用性。从案件开始进入司法程序，作为法律评价的社会治理就不是单纯控制当事人的行为，而是重点协调当事人之间的关系，从而使法律评价的功能得以发挥，使法律评价结论更容易被接受，以增强法律评价解决社会矛盾纠纷的权威性。

二、法律评价是推动社会变迁的重要力量

人们生活在一定的社会关系中，社会发生变化意味着人们的生活方式、思想观念、行为方式等都发生相应的变迁。美国社会学家瓦戈就用形象的语言把社会变迁描述为，“社会变迁是一大群人参与到群体活动和关系之中，而这些活动和关系不同于他们父辈之前所参与的活动和关系”。[①]也就是说，社会变迁既意味着人们生活方式的变化，又意味着重建人们的生活方式。社会变迁是诸多因素综合作用的结果。从法律视角来说，前法治社会向法治社会的迈进就意味着一场重要的社会变迁。作为社会治理的主要分支，法律评价既是这场社会变迁引发的必然结果，又是推动这场社会变迁的

① ［美］史蒂文·瓦戈：《法律与社会》，梁坤、邢朝国译，郭星华审校，中国人民大学出版社 2011 年版，第 245 页。

重要力量。

就前者而言，法律评价是前法治社会向法治社会的变迁过程中必然会出现的一种法律现象。法律评价作为一种主要的法律现象来源于并受制于社会，其产生与发展也必然从属于社会变迁。随着私有制和阶级的出现，人们在处理社会矛盾纠纷的过程中基于现实需求逐渐积淀出某些规则体系，并由专门机关负责调整人们之间的社会关系，这是产生法律评价的主要原因。可见，法律评价产生于一定的社会需求。在法律评价这种社会治理机制产生之后，其就会与社会变迁紧密地交织在一起。作为社会内在需求反映的法律评价就应该与社会变迁的内在要求相符合。法律评价正是通过个案反映社会变化发展中的需求，从而在现实生活中实现和发展法律。因此，法律评价极为关注法律在现实生活中的发展问题。换言之，处在社会形态之中的法律评价自然就会研究其与社会变化的相互作用和相互影响。公丕祥就认为："法律发展问题研究关注的重点，乃是社会变化与法律的变革之间的相互作用关系。"[①]当社会发展到一定程度就会引起社会变革，作为政治上层建筑的法律会随之发生相应变化，反映到法律评价当中，就会引起法律评价的评价方式方法以及价值追求方面发生改变。例如，互联网时代的技术变革所引发的社会变迁就引起了法律评价过程中的评价方式方法的变革。针对一些高科技犯罪，法律评价中的审判、调查和执行等环节就不断采用新方法，并引发新法的出台。又如随着市民社会迅速发展，国家和社会之间的力量此消彼长，公权力不断得以制约，私权利不断得以发展，通过修改公法和私法的内容及其价值追求，并在法律评价中以个案的方式得以体现，从而反映出社会的进步和法律的发展。这些都说明了，社会变迁是法律评价得以产生并不断发展的生命力所在。

就后者而言，法律评价是推动社会变迁的重要力量。法律评价并不仅仅是对社会现实的反映，它更是调整社会关系、推动社会变迁的有力手段。就世界范围内的法治发展历程而言，法律评价无疑是推进社会由前法治阶段向法治阶段迈进的极为重要的力量。瓦戈就认为："诉讼会导致社会变迁，这是美国社会的一个重要特点。无论诉讼带来的社会变迁是'破坏性的'

---

① 公丕祥：《东方法律文化的历史逻辑》，法律出版社2002年版，第4页。

还是‘建设性的’，都彰显了法律能够成为社会变迁的一种高效工具。”[①]弗里德曼更强调法律评价对社会变迁的推动作用。他说：“许多小国家的政变所带来的社会变迁都不及(美国，笔者注)法院中的无声革命所导致的社会变迁大。”[②]虽然我国与美国的法治社会建设状况不尽相同，但是在法律评价对社会治理的功能方面却具有一致性。在社会力量逐渐发展壮大以后，人们开始寻求除行政权力以外的其他途径解决社会矛盾，法律评价由于具有可预见性、稳定性和权威性等优点而成为社会治理的主要分支，成为国家治理社会的重要手段。唐宏强甚至认为，“一个社会稳定与否，关键不在于国家相对于社会是多么的强大，而要视在去除国家的强制力后会不会乱。稳定的社会必须具备自我免疫功能，作为符合社会内在需求的法律(评价，笔者注)及其制度和价值追求就是合成这种免疫功能的必需之‘物’”。[③]

从宏观层面来看，法律评价通过社会治理推动社会变迁。这从我国改革开放以来的民主法治建设对于推进社会发展和进步方面就可以看出来。这是因为，法律评价是我国改革开放以来民主法治建设的一个重要环节，在促进社会主义市场经济持续稳定健康发展、民主政治建设、环境保护等方面发挥着日益不可替代的重要作用。从党提出依法治国的基本方略到不断探索“党的领导、人民当家作主、依法治国”的关系，法治日益成为国家治理环节中的重要组成部分；随着规范“民告官”的《行政诉讼法》(1989 年 4 月通过)、《国家赔偿法》(1994 年 5 月通过)等一大批法律法规的出台，基本保证了司法机关在法律评价中能够做到“有法可依”；随着行政体制改革的深入，行政机关在不断推进依法行政，有利于减少其对法律评价的不当干预；司法机关经过三轮司法改革，正在不断加强依法独立办案的能力。这些社会变化既是推进法律评价不断完善的原因，又是法律评价推动社会变迁的重要体现。这是因为，司法机关在法律评价中不断处理与党的领导、行政机关、立法机关和社会力量的关系时，逐渐把自身定位于在法律评价中服从且只服从法律的规定，这样不仅有利于其依法行使司法权，更有利于界定

① [美]史蒂文·瓦戈：《法律与社会》，梁坤、邢朝国译，郭星华审校，中国人民大学出版社 2011 年版，第 251 页。

② Friedman，Legal culture and social development，Law & Society Review，1973. 4 (1)：27，Lawrence M.1969.

③ 唐宏强：《法律变革与发展：社会变迁的催化剂》，《四川师范大学学报》(社会科学版)2003 年第 1 期。

其与党的领导权、立法权、行政权和其他权力之间的关系，督促其他权力行使的规范化。正是在司法权与其他权力的冲突与调解中，执政党和全社会才逐渐认识到司法机关依法独立行使法律评价职权的重要性。这是法律评价推动社会变迁的重要表现。所以，在以“全面推进依法治国”为主题的党的十八届四中全会中，如何完善确保司法机关依法独立公正行使审判权和检察权成为全会的焦点议题。

从微观层面来看，法律评价通过个案推动社会变迁。通过聚焦个案，法律评价与行政评价、社会民众评价等之间发生互动。在充分博弈和竞争之后，法律评价通过引起相应的法律制度变革，推动该法律制度调整领域内的社会变迁。孙志刚案就反映了法律评价与行政评价、社会民众评价等的冲突与互动，最终引发收容遣送制度的废除。孙志刚被作为“三无人员”收容属于典型的行政评价。天河区黄街派出所是依据《广东省收容遣送管理规定》作出该评价行为。而在该案的审判过程中，法院经调查发现该所民警在孙的同学成先生出示孙的身份证后依然拒绝释放孙的行为属于违法行为，并对他在收容期间被殴打致死的相关人员均依法判刑。在这里，法律评价就与之前的行政评价发生了冲突，显然形成于特定历史条件①下的收容遣送制度及其相关法律法规违反了现行宪法对人身自由和人权保护的规定，应当及时予以废除。在孙志刚案发生后，经过多位法学专家的努力以及社会舆论的有力推动(属于社会民众评价)，收容遣送制度才被国务院废除。这是法律评价通过个案推动社会变迁的典型案例。再深入分析就会发现，个案之所以能深刻影响社会变迁，是因为其能在短时间内引发广泛的社会关注(有些会成为社会事件)，从而积聚大量的社会力量。而“社会力量是决定法律的变革与发展的决定性因素”②。中国当下市民社会力量不断发展壮大，是引发法律变革与发展的决定性力量。“以人为本”就反映了市民社会力量的价值诉求。司法机关只有在个案的法律评价中坚持以人为本和以法

① 收容遣送制度源于新中国成立初期，最初是对城市游民进行收容，并发展到对外流灾民、流浪乞讨人员的救助、教育、安置和遣返。国务院《关于收容遣送工作改革问题的意见》将收容对象扩大到“三无人员”(无合法证件、无固定住所、无稳定收入)，要求居住3天以上的非本地户口公民办理暂住证，否则视为非法居留，须被收容遣送。此后，经过各地和有关部门的不断博弈，收容遣送制度逐渐在实践中脱离原来社会救助的立法原意，逐渐演变为限制外来人口流动、威胁人权的带有惩罚性的强制措施，如滥收费、勒索、限制人身自由、非法拘禁、强制劳动、体罚殴打等。参见武玉红：《收容遣送制度亟待完善——〈上海市收容遣送管理条例〉剖析》，《社会》2002年第6期。

② 唐宏强：《社会变迁：法律变革与发展之源》，《江苏社会科学》2002年第5期。

为准，充分实现市民社会的正当需求，才能推动社会朝着健康、有序和稳定的方向变化和发展。

三、法律评价是实现社会公正的重要途径

党的十八届四中全会提出："公正是法治的生命线。司法公正对社会公正具有重要引领作用，司法不公对社会公正具有致命破坏作用。必须完善司法管理体制和司法权力运行机制，规范司法行为，加强对司法活动的监督，努力让人民群众在每一个司法案件中感受到公平正义。"①这段话集中论述了公正与法治的关系，司法公正与社会公正的关系。那么，法治是如何实现公正？司法公正是如何引领社会公正？如何让社会民众在个案中感受到公平正义？这个答案就是，在司法实践中，主要是通过法律评价途径实现社会公正。法律评价首先是通过积极有效地维护社会民众的基本权利来实现社会公正。"维护社会成员的基本权利是实现社会公正的起码前提。"②法律评价就是通过个案维护社会民众的基本权利。在个案评价中，法律评价以实现个案公正为首要价值。只有实现个案公正，才谈得上司法公正。司法公正才能对社会公正具有重要引领作用，而不是具有致命破坏作用。

其一，法律评价以实现个案公正为首要价值。公平正义是中国特色社会主义的内在要求。法律评价是通过实现个案公正来体现这一要求。最高法院院长周强就认为："司法机关应当切实肩负起维护公平正义的神圣职责，牢牢坚持司法为民、公正司法，严肃认真地对待每一起案件，坚决防止和依法纠正冤假错案，靠一个个具体案件的公正审判，提升司法公信力，维护司法权威。"③在当前中国社会，法律是作为一种公共产品提供给社会的，因此法律评价对社会矛盾纠纷的解决具有基础性作用。这表明，司法机关作为国家的公权力机关，负有向全社会提供法律公共产品的社会责任。在个案中，司法机关及其工作人员是通过适用法律救济被损害的合法权益、惩治侵犯合法权益的违法行为来实现公正。这种公正是司法公正中的个案公正。

① 《中共中央关于全面推进依法治国若干重大问题的决定》，《人民日报》2014年10月29日第1版。

② 吴忠民：《中国社会公正的现状与趋势》，《江海学刊》2005年第2期。

③ 周强：《积极推进社会主义法治国家建设——学习习近平同志关于法治建设的重要论述》，《人民日报》2013年8月12日。

法律评价主要是通过实现司法公正中的个案公正向全社会输送社会公正。

在法律评价中，如果说个案中的裁判是司法机关向社会提供的公共产品，那么个案中的公正就是司法机关向社会提供的公共产品属性。司法权的公正性还在于其向社会提供的法律公共产品是社会救济的最后一道防线。因此实现个案公正，让当事人在涉及自身利益的司法案件中感受到公平正义，既是法律评价要实现的首要价值，更体现了法律评价是实现社会公正的最后一道防线。这道防线对于维护社会秩序稳定同样具有至关重要的意义。司法机关正是通过法律评价进行社会治理、维护社会秩序稳定。只有当社会民众在个案中感受到司法公正，才会带动其他人通过法律评价这一由国家强制力保障的非暴力救济途径来寻求救济。于是，通过法律评价就能有效减少社会中通过暴力等手段的私力救济，达到维护社会秩序稳定的效果。

其二，法律评价通过在个案中实现形式公正和实质公正维护社会民众的基本权利。戈尔丁认为，“理想的公正是形式要素和实质要素之和”。①司法公正包括形式公正（即司法程序公正）和实质公正（即司法结果公正）。形式公正体现了公正的形式要素，实质公正体现了公正的实质要素。司法机关在个案中如果能够同时实现形式公正和实质公正，那么该司法公正就是戈尔丁所说的理想的公正。在司法实践中，两者之间常常互为依存。就实质公正而言，司法机关在法律评价中经常会受到诸多因素干涉，导致实质公正的实现受到影响。因而司法机关就需要严格遵守司法程序的形式公正来保证司法结果的实质公正。这说明，形式公正中蕴含着维护社会民众基本权利的价值追求。司法机关依法定程序行使法律评价职权，一方面有利于充分维护和实现当事人的各类诉权，这些诉权正体现了法律对维护社会民众基本权利的主张；另一方面又能有效抵制其他力量对评价活动的不当干涉，如审判过程公开、裁判文书公示、回避制度等司法程序使司法权在公开透明的权力运行环境下行使，竭力避免了可能发生的司法腐败和司法不公等现象。就形式公正而言，司法机关遵循必要的程序是为了实现司法结果的实质公正，否则形式公正就因没有落脚点和归宿而丧失价值和意义。正是实质公正中蕴含的维护社会民众基本权利的评价结论，以及司法程序中的形式公

① ［美］戈尔丁：《法律哲学》，齐海滨译，王炜校，三联书店1987年版，第237页。

正，使司法公正成为“看得见的公正”。

从哲学上看，司法公正中的形式公正即司法程序公正追求的是个案当事人之间在法律评价上的起点平等，而实质公正即司法结果公正追求的是个案当事人之间在法律评价上的结果平等。这里的结果平等不是指结果上的平均分担责任，而是指结果上的公正合理性。在法律评价中，司法机关只能保障和实现法律赋予当事人的最基本权利，而当事人总是处于一定的社会关系中，除了享有这些最基本的权利，有些当事人还拥有更多的社会资源，就有可能通过其他途径对司法机关和其他当事人产生复杂影响。而司法程序公正就是要解决这个问题。在法律评价中，不管当事人的社会地位有多高、权力和影响力有多大，都在法律面前一律平等。也就是说，对于司法机关而言，个案中的当事人在法律评价中拥有相同的评价起点。只有在法律评价中做到当事人之间的起点平等，司法机关才可能在接下来的适用法律活动中追求评价结果上的平等。法律评价中的起点平等和结果平等都是在法律评价的过程实现的。司法机关是通过“过程性平等”①来实现当事人之间的起点平等和结果平等，从而使人们之间的社会地位和利益差异等情况不至于影响到基本权利的平等。司法机关在法律评价中注重个案当事人之间基本权利的平等享有，正是“以人为本”的要求和体现。

其三，法官的自由裁量权有利于实现司法公正和社会公止。自由裁量权是指法官在法律规范之外运用法律原则对案件作出裁判。自由裁量权是法律评价中的一项重要权力。《民事证据规则》第64条规定：“审判人员应当依照法律规定，全面客观地审核证据，依据法律的规定，遵循法官职业道德，运用逻辑推理和日常生活经验，对证据有无证明力和证明力大小独立进行判断，并公开判断的理由和结果。”该条规定通常被认为是法官行使自由裁量权（或称之为自由心证）的直接法律依据。依据该条规定，法官对证据有无证明力和证明力大小所进行的判断必须是独立的和自由的，不受任何外在力量的影响和制约。

① 韩震认为，解决现代社会公民权利的平等问题，要超越起点平等和结果平等的对立，而承认过程性平等调整的必要性。这个过程性平等调整的原则是，政府在社会治理过程中实现，“权利应该为越来越多的人拥有，即所有的权利应该越来越均等化；所有的资源应该越来越公平地向所有公民开放，使得越来越多的人可以自由参与竞争；同时，公民选择自己生活方式的自由程度也应该越来越大。这就是要保证公民最基本的生存权、发展权和政治权利，但又尊重每个人的有差异的、有个性的追求”。参见韩震：《公民权利、差异与社会公正》，《马克思主义与现实》2011年第3期。

法律自身的局限性和社会生活的复杂性是自由裁量权存在的根本原因。由于法律规范具有滞后性，往往不能立即适应时代变化的需求，加之描述法律规范的语言在个案指引上的有限性①，使得法律规范在个案适用中可能会存有缺陷。换言之，法律规范由语言组成，组成法律规范的语言本身由于人的理解不同而可能具有不同的内涵。把法律规范放入不同的社会情境中也可能会由于语境不同而产生不同的涵义。因此，法律规范在个案适用中可能会存在一定指引上的限度。另一方面，社会生活是一个复杂的动态发展过程，具有不可预期性，因而很难用事先制定的法律规范进行完全把握。而社会又要求法官在法律评价中兼顾司法公正和社会公正，这就使法官行使自由裁量权成为必要。法官行使自由裁量权也是法治建设的需要。“一方面，法治表示对法律的确定性和稳定性的需求，以使人们得以相应地规划和组织他们的生活；但是，另一方面，法治强调法律保有某种灵活性并且能够让自身适应公共观念的变化。”②法官行使自由裁量权是通过法律原则使法律规范与社会生活相衔接，从而不断调整各种复杂的社会关系。“法律原则根植于社会生活，是事物本然之理的反映，作为统摄整个法律的核心内容的法律原则，自然要顺应社会生活的要求，反映事物本然之理，具有高度的价值共识。法律原则克服规则的刚性，弥补成文法的漏洞，纠正法律的失误，有利于个案公平的实现。”③

法官依据法律原则行使自由裁量权被学界称为“自由心证”。也就是说，“当法官面对法律规范的空缺时，可以在自己对法律认识的基础上，结合已有审判经验，凭借生活理性进行自由心证，正确运用法律原则，作出是非裁判，使善得以彰显，恶受到惩罚，并最终实现法律的价值”。④可见，自由心证中的自由裁量权并非使法官滥用这项权力，而是使其遵循公平正义原则，依据案件的法律事实、行为和证据等情况作出符合法律原则和精神，体现社会公正的裁判。这就对法官提出了很高的职业道德要求。法官只有具备较高的法律职业道德、较强的法律职业能力和较好的法律职业素养，才能

---

① 哈特认为：“在所有的经验领域，不只是规则的领域，都存在着一般语言所能提供的指引上的限度，这是语言所固有的。”参见[英]哈特：《法律的概念》，张文显等译，中国大百科全书出版社 1996 年版，第 126 页。

② 夏勇：《法治是什么——渊源、规诫与价值》，《中国社会科学》1999 年第 4 期。

③ 庞凌：《法律原则的识别和适用》，《法学》2004 年第 10 期。

④ 王桂兰：《法律依赖与社会公正》，《武汉大学学报》（哲学社会科学版）2006 年第 1 期。

不违背法律职业良知作出裁判，当事人也才容易接受裁判，真正达到解决矛盾纠纷的目的。所以，法律赋予法官自由裁量权是为了使法律规范与社会生活相衔接，使司法公正与社会公正相契合，更好地在个案中实现司法公正和社会公正。

第三节　法律评价社会面向的哲学思考

作为哲学反思的重要内容，法律评价只有面向社会，才能更好地实现司法公正和有效维护人权。法律评价属于社会意识的范畴。只有充分重视法律评价中的社会意识，才能在定纷止争中整合社会观念冲突，调整社会关系进而解决社会问题。法律评价是彰显法律话语权的评价活动。正确理解法律评价的社会功能是法律评价社会规定的重要组成部分。在法律评价领域展开“自上而下”和“自下而上”的改革是社会主义社会从法律途径对自身进行批判的表现。法律评价中的社会批判正是这种“自上而下”和“自下而上”的辩证统一。

一、充分重视法律评价中的社会意识

从马克思主义哲学的唯物史观进行分析，法律评价属于社会意识的范畴。这是因为，作为上层建筑的法律评价是由社会的经济基础所决定并反映经济基础的。也就是说，法律评价是社会的物质经济关系的产物而不是其原因，在人类社会中不是第一性的东西，而是第二性的东西。于是，我们就能批判把国家政权等上层建筑看作是不依赖于人的主观意识的物质实体[①]的观点。这种观点的错误之处就在于没有正确理解人类社会的历史发展过程。人类社会的发展是一个自然的历史过程。列宁就认为：“只有把社会关系归结于生产关系，把生产关系归结于生产力的高度，才能有可靠的根据把社会形态的发展看做自然历史过程。”[②]在这里，只有把法律评价等国家政权活动看作是物质生产关系的产物，才能正确理解人类社会发展是一

① 石天杰：《政治法律制度和设施属于社会意识的范畴》，《西北师大学报》（社会科学版）1982 年第 3 期。

② 列宁：《列宁选集》第 1 卷，人民出版社 1972 年版，第 8 页。

个自然的历史过程。在社会历史观中，法律评价属于社会意识的范畴，并不是说法律评价只应服从于社会意识形态。在这里，我们还应批判另一种观点，即认为国家的政治法律制度是“通过人的意识建立的”，因此只应服从于社会意识形态[①]。在社会历史观中，人民群众是历史的创造者和社会的主人，一切有意识的社会实践都应当反映和实现人民群众的现实需要，这当然包括国家的政治法律制度在内。社会意识形态归根结底也是物质生产关系的产物。如果把国家的政治法律制度归结于社会意识形态，而不是物质生产关系，那么体现政治法律制度的法律评价等国家政权活动就只能体现统治阶级的意志，而不是人民群众的意志。这是因为每个社会的统治阶级的意识形态都是占社会统治地位的意识形态，它集中反映该社会占统治地位的经济制度和政治制度。例如，在以往的剥削阶级社会里，不同剥削阶级的意识形态都是私有制的反映，是为维护剥削阶级的利益服务的。这就为统治阶级肆意运用政治法律制度奴役人民群众作了理论铺垫。

因此，应当充分重视并正确理解法律评价中的社会意识。法律评价中的社会意识应该体现着人民群众的现实需要，而不是仅仅反映统治阶级的意志。当然在社会主义国家，统治阶级的意志从根本上来说应该是人民群众意志的反映。唯物史观认为，人是社会的主体，在社会历史领域内进行的活动全是有意识的(即体现社会意识的)实践活动。也就是说，社会意识与社会实践在人类历史中相互联系并相互作用。恩格斯认为：“根据唯物史观，历史过程中的决定性因素归根到底是现实生活的生产和再生产……但是对历史斗争的进程发生影响并且在许多情况下主要是决定这一斗争形式的，还有上层建筑的各种因素：阶级斗争的各种政治形式和这个斗争的成果——由胜利了的阶级在获胜以后建立的宪法等，各种法权形式以及所有这些实际斗争在参加者头脑中的反映，政治的、法律的和哲学的理论……这里表现出这一切因素间的交互作用。”[②]在这里，具有决定性因素的“现实生活的生产和再生产”就是指社会实践，社会意识就体现在“上层建筑的各种因素”里，如宪法等各种法权形式中的社会意识。那么，在法律评价中，社会意

---

① 石天杰：《政治法律制度和设施属于社会意识的范畴》，《西北师大学报》(社会科学版)1982年第3期。

② 马克思、恩格斯：《马克思恩格斯文集》第10卷，人民出版社2009年版，第591页。

识是如何与社会实践交互作用？ 法律评价中的社会意识是通过整合社会观念冲突，调整社会关系进而解决社会问题。

整合是一个社会学概念，通常是指“某种形式的利益共同体内部(如国家、民族)通过协调发展，从而使该共同体成为一个高效率的、有凝聚力的统一整体”。①社会意识往往是对共同体成员共同利益的反映，体现着共同体成员的意志和愿望，因而社会意识对共同体成员具有整合作用。 在社会生活中，共同体成员之间会不可避免地发生纠纷、矛盾和冲突，就需要一个解决机制。 法律评价作为共同体成员解决矛盾纠纷的机制，通过社会意识整合社会观念冲突，才能协调各类社会关系，进而解决社会问题。

法律评价中的社会意识整合社会观念冲突的功能主要体现在：第一，为社会成员提供了共同遵循的价值取向。 法律评价中的社会意识为社会成员提供的价值取向就是，社会成员都应该在社会生活中坚持依法办事，树立“法律至上”的社会思想观念，自觉维护宪法和法律的尊严和权威。 共同的法治价值取向不仅会促使社会成员外在行为方式的合法化和有序化，还会促使其内在精神状态的归属感、有序化和合理化。 这样，法律评价中的社会意识在消除社会成员的观念对抗、矛盾冲突和权利差异等方面就显出整合性功能。 第二，这种整合功能具有国家权威性和强制力。 法律评价中的社会意识是上升为法律高度的反映全社会共同体成员根本利益的意识。 在法律评价中，为维护共同的社会意识，国家会通过强制力迫使那些不同的观念和行为改变其倾向性，从而使社会保持在法治统治的限度之内。 第三，法律评价中的社会意识通过整合功能使社会成员的观念和行为达到协调一致，于是通过法律评价就能在反映并解决一定社会问题的过程中推动该领域内的经济政治文化社会的发展。 例如，孙志刚案中的社会意识就反映了“收容遣送制度”的违宪、违反人权等社会问题，并促使政府废除了该制度，而建立起对城市弱势群体的救济保护制度。

二、正确理解法律评价中的社会规定

法律评价处于社会诸多评价形态之中，是国家权威评价的一种典型类

① 郭灿鹏：《论社会意识形态的社会整合功能》，《理论与改革》1995 年第 11 期。

型。这不但说明许多社会因素对法律评价能产生重要影响，而且说明法律评价对社会发展和进步具有重要促进作用，同时说明法律评价是连接国家与社会的重要桥梁。因而只有正确理解法律评价中的社会规定，才能准确定位法律评价在社会诸多评价之中所具有的重要地位，才能正确理解法律的社会功能，才能真正发挥法律评价的社会作用。

其一，法律评价与诸多社会评价的一个显著不同就是，法律评价是彰显法律话语权的评价活动。法律话语权是法律人在进行法律思维的时候把法律概念当成思维的关键词，把法律规范当成思维的根据，运用法律逻辑和法律修辞的方法来表述法律。其实质是通过司法实践中的法律评价，整个社会在思维习惯中都把法律作为影响行动和决策的思维方式。在诸多社会评价类型中，只有法律评价是把法律作为话语权来言说的专门性社会实践活动。司法机关的每一个法律评价活动都是有意识的、有目的的，都是把法律规范当成思维的评价标准，通过法律言词的形式进行表达。例如，法院在审判活动中适用法律规范，对人们的行为依法作出裁判，就表明法律应该是人们在社会中行动的思维依据。当人们的合法权益受到损害，通过法律评价保障人权，表明了法律是思考社会问题的出发点和归宿。既然社会中所有的事情都要依照法律来进行，法律的权威和尊严就显得极为重要。司法机关的法律话语权就成为人们预测和选择行为的主要依据。所以，陈金钊认为，“在法律思维中树立把法律作为修辞的观念，对法律文化的重建，特别是对法治的实现有着重要的意义”。①

应当看到，法律评价是创新社会治理的重要内容，但绝不简单地就是治理社会的工具。法律评价应成为推动社会进步和创新的首要目标。伴随着法治时代的到来，在社会治理过程中，运用法律的话语权方式意味着以前以官本位为主导的话语权表达方式的解体。不管是从主流观念的改变，还是从社会观念的转变来看，依法治国都将成为中国社会发展的主旋律和主基调。党的十八大报告就明确提出：“法治是治国理政的基本方式。”十八届四中全会更是通过了《中共中央关于全面推进依法治国若干重大问题的决定》，提出全面推进依法治国。全面推进依法治国，就要在进一步深化司法

---

① 陈金钊：《把法律作为修辞——法治时代的思维特征》，《求是学刊》2012 年第 3 期。

改革的基础上，弘扬社会主义法治精神，树立社会主义法治理念，增强全社会学法遵法守法用法意识。尤其是“党必须在宪法和法律范围内活动。任何组织或者个人都不得有超越宪法和法律的特权，绝不允许以言代法、以权压法、徇私枉法”。[①]因此，把法律作为话语权，有利于在法律评价活动中摆正法治时代的法律位置，也有利于凸显法律评价在社会诸多评价之中所具有的重要地位。中国社会也只有步入法治社会，社会的各个方面才能在法治理念的保障下持续健康发展，社会才能有长期的稳定和繁荣。

其二，法律评价的社会功能是法律评价社会规定的重要组成部分。法律评价的社会功能与社会作用相互联系，但又有区别。前面讲到法律评价的社会作用，即法律评价是创新社会治理的重要内容，是引导社会变迁的重要力量，是实现社会公正的重要途径。这些主要是从法律评价的积极社会作用角度而言。法律评价的社会作用是其社会功能的重要组成部分，除了这些积极社会作用，法律评价的社会功能也具有诸多局限性，例如有些社会关系不适合通过法律评价来调整，有些社会关系不能通过法律评价来调整，等等。因此，在这里需要对法律评价的社会功能进行全面而辩证的分析。

正确理解法律评价的社会规定是建立在正确理解法律评价的社会功能的基础之上，而学界对法律评价的社会功能见仁见智，比较典型的观点有两种：法律评价万能论认为法律评价是没有缺陷的。因为法律评价是法治社会解决社会矛盾纠纷的基本途径。即使法律评价有缺陷，司法机关照样会通过法律评价调整社会关系，这也就意味着法律评价的缺陷“被淡化”，被合法化的外衣所遮蔽。于是从调整社会关系的角度而言，法律评价就是没有缺陷的。自然法学派一般都持此观点，认为法律及其评价是没有局限性的。法社会学派认为法律评价是有缺陷的。虽然法律评价是调整人与人之间的法律关系，这种法律关系反映的是人与人之间的现实的利益关系，因而法律评价对实现人的合法权益发挥着重要作用，但是法律评价并不是万能的。因为法律评价依据的法律规范和法律制度不可能是绝对完善的，司法机关及其工作人员在法律评价中适用法律也不可能是绝对不出错误的，由于在法律评价过程中存在着许多不确定性因素影响着评价结果，因而法律评价

① 胡锦涛：《坚定不移沿着中国特色社会主义道路前进　为全面建成小康社会而奋斗——在中国共产党第十八次全国代表大会上的报告》，人民出版社 2012 年版，第 28 页。

不可能是完美无缺的。

笔者认为，就法律评价要实现的目的而言，在于通过调整社会关系，实现当事人的合法权益，维护社会的公平正义和稳定的社会秩序。因而在法律评价发挥其社会作用的地方，就其要实现或已经实现的法的精神和目的而言，是不存在是否具有局限性的问题。然而，如果就法律评价的实际运行情况来看，由于自身原因或外在影响有可能不会完全达到预期目的或实现法的精神，因此，法律评价调整社会关系具有局限性。更进一步来说，法律评价的社会功能具有自身的优点和缺点，而这种优点和缺点是相伴相随的。

首先，法律评价的社会功能具有稳定性和滞后性。法律评价是一种规则之治，除非其依据的法律规范发生改变，法律评价才会与以往有所不同。然而法律规范并非朝令夕改，除非经过法定程序才能进行立改废。这样法律评价依据稳定的法律规范调整社会关系就具有稳定性和权威性，这是法律评价的优势。然而，法律评价要调整的社会关系处于不断运动变化的发展中，而且其发展速度远比法律规范的发展速度要快，因此法律评价依据旧的法律规范调整新的社会关系就具有滞后性。法律评价社会功能的这种稳定性和滞后性是相伴相随的。我们认为，这种滞后性是法律评价调整社会关系时不可避免的局限性。因此，只能通过制定新的法律规范或修订完善已有的法律规范，才能使法律评价跟得上社会发展的节奏。

其次，法律评价的社会功能具有明确性和有限性。因为法律规范的具体内容是明确的，其最终目的是为了维护和调整社会民众最基本的权利和义务，所以法律评价依据法律规范的最终目的就是为了正确而具体地引导社会民众评价和预测自己的行为及其后果，使人能生活在一个稳定有序的社会环境之中。然而正是因为法律评价的社会功能具有明确性，导致其只能调整大部分社会关系，而不是所有的社会关系。有些社会关系如朋友之间的正常社会关系等不需要用法律评价来调整，有些社会关系如夫妻之间的吵架等私人生活不能用法律评价来调整，有些社会关系如地方风俗习惯和信仰等（如果没有违法）不适合用法律评价来调整等，这些都体现了法律评价社会功能的有限性。从哲学上分析，这种有限性是人类认识的局限性造成的。正是因为人类的认识对于特定社会发展来说总具有历史局限性，这就决定了法律评价只能在其调整范围内发挥社会功能。而社会发展和进步又不断地彰显出法律评价发挥社会功能的有限性，所以法律评价社会功能的明确性与有限性是相伴相随的。

最后，法律评价的社会功能具有普遍性和抽象性。法律评价社会功能的普遍性就在于，它对在其调整范围内的所有社会主体都具有约束力，并且它的调整范围和有效性要远远大于其他评价活动。这主要是因为法律评价是依据法律规范调整社会关系，而法律规范具有稳定性、明确性和权威性，相比较其他调整社会关系的评价活动，法律评价具有明显的优势。并且，“要使事物和社会合乎并维持公平与正义，需要有不带任何感情色彩的、毫不偏私的权衡。只有法律(评价，笔者注)才能充当这个权衡”。[①]所以，在调整社会矛盾纠纷的过程中，人们更倾向于选择具有普遍约束力并且不受情感因素影响的法律评价，而不是选择可能会受到各种主观因素干扰的其他社会评价活动。然而，法律评价的这一优势却是建立在其功能的抽象性基础之上。由于法律规范具有抽象性，法律评价依据法律规范只能是通过法律规范的一般适用条件、行为模式和法律后果，对相同的具体案件适用相同的法律。因此法律规范对具体社会关系的调整就具有抽象性。这种抽象性是法律评价对相同案件能适用相同法律的依据，从而彰显出法律评价调整社会关系的普遍性。这说明，法律评价社会功能的普遍性和抽象性是相伴相随的。

三、辩证看待法律评价中的社会批判

法律评价是法治社会自我评价的现实形式，换言之，是社会实现自我批判的法律途径。社会自我批判是社会自我评价的深化。当今中国的司法改革体现着社会主义社会从法律途径对自身进行批判。法律评价作为表达社会群体意志的现实形式，通过理性自觉地反映当今中国的司法改革，从而实现社会主义社会从法律途径对自身进行批判。社会主义司法改革是伴随着改革开放的历史进程不断完善和发展的。党的十一届三中全会的召开标志着中国的法制建设进入了一个恢复和重建的历史阶段。在对“文化大革命”这一特定的历史阶段进行反思时，邓小平指出：“为了保障人民民主，必须加强法制。必须使民主制度化、法律化，使这种制度和法律不因领导

① 彭治安：《试论法律社会功效之局限性》，《求索》1998年第1期。

人的改变而改变，不因领导人的看法和注意力的改变而改变。”[①]随后召开的党的十一届三中全会提出了实行社会主义法治的指导方针。在这一历史背景下，1979年7月新中国历史上的第一部刑法典和刑事诉讼法典颁布。为了贯彻执行这两部法典，中央于1979年9月专门发文《关于坚决保障刑法、刑事诉讼法切实实施的指示》，强调这两部法典的严格执行是实行社会主义法治的重要标志。随着社会主义市场经济改革的逐步推进，司法体制的弊端日益显现出来。于是社会主义社会从法律途径开始对自身进行批判，主要表现为在法律评价领域，开始了“自上而下”的改革和“自下而上”的改革。法律评价中的社会批判正是这种“自上而下”和“自下而上”的辩证统一。

“自上而下”的改革是指党和国家提出并不断推进依法治国，建设社会主义法治国家的治国方略，旨在加快建设社会主义法治国家。1987年召开的党的十三大提出了深化经济体制改革，推进政治体制改革，发展社会主义民主和加强社会主义法制建设等任务。为了落实党的十三大精神，最高人民法院于1988年7月召开了第十四次全国法院工作会议，强调人民法院工作要以改革总揽全局。“改革和建设的目的，是要加强和完善法院自身的机制，充分发挥宪法和法律赋予的审判职能作用。这既包括要根本解决一些长期困扰和严重影响审判工作的问题，使各级法院有一个较好的执法环境，又包括要革除目前审判工作中存在的各种弊端，使审判工作正规化、规范化。”会议从六个方面提出了人民法院自身建设和改革的任务。之后1991年新民事诉讼法颁布，确立了当事人举证责任制度，引发了中国民事审判方式的改革和转型。1997年党的十五大报告提出了依法治国，建设社会主义法治国家的目标，并强调要推进司法改革，从制度上保障司法机关依法独立行使审判权和检察权。2002年党的十六大第一次提出并阐述了全面推进司法改革的历史性任务，中央专门成立司法改革领导小组，具体负责领导和部署司法改革工作。2007年，党的十七大从中国特色社会主义事业全局和战略出发，强调要“全面落实依法治国基本方略，加快建设社会主义法治国家”。2012年，党的十八大报告提出，“法治是治国理政的基本方式”，要

① 邓小平：《邓小平文选》第2卷，人民出版社1994年版，第146页。

求“党必须在宪法和法律范围内活动。任何组织或者个人都不得有超越宪法和法律的特权，绝不允许以言代法、以权压法、徇私枉法”。2014 年，党的十八届四中全会通过了《中共中央关于全面推进依法治国若干重大问题的决定》，把建设法治中国提升到了一个新的历史性阶段。由此可见，当前中国的司法改革正在自上而下地深入推进和不断完善。

“自下而上”的改革是指社会民众以切身利益变化的方式感受着时代变迁，并以社会舆论或社会思潮的方式表达对中国法治建设的关注，以此不断推进中国的司法改革。2005 年湖北“佘祥林杀妻冤案”曝光，掀起网络思潮，直接推动了死刑案件的审判程序改革。2006 年 10 月 30 日，十届全国人大常委会通过对人民法院组织法的修改决定，将死刑核准权统一收归最高人民法院行使。这是 20 多年来我国对死刑适用程序所作的最重大的调整。2010 年又出现了河南“赵作海杀人冤案”曝光，互联网再掀思潮大波。人们把佘祥林和赵作海事件联系起来，思考冤假错案背后的司法体制问题，最后发现其关键原因在于如何保障司法权独立。这反映在党的十八大报告中就是：“进一步深化司法改革，确保审判机关、检察机关依法独立公正行使审判权、检察权。”十八届四中全会更是提出通过完善司法体制和机制，从根本上保障司法机关能依法独立行使法律评价职权。社会民众评价的“无机”形式往往具有自发性和盲目性，需要法律评价的“有机”形式予以引导。然而，社会民众评价背后反映的民意却是法律评价的本质基础。于是，在法律评价领域，“自上而下”与“自下而上”的社会自我批判之间相互作用、相互影响，并由此形成的矛盾运动，成为法律评价中的社会自我批判的基本特点。这一特点体现在改革开放 30 多年的历史进程中，并将继续体现在以后的改革开放过程中。

在“自上而下”和“自下而上”的推动下，以审判方式改革为主导的司法改革全面展开，有利于深入推进司法机关行使法律评价职权。这是从改革司法实践中的法律评价出发，对社会治理体系和治理能力中存在的问题进行反思的必然结果，同时也是从法律途径进行社会自我批判的反映。具体到最高法和最高检的职权活动中，最高人民法院于 1999 年 10 月颁布了《人民法院五年改革纲要》，最高人民检察院于 2000 年 1 月颁布了《检察改革三年实施意见》。前者第一次系统地阐述了人民法院司法改革的目标、原则和任务等，涉及审判方式改革等七大内容。以法院审判改革为例，在法律评价中确立“立审分立”、“审执分立”、“审监分立”，强化审判公开制度，建立以当事人权利为主的民事诉讼证据制度，加强合议庭的审判职权等，都是从法律途径对司法制度的转型与改革进行的有益探索。2005 年 10 月最高人民法院颁布了《人民法院第二个五年改革纲要》，最高人民检察院于 2005 年 9 月颁布了《关于进一步深化检察改革的三年实施意见》。这两个文件都把建设公正高效权威的社会主义司法制度作为深化司法改革的总体目标，把依法独立公正地行使审判权和检察权作为深化司法改革的基本要求。当前我国正在进行的司法改革重点在于集中解决司法不独立问题、司法公信力不高等司法领域长期存在的难点问题。通过党的十八届三中全会和十八届四中全会的召开，中央提出了一系列全面深化司法改革的新举措，包括健全司法权力运行机制、改革司法管理体制、建立错案责任追究机制和领导人干预案件责任制度、审判文书公示制度、加强司法队伍建设制度，等等。同时在司法实践中，法院和检察院依据中央要求不断推进工作体制改革，完善审判权和检察权的运行体制，规范司法职权行为，优化司法职权配置，切实解决人民群众日益增长的司法需求。这样在司法改革中，司法机关的法律评价就从法律途径实现了社会主义社会对自我的约束。

第四章
法律评价的文化向度

法律评价通过与法治文化的互动，或通过彰显法治精神，体现文化向度。正是法律评价的文化向度揭示了社会主体认同和崇尚法治的精神实质。法治文化是在法律评价中形成和发展的，法律评价是法治文化的实践载体。法治精神作为法治文化的重要组成部分，既通过彰显法治价值自觉映现法治文化，又深入法治文化层面“达到自我意识”。法治文化具有合宪性、合法性和合理性特征。法院文化和检察文化是法律评价中的两种法治文化。探讨法院文化建设、检察文化建设与当前司法改革的关联性，有助于我们在把握法院行使审判权的社会文化环境和检察院行使检察权的社会文化环境时，深入推进司法改革。

第一节　法治文化中的法律评价

法律评价与法治文化的相互关系是法治中国化研究的重要内容。法律评价与法治文化的关联性，不仅在于其是努力争取法治文化在我国社会生活和文化领域的话语权利，更在于其是实现法治中国化需要认真对待地一个重要话题。

一、法律评价的文化境遇

在湖北“佘祥林冤案”平反5年之后，可视为其翻版的河南“赵作海杀人案”又一次刺激着国人的神经。只有亡者归来，才能冤案昭雪？造成佘祥林和赵作海等冤案的原因错综复杂，但仔细琢磨其都有共同原因：法检公等机关工作人员的滥用职权或职责懈怠、政治力量对司法的外在介入和不当干预、法律评价活动中法律监督主体或审判主体对正当程序理念或法治理念的背弃、法律制度的不完善以及法治信仰的缺失导致法治文化的无根基……这些因素在司法实践中共同作用，才一步步导致许多冤案即使存在显著疑点和明显错误，照样能够按照法律流程一路走下去，以致冤假错案接连发生，并在其被暴露或揭露后造成很大的社会影响、讨论和反思。

离我们最近的浙江“张氏叔侄强奸案”，更直接地暴露出在法律评价活动中，检察院的监督不到位和法院的审判不依法是导致当下我国冤案屡屡发生的直接原因。其表明，这些司法机关在对这些个案进行法律评价时，根本就没有考虑过是在法治文化的语境中行使职权的。司法机关如果没有对法治文化的语境保持清醒的自觉，就会存在违法行使职权的现象。

在浙江“张氏叔侄强奸案”中，仅有被告人的供述(后被证实是非法取得)而没有其他相关证据证实，而且存在被告人无作案时间，DNA 对比不正确，被害人被奸杀存在他人作案的可能等情况下，法院没有采取“疑罪从无”的司法原则，而是在无法肯定被告人行为构成犯罪，又怕放纵犯罪的情况下对被告人适用“疑罪从轻”的原则处理。最终，杭州中院于 2004 年一审以强奸罪判处张辉死刑，张高平无期徒刑；浙江省高院二审改判张辉死缓，张高平有期徒刑 15 年。这起案件最终是在张高平始终不认罪，拒绝减刑和不断申诉的情况下，浙江省高院才在 2012 年对该案进行复查，另行组成合议庭调阅案卷、查看审讯录像，并在“非法证据排除规则”的原则下重新调查核实有关证据，才使得已经服刑近十年的张辉、张高平得以沉冤昭雪。这里存在的问题是，为什么司法机关没有主动发现并纠正这起冤假错案？如果不是亡者突然归来，抑或“罪犯”坚持无罪申诉，这些冤假错案何时才能真相大白？其实这里指称的“罪犯”，如佘祥林、赵作海、李怀亮、张辉、张高平等人，在被依法定罪之前应当被称为犯罪嫌疑人，可是现实生活中法检公等机关的有些工作人员在办案的过程中主观上就认为他们有罪，把他们当做“罪犯”进行刑讯逼供、提起公诉并认定有罪。然而，实际上他们都是无罪的。

法治作为一个时代命题只有在司法实践中才能得到表征。如果在司法实践中，公安机关滥用职权，肆意对犯罪嫌疑人进行刑讯逼供；检察院没有起到应有的监督作用，并对犯罪嫌疑人进行错误追诉；法院没有坚守独立的立场依法进行审判，都会造成冤假错案的发生。这样法治的精神就无法得到体现，依法治国也就仅是停留在理论和口号的层面而无法得到实现。就浙江“张氏叔侄强奸案”等冤案来说，案发时的法律程序规范和证据规则等已经相当完善，只要这些规范能够得到切实执行就能避免冤案的发生。那么，为什么在司法实践中法检公等机关工作人员没有依法行使职权，从而避免这一冤案的发生。这是由于我国长期没有形成法治文化的传统，法律一遇到诸如政治、舆论等外在压力就极有可能被虚置或搁浅。有学者就认为：“在法律治理化的政法（文化，笔者注）传统中，司法与行政的界限模糊，作为‘兄弟单位’、‘同一战壕里的战友’、被‘一体化’的公检法共同担负着打击犯罪、稳定社会的职责。就法院来讲，实践中有‘书记管帽子、市长管票子、政法委管案子’的说法，法院的精神气质、思维方式、行为习惯很难不受到这种体制格局的影响，以至于尽管我国早已确立依法治国的目标，但现实中的法院制度改革仍令人捉摸不定地摇摆于独立化与去独立化、专业化与非专业化的身份认同状态。”①

然而，一国的法治是在文化的流动中生成、发展和完善的。只有在这一过程中，法治文化才能得以形成、发展和完善。法治文化不仅表征体现法律制度性规定的法律规范和器物性载体的法检公监等机关，更重要的是其表征着法律规范等制度性规定和法检公监等器物性载体都是由人们根据社会生活中一定的伦理和价值等观念构造的，实际上反映了法治文化的文化力要求。法治文化的意义首先意味着，在司法实践中其作为一种文化力的存在从来就不是人们生活中消极被动或可有可无的存在，它对政治、经济和人们的日常生活等进行着一种无形的设计。在法治文化的设计中，人们不但可以建立起彼此相互认同的规则原理，而且还能建立起一种独特的精神文化体系。

例如，罗马人的法治理念来源于希腊文化。罗马法的精义不仅在于它是权利法，能够成为尊重个人特性和权利的私法和民法，更在于其是罗马人所信仰的正当政治统治的根基和人们的精神观念在社会治理中的集中反映。

① 周长军：《后赵作海时代的冤案防范——基于法社会学的分析》，《法学论坛》2010 年第 4 期。

因此，盖尤斯说："一切权利都是从人民来的……官吏为什么有权力呢？因为官吏是由人民选举产生的。"[①]乌尔比安也说："皇帝的意旨具有法律效力，人民通过法律把它的全部权力授予了他。"[②]西塞罗更明确地指出："既然法律统治长官，长官统治人民，因此确实可以说长官是能言善辩的法律，而法律是沉默寡言的长官。"[③]这样罗马人就把罗马法与人民的自由权利和政治统治等联系起来，不仅营造了一种浓郁的法治文化氛围，而且牢固树立起法治在政治社会的立足点和根基。

具体而言，法治文化的文化力应集中体现在司法实践的法律评价活动过程中。在法律评价活动中，法治文化的文化力表现为检察院工作人员依法监督公安机关工作人员的执法活动，以及正确行使法律赋予的起诉权力；法院的审判人员要依法独立行使审判权，如果发现公安机关和检察院有违法行使职权的行为，应当在审判活动中予以纠正。这些都应成为法治文化的文化力在司法实践中的表征。

然而在现实生活中，法检公等机关的很多职权行为并没有体现法治文化的文化力作用。例如造成浙江"张氏叔侄强奸案"并不是由于法官的认知能力不足，而主要是由于法治信仰和理念没有落到实处，法治文化的文化力没有对其产生现实的约束力。这既与我国长期存在的政法文化传统有关，又与法院审判的不独立有关。在前一种情况中，案件在检察监督和起诉环节中，某些党政机关或媒体往往会对检察院施加不当影响，以至于其在案件疑点甚多的情况下屈从这些党政机关的压力而草率做出有罪的起诉决定。当前世界各国刑事诉讼正在经历由"犯罪控制论"向人权保障型的转变，检察院的错误追诉无疑不利于其依法办案行为的确立，更从观念上表明其没有实现依法办案理念的转变，不利于其在执法办案的过程中营造一种理性、文明、规范的法治文化习惯和传统。在后一种情况中，法院在外力协调干预的情况下难以独立进行审判。法院在经济不独立和权力有限的情况下，会基于趋利避害的生存法则屈从于这些外力的协调和干预，以至于错误地迁就公安机关和检察院的决定，认可其错误的职权行为。这样，法官不仅会放

① 陈允、应时：《罗马法》，商务印书馆1931年版，第3页。
② 陈允、应时：《罗马法》，商务印书馆1931年版，第5页。
③ 汪太贤：《西方法实证主义的源与流》，法律出版社2003年版，第58页。

弃正当程序的法治理念和原则，而且在客观上包容并放纵了公安机关和检察院办案人员的违法行使职权行为。这样在正义的最后一道防线上，法院没有发挥其纠错功能，最终导致冤案的形成。也正是由于缺乏独立法庭的有效救济，蒙冤的被告人才失去了最后一次救济的机会。

二、法律评价的法治文化映现

费孝通认为，文化“包括着各种知识，包括着道德上、精神上及经济上的价值体系，包括着社会组织方式，及最后，并非次要的，包括着语言”[①]。这里的文化是指精神性文化，既以观念的形式存在于人的思想中，又可以通过一定的符号体系外化在物质载体上，以社会化的形式存在。具体就法治文化而言，法治文化既通过法律规范和法律制度体现出来的伦理、价值等思想观念进行表达，又通过法检公监等外化为器物性的物质载体得以表达。

学界目前对法治文化没有统一界定，比较有代表性的观点如下：(1)从制度和设施等方面把法治文化界定为，一国的法律制度、法律机构和法律设施体现出来的文化内涵。[②](2)从理念和行为等方面把法治文化界定为，关于法治精神文明成果和法治行为方式相统一的文化现象和法治状态。法治精神文明成果包括法治价值、法治精神、法治理论和法治意识等。[③](3)从世界观和方法论等方面把法治文化界定为，不仅是一套社会规则体系，更是一种完整世界观的体现，需要用整全的学术视角和各种研究方法进行探索和研究，其中包括人文的角度或者文学解释。[④]以上观点分别揭示了法治文化的某一方面。法治文化是文化的一种具体形态，根据费孝通对文化的理解，可知法治文化既包括表征法治的制度、机构和设施，又包括表达法治的世界观和方法论，更包括内涵于这些器物性载体、制度性载体和法治世界观、法治方法论之中的法治理念和法治行为。于是，综合以上几种观点，我们可以把法治文化作如下定义：法治文化是包括法律规范、法律制度、法律载

① 费孝通：《文化与文化自觉》，群言出版社2005年版，第20页。

② 刘斌：《法治文化的理论构想》，《法制日报》2007年4月15日。

③ 李林：《社会主义法治文化概念的几个问题》，《北京联合大学学报》(人文社会科学版)2012年第2期。

④ [美]卡恩：《法治是一种完整的世界观》，刘晗、王旻初译，《21世纪经济报道》2009年6月19日。

体、法治观念、法治精神和法治价值等在内的一系列知识和形式的文化体系。这是本书所界定的法治文化概念。法治文化的内核是法治精神，法治精神的核心是能体现良法善治的法治价值。关于这一部分内容，将在本章第二节“法律评价中的文化精神”中集中进行论证和表述。因此，理解法治文化，重点在于把握法律规范、法律制度和法律载体等所体现出来的法治观念、法治精神和法治价值。探讨法律评价活动中的法治文化，不仅能够深入认识法治文化的丰富内涵，而且能够进一步认识法律评价活动在法治文化形成和发展过程中的作用。

其一，法治文化的形成和发展是建设社会主义法治国家的要求。首先，法治文化是法治社会生成和发展过程的产物。法治文化强调法律作为社会治理的工具对社会所具有的价值和意义。因此法治文化比较注重自身的传承性和历史的传统性。这正是法治文化对自身的传承性和历史的传统性的要求。在此基础上，法治文化强调社会治理过程中的法治精神，法律不仅仅是社会治理的工具和手段，而且应当得到人们的尊重和信仰。因此，法治文化在遵循自身的传承性和历史的传统性的基础上，强调自身的价值判断和时代的现代性要求。于是法治文化就在司法实践中表现为人们对民主、人权、平等、自由和公正等价值的追求，这是法治文化的时代要求，也是其现代化的表达方式。

从实践的角度来看，法治文化是人们在司法实践的过程中逐渐积累而形成的。没有司法实践中的具体法律评价活动，人类社会就不可能形成法治文化。法治文化作为社会的一种文化存在，潜移默化或直接强制地对社会生活中人们的行为和思想发生着文化力的作用。可以说，法治文化是人类历史或当前社会生活中，人们治理国家和解决纠纷的经验和智慧表达。于是，一部分调整社会关系的文化在生活实践中不断地向法治文化转换。同时，通过寻求传统法治文化对法治国家建设的资源也是实现法治现代化的路径之一①。在此基础上，法治文化关注法治信仰的建立和法治精神的实现，

① 国内已有学者专门进行研究。例如，李瑜青认为传统儒学对法治文化具有构造价值。参见李瑜青：《传统儒学对法治文化构造的价值》、《论传统儒学人文精神主导思想及对法治中国化的价值》，分别载于《华东理工大学学报(社会科学版)》2010年第3期、《山东社会科学》2007年第6期。又如，魏敦友从新道统法哲学立论对当代中国法哲学进行反思与建构。参见魏敦友：《当代中国法哲学的使命》，法律出版社2010年版；魏敦友：《当代中国法哲学的反思与建构》，法律出版社2011年版。

表现为民主、自由、人权和正义等价值在社会生活中的实现。法治文化确立的这些价值对于人类社会来说具有普遍性，于是就需要借助法治文化的传统价值载体才能更好地实现“本土化”和“民族化”。只有这样，法治文化的现代性特征和时代性要求才能最终落到实处。

其次，法治文化的形成和发展具有阶段性特点。从文化层面来看，法治文化首先侧重于对法律制度和法律载体的研究和表达。也就是说，法治文化首先是从表达法律规范和法律制度的角度来映现自身。具体而言，法治文化比较关注法律作为一套规范体系对社会治理的作用和效果。如果体现法治文化的法律规范不能适应时代要求，就会造成法律规范与人们的习惯、传统和社会心理发生冲突，这时就需要对法律规范作出相应的调整（立改废），法治文化也会随之发生变化。只有在此基础上，法治文化才侧重于对法治文化精神即法治信仰和法治精神的研究和表达。一般而言，法治文化是人们对既有的法治建设现状进行的一种批判性反思。其在司法实践中通过文化力的作用回应人们在政治和社会生活中各项权利的诉求，其实质在于限制政治权力和保障公民权利。只有把法治文化的要求落到实处，法治理念才能在人们的生活观念和精神层面得以实现，这样人们才会信任法律、信仰法律。

从发生作用来看，法治文化强调在司法实践中通过对法律规范和法律制度的解释和回应，来指导和影响具体司法案件的判断和具体立法议案的内容。当司法实践中出现冤假错案，惟有依法及时纠正，才能让人们对法治树立起信心。同时法治文化还强调在司法实践中通过对法治建设现状的反思和追问，来指导和影响我国当下和未来的法治国家建设的制度设计、运行模式、法治目标和实施措施。只有充分肯定法治文化的价值取向才能把其作为衡量法治实践的价值标准，也才能更加全面清晰地认识法治建设中的不利因素，从而全面认识我国当前建设社会主义法治国家的全貌。由此可见，建设社会主义法治国家集中表达了法治文化的建设。

其二，法律评价活动是法治文化的实践载体，法治文化是在法律评价活动的过程中形成和发展的。一国法治文化的形成往往取决于该国司法实践中的法律评价活动。因为法律评价活动既能够从制度层面体现出该国的法治是良法善治还是恶法治理，又能够在具体的司法实践中通过实现诸如人权、民主、自由、正义等价值来表征该国的法治文化。可以说法治文化正是通过司法实践中的法律评价活动作用于国家的社会治理和人们的社会生活。

法治文化的作用形式体现在，通过法律评价活动中的法律途径解决纠纷，并通过解决纠纷的法律途径培养人们的法治意识和观念以及法治信仰和精神。人们的法治意识、法治观念以及法治信仰和精神是一国法治文化最主要的表现形式和表达方式。因为人们只有树立起法治意识和观念以及法治信仰和精神，才能在法律评价活动中积极主动、自觉地遵守和服从法律规则。那么，如何在法律评价活动中建立起人们的法治意识和观念以及法治信仰和精神？在法律评价活动中，只有通过保障人们的正当权益才能建立起人们的权利意识，只有公权力得到有效制衡才能建立起正当程序意识，只有全社会都自觉守法并使其法律观念符合所处时代的法律、文化、道德和经济发展状况才能建立起人们的自觉守法意识和社会公德意识。而人们的权利意识、正当程序意识、自觉守法意识和社会公德意识都是人们的法治意识和观念以及法治信仰和精神的具体表达和表现形式。一国法治文化的一系列理念和正当性的价值追求就实现在人们的法治意识和观念以及法治信仰和精神当中。

具体而言，法律评价活动强调社会的治理遵循理性规则之治，通过理性规则之治树立人们的法治意识、法治观念及法治信仰和精神。作为一种理性规则的治理方式，法律评价活动的一个重要社会功能就是把各种社会纠纷和冲突的解决都纳入到程序化和制度化的轨道上。这样法律评价活动的开展既要依赖于人们的规则意识，以便对现代社会的多元利益冲突进行整合，又在这种互动的过程中要求人们建立起规则意识，以便在理性规则和有序的司法活动中保障人们的各项法定权益。只有坚持以人为本，真正把宪法和法律规定的公民权利和利益落到实处，让人们在科学合理的纠纷解决机制和利益诉求表达渠道里切身感受到自身权益受到保障，才能真正树立起法律的权威。人们才能自觉地接受规则的约束，并把法律的要求内化为自己在日常生活中的言行举止。这表明法治文化的建立和发展是在人们的日常生活中对法律的信仰和秩序的维护中得到体现。在法律评价活动中，通过法律途径解决纠纷有利于法治文化的形成和发展。

其次，法律评价活动要依据良法之治才有利于法治文化的形成和发展。法律评价活动只有依据良法之治，人们才会主动遵守而不是反过来去故意破坏，法治文化也才能得到应有体现。根据1959年1月国际法学家会议在印度新德里提出的一份法治宣言，体现良法的法治可以表述为两个方面：第一，无论法律的内容如何，国家的一切权力都应该根源于法，而且要依法行使。第二，法律本身应当以尊重人性尊严的崇高价值为基础。[①]根据这一宣言，在法律评价活动中，法检公等机关工作人员在法律评价活动中要严格依法行使职权。而依法行使的法律本身又应当建立在尊重人性尊严的价值基础上。只有这样，人们才能自觉主动地遵守法律而不会故意地破坏法律，法治文化也才能在法律评价活动的过程潜移默化地形成。

同时应当注意到法治理念具有时代性，法治文化作为法治理念的文化表征要体现这种时代性特征。法治理念作为一种价值观念表达，其内容随着时代的发展而变化。不同时代，法治追求的目标不同，法治理念就不同，法治文化也相应地进行变迁。可以说，正是由于不同时代的社会生活变迁呈现出法治文化形态的嬗变，这是一个动态的过程。法律评价活动只有反映法治理念和法治文化的时代性特征，才能真正尊重和保障人权，培养人们的法治意识，也才能真正实现依法治国的法治目标。在河南“赵作海杀人案”、浙江“张氏叔侄强奸案”等案件中，法检公等机关都是依照“疑罪从轻”的错误观念，而不是“疑罪从无”的法治理念行使职权。这显然不符合我国当前建设社会主义法治国家的法治理念。相继出现的类似冤假错案造成的恶劣社会影响，对我国法治文化的建设造成了极为不利的社会影响。因此，在今后的法律评价活动中，司法机关只有树立起反映法治时代要求的法治理念，才能真正做到依法行使职权，从而建立起符合时代要求的法治文化。

三、法律评价的法治文化要求

现实生活中的司法不公现象表明，处于社会转型期的法律评价活动还没有达到法治社会的要求。老百姓乃至司法机关及工作人员自身都没有认识

① 李瑜青：《法理学》，上海大学出版社2005年版，第155页。

清楚法治社会中法律评价活动与法治文化的关系。这既与纯粹移植西方的法治理论和话语方式，却不能让法律评价活动在我国的司法实践中发挥其在西方社会那样的功能和作用的认识和实践有关，又与对我国传统文化在当下的司法实践活动中发挥怎样的功能和作用的认识和实践有关。

从前者来看，探讨西方的法治理论和话语方式能否让法律评价活动在我国的司法实践中发挥其在西方社会那样的功能和作用的话题属于法治中国化的命题范围。法治中国化的命题是中国法学发展走向成熟的理论反映。它所要表达的不是简单地把西方的法治理论和话语方式当作指导我国法律评价活动的主要理论，也不是忽略甚至无视寻求法治本土化的努力和可能性，而是具体分析西方的法治理论和话语方式在我国司法实践活动中的具体语境。

江国华认为，法治的语境由场境、处境和意境三个密切相关的元素构成。法治是一个受制于场境的范畴。唯有置身于法律所赖以生长的场境之中，才有可能对其作出相对合理的解释。离开特定场境，或者立基于西方场境来解读中国的法律，难免会产生诸多歧义。同时将中国社会的发展阶段与他国历史上相同的发展阶段设定为历史处境，中外法治的比较才可能具有预设的价值。最后需要正视中国的法治意境，即中国法治据以承载的制度文本及其价值意味。①

这表明我国的法治现代化进程是法治中国化的进程，而非西化过程。我国司法实践中的法律评价活动必须正视我国不同于西方任何国家的法治语境的特殊性，以及由此带来的法治文化上的差异性。例如在河南“赵作海杀人案”和浙江“张氏叔侄强奸案”等案件中，法检公等机关都运用了“疑罪从轻”的观念，很难说这一观念受到了西方法治理念中“疑罪从无”的影响，反而说明了我国当前的法治文化是深受传统文化的熏陶。它客观地存在着，并默默地发挥着作用。这就是中国法治的特殊场境。

这就要求我们必须认真研究在法律评价活动中，不同于西方国家的法治理念和法治文化的中国法治理念和法治文化。在此基础上，逐渐摆脱对西方法治理论的模仿、传播和阐释的依赖型学术路径，充分重视和挖掘我国传统文化中的法治文化资源，逐渐形成法治中国化理论并藉此指导我国的法治实践。

---

① 江国华：《法治的场景、处境和意境》，《法学研究》2012 年第 6 期。

从后者来看，在法律评价活动中探讨传统文化尤其是儒学文化与法治中国化的关联性，属于探讨我国传统文化与法治中国化理论的关系的一个重要展开。既然在法律评价活动中，照搬西方的法治理论和话语方式不能帮助完成法治本土化的任务，我们就要正视自身传统文化中有利于实现法治中国化的法治文化资源。因为传统文化往往对于一个国家来说是具有基础性的。如果我国的法治现代化建设进程忽略了传统文化的作用，采取简单的“拿来主义”的移植，那么会直接造成我国整个社会文化的紊乱。

具体而言，我国传统文化非常注重道德对于社会的功能和作用。儒学讲究内圣外王之道，并通过三纲八目来具体实施。“内圣”指人的内在修养和对理想人格的追求；“外王”指把内在修养的所得推广于社会。“三纲”指明明德、亲民、止于至善；“八目”指格物、致知、正心、诚意、修身、齐家、治国、平天下。[①]其中，格物和致知是哲学上的认知，正心、诚意和修身是道德修养，齐家、治国和平天下是政治实践。这表明儒学非常强调道德的修养和教化作用。这样解决道德与法律之间的关系问题就成为法治的根本任务之一。因为法律评价活动并非仅仅起到定纷止争的作用，更重要的还在于通过定纷止争培养人们的法治意识和道德意识，即解决法治实践的道德基础问题。为此，孔子指出：“道之以政，齐之以刑，民免而无耻；道之以德，齐之以礼，有耻且格。”[②]传统儒学文化主张的道德与法律的关系在国家治理上的作用，不同于西方的治国思维路径，其对今天建设法治中国化文化传统的意义而言，在于其以特有的方式丰富了法治国家建设的路径选择和治国思想。

传统儒学文化强调以道德规范人们行为和治理国家，强调以道德塑造理想人格手段的重要性，这些有利于实现个体的自我超越。这样道德就为法律的发展和完善打开了一个广阔的生活领域。例如，传统儒学文化认为仁即爱人，由爱自己的亲人推及爱其他的人，乃至“杀身为仁，舍己为人”。[③]道德强调通过对社会和他人的义务来塑造理想人格的主张，与法治社会强调的责任意识、权利和义务相统一的要求具有一致性。这也进一步表明，传

① 《礼记·大学》。
② 《论语·为政》。
③ 《论语·卫灵公》。

统儒学文化试图把诸如仁、义、礼、智、信的基本要求转化为社会的普遍规范要求，从而要求人们按照社会的普遍规范行使自己的权利和义务，这是一条不同于西方法治文明的道路，其是我国传统儒学文化对法治中国化的智慧贡献。

可以说，我国传统儒学文化对法治中国化的意义就在于，与法治现代化相伴随的法治中国化进程并非缺乏自主性文化。我们并不反对西方文化，但主张不能丢掉我国历史上曾经发挥过重要作用，现在依然发挥着重要作用的优秀传统文化。这不仅需要我们认真对待中西方文化的差异，更需要在司法实践中通过法律评价活动来弥补这一断裂。这是法治时代法律评价活动的法治文化要求。

第二节 法律评价中的文化精神

法治精神集中表达着法律评价中的文化精神。作为法治文化的重要组成部分，法治精神是弘扬法治文化的精神表达。法治精神既通过彰显法治价值自觉映现法治文化，又深入法治文化层面“达到自我意识”。法治精神强调社会民众要拥有依法办事的思维方式和生活习惯，尤其是司法机关在法律评价中要树立法律的权威和实现法律的尊严。这就要求司法机关在法律评价中，将法治精神所主张的法治价值运用到行使职权的过程中，并通过制度建设和文化建设形成法治文化，从而将依法治国、建设社会主义法治国家的治国方略真正落到实处。这一命题如何在法律评价中得以体现并成为现实，要进行相应说明。

一、法律评价中的法治精神

法治精神是依法治国的重要命题。胡锦涛同志于2005年年初在中央党校省部级领导干部研讨班上指出：“加强法制宣传教育，传播法律知识，弘扬法治精神，增强全社会的法律意识，形成法律面前人人平等，人人自觉守法用法的社会氛围。”[①]这是中央最早对法治精神的论述。在2011年庆祝

① 胡锦涛：《在省部级主要领导干部提高构建社会主义和谐社会能力专题研讨班上的讲话》，人民出版社2005年版，第19页。

中国共产党建党90周年的讲话中，胡锦涛同志将法治精神作为全面落实依法治国方略的重要途径，“要将弘扬社会主义法治精神贯穿立法、执法、司法、守法全过程”[①]。可见，中央对弘扬法治精神极为重视。而学界对法治精神的概念存有争议，主要有三种理解。第一，一种观点认为，“法治精神既表现为人们的法律意识、法律思维与心理状态，同时也表现在法治环境下形成的社会活力”。[②]这是对法治精神广义上的理解，认为其是一切关于法治的意识和观念。第二，另一种观点认为，“法治精神主要是指经由法治尊严与权威所自觉产生的法治信念、法治崇尚、法治信仰、法治习惯和法治感悟”。[③]这是对法治精神狭义上的理解，认为它仅指能体现良法善治的法治价值取向。第三，还有种观点认为，“法治精神是法治的思想内核，是法的价值的体现，是法治思考凝聚而成的思想精华，是法治实践必须奉行的基本原则”。[④]这是关于法治精神基本属性的理解。

从法治精神的本质来看，应当是由法治尊严和权威所自觉产生的，能体现人权、民主、自由、平等、安全和效率等良法善治的法治价值取向，并在法的运行中具有相对稳定性的法律思维、法律习惯和法律信仰。法治精神的核心是能体现良法善治的法治价值。理解法治精神还需要注意以下几点：

第一，法治精神不等于法治理念。“法治理念是人们关于法治的理性认识，其本质是一种观念，一种意识。”[⑤]因而两者容易混淆。然而，(1)法治精神具有客观性，在于表征良法善治的法治价值；而法治理念具有主观性，在于表达人们有关法治的观念。(2)法治精神具有相对稳定性，其表征的法治价值具有超时空性；而法治理念具有多样性和易逝性，不同时代不同地域的法治理念可能具有不同的内容。(3)法治精神不仅回答法治“是什么”，而且还回答法治“好不好”，因而法治精神最终要体现在如何实现良法善治的目标和行动上；而法治理念是人们关于法治“是什么”的一种认识，其本身不解决法治“好不好”和如何得以实现的问题。从这一视角而言，法治理念就是学术界主张的广义的法治精神概念。

① 胡锦涛：《在庆祝中国共产党成立90周年大会上的讲话》，《求是》2011年第13期。
② 韩大元：《法治精神不断完善国家的价值体系》，《法制日报》2007年8月24日。
③ 张进军：《领导干部要带头弘扬法治精神》，《人民日报》2008年5月26日。
④ 卓泽渊：《法治精神是法的价值》，《法制日报》2007年8月31日。
⑤ 江必新：《法治精神的属性、内涵与张扬》，《法学家》2013年第4期。

第二，法治精神不等于法的精神。“法的精神是法的灵魂、核心、精髓，是渗透在法、法律中的，带有根本性、原则性的东西。”[①]因而两者也容易混淆。然而，首先，法治是一个动态的过程，包括立法、司法、执法、守法和法律监督等司法实践的全过程，因而法治精神强调法治的动态运行及其实现；而法的精神一般指法的实质内容和根本原则，因而是从静态的角度强调法与其他社会调控手段的不同。其次，法治精神是动态的法的精神，通过在司法实践的动态运行中实现良法善治的法治价值，就能集中彰显法治精神；而法的精神是静态的法治精神，一般存在于法律概念、法律规则和法律原则中，只有通过适用法律才能彰显法的精神。最后，法治精神包括法的精神，法治精神以法的精神为基础，把法的精神实现于司法实践的全过程中。因而法治精神的内涵更加丰富。

法治精神强调良法善治的法治价值如何在法治的动态运行中得以体现。探讨法律评价中的法治精神，旨在深入揭示法治精神对法治社会建设的促进作用，提升整个社会的法治水平。

其一，法治精神通过体现良法善治的法治价值贯穿于法律评价的整个过程。“价值是指主客体之间的客观关系状态。”[②]法治精神的核心是能体现良法善治的法治价值，因而表达着主客体之间客观的法治价值关系。在法律评价中，法治精神通过体现良法善治的法治价值，才能反映包括司法机关工作人员在内的社会主体对法治的信仰及其法治实践活动。然而，只有司法机关工作人员依法行使法律评价职权，良法善治的法治价值才能得以体现，进而通过法律评价活动中的法治精神体现出来。换言之，司法机关工作人员依法独立公正地行使审判权和检察权正是法治精神在法律评价活动中的现实表现形式。并且，法治精神贯穿于法律评价的整个过程，为司法机关工作人员依法行使法律评价职权提供了精神上的保障。

其二，法治精神与法治价值在内容上具有一一对应性。在法律评价中，法治价值体现着人的需要和利益，而具体的人的需要和利益具有丰富多样性。因而从内容上来说，能够体现人的需要和利益的法治价值就包括自

① 子谦、文娟：《论现代法的精神》，《法学家》1996年第6期。
② 李德顺：《关于价值与核心价值》，转引自陈新汉：《警惕核心价值体系“边缘化危机”》，社会科学文献出版社2011年版，第140页。

由、平等、民主、人权、安全和效率等诸多具体的价值，而这些价值在法律评价中与法治精神的具体内容有着一一对应的关系。例如，就自由而言，只有追求自由的法治精神才能推演出崇尚自由的法治价值。反之，只有实现自由的法治价值，体现自由的法治精神才能真正得到落实。就此而言，法治精神与法治价值互为表征，意味着法治应当保障每一个人都是自由的。同理，我们也可以在平等、民主、人权、安全和效率等内容上一一找到法治精神与法治价值的对应关系。因而在法律评价中，司法机关尊重和维护什么样的法治价值就能体现出什么样的法治精神。

其三，法治价值的实践价值取向决定了法治精神的客观性。法治是一个动态的实践过程，法治价值必须在实践中证明自己价值的人民主体性。李德顺认为价值具有主体性，价值就是因为主体不同而不同[①]。社会主义法治价值属于价值范畴，因其体现着人民的意志、需要和利益而具有人民主体性。只有司法案件中所要维护的具体法治价值，才能真实反映出该案件所要表达的具体法治精神。之所以造成“张氏叔侄案”、“李怀亮案”等冤案，是因为司法机关还不能摆脱“有罪推定”的实践价值取向，而这些冤假错案最终得以昭雪说明司法机关严格执行了“疑罪从无”的实践价值取向。这表明法治价值是在实践中证明自己价值的人民主体性，即自己价值的现实性和力量。法治价值只有在司法实践中证明了自己价值的人民主体性，法治精神所张扬的保障人权等诸多法治价值才能在法治实践中得以体现。可见，法治精神的这种客观性体现离不开具有实践性价值取向的法治价值。

其四，法治价值的关系性思维决定了法治精神的动态性。法治是一个动态的实践过程，法治价值就是在动态的法治实践中揭示主客体之间的价值关系。关于价值关系，马克思说：“凡是有某种关系存在的地方，这种关系都是为我而存在的。”[②]“为我关系”就是价值关系。关系性思维就是反映主客体之间价值关系的思维方式。法治价值的关系性思维体现在法律评价中，就是司法机关运用一定的法治价值，处理案件中当事人之间以及涉案当事人与法律事实和法律行为之间的关系。于是，运用具有实践价值取向的

① 李德顺：《关于价值与核心价值》，转引自陈新汉：《警惕核心价值体系“边缘化危机”》，社会科学文献出版社 2011 年版，第 141 页。

② 马克思、恩格斯：《马克思恩格斯文集》第 1 卷，人民出版社 2009 年版，第 533 页。

具体法治价值处理案件就产生了对于当事人而言的法治价值。这种价值因诉讼标的的不同而具有不同的内容，可以是主张言论自由、人格尊严抑或经济利益、生命安全等。相应地，反映法治价值的法治精神就客观地体现在动态的法治实践过程中。从整个社会的法治实践来看，社会关系的变迁使得法治精神呈现为一个动态的发展过程。

二、法治精神的文化自觉

法治精神作为法治文化的重要组成部分，是弘扬法治文化的精神表达。法治精神既通过彰显法治价值自觉映现法治文化，又深入法治文化层面“达到自我意识”。

其一，法律评价是彰显法治文化的有形载体，法治精神是弘扬法治文化的精神表达。“一切问题，由文化问题产生；一切问题，由文化问题解决。”① 从精神层面而言，法治中国建设的主要问题是整个社会尚未形成用法律手段处理社会问题的精神氛围。从社会主体来看，社会民众尚未养成崇尚法治和信仰法治的精神氛围。虽然社会主义法律体系已经形成，这标志着中国从制度建设上拥有了一套完整的法治治理体系。然而，如果没有从制度到文化的深层建设，法治就无法为自己找到价值基石。可以说，不管是要在中国形成用法律手段处理社会问题的精神氛围，还是要在中国养成崇尚法治和信仰法治的社会精神氛围，都离不开从法治文化建设层面推动法治中国建设。如果说，法律评价是彰显法治文化的“形”（有形载体），那么法治精神就是弘扬法治文化的“神”（精神表达），只有形神兼备，法治文化才能真正成为法治中国建设的重要一环。

在法律评价中，司法机关只有依法行使职权对案件进行评价，才能把法治精神贯穿于整个评价活动的过程始终。在图尔敏看来，法治精神就体现为诉讼过程中的程序、范畴和论证，因而通过理性的过程，那些被普遍主张的价值就可以得到讨论和确定。他说：“法学的一个主要任务是刻画法律过程的要素：一个是程序，借助程序，一些法律主张得以提出，争辩和判定；一个是范畴，依据这些范畴，一个法律过程得以形成。我们对论证的探索

① 钱穆：《文化学大义》，台湾中正书局1981年版，第3页。

是一个平行的任务：我们以一种类似的方式，把目标定位在刻画可以称之为‘理性过程’的东西，也就是程序和范畴；通过程序和范畴的应用，那些普遍的主张就可以得到讨论和确定。”[①]那些可以得到普遍主张的“理性过程”的东西就是法治价值，法治精神的核心就体现为能被普遍主张的法治价值。

法治中国建设要由制度深入到文化层面，就意味着通过法律评价在内的多种途径，旨在使社会民众养成崇尚法治和信仰法治的精神氛围。只有通过被普遍主张的法治价值这个中介，法律评价才能深入到法治精神层面。而只有深入到法治精神层面，法治这种被人类文明检验了好几千年的社会治理方式，才能由外在的移植转化成内在的吸收，进而真正实现本土化的法治中国建设，形成社会主义法治文化。对此，格兰顿等人早就说过：“法律是一种文化的表现形式，如果不经过本土化的过程，它便不可能轻易地从一种文化移植到另一种文化。”[②]经验也证明，“李怀亮案”等冤假错案的平反不是拥有一套完备的法律法规和司法体系就能解决问题，而是司法机关及其工作人员甚至全社会的法治价值观念都要发生根本性的转变才行。如果法治文化不被广泛认同，中国法治建设最终难免流为形式。

其二，法治精神对法治文化的自觉映现。法治精神从两个方面通过彰显法治价值自觉映现法治文化，一是法治精神通过法律评价这个中介自觉映现法治文化；二是法治精神通过社会民众对法治的崇尚和信仰自觉映现法治文化。

作为法治文化的重要组成部分，可以从两个角度来看法治精神对法治文化的自觉映现。首先，从法治角度来看，法治文化是以文化为表现形式和主要内容的一种法治治理形态。这种“文化”以法治精神文明成果和法治制度文明成果为主要表现形式，相应地，分别以法治价值、法治精神和法律规范、法律制度等为主要内容。从法治精神文明角度来看，法治文化以法治精神等为主要内容，法治精神通过法律评价体现为自由、平等、安全、人权、正义等法治价值，这些法治价值因为能够体现“人是目的”并且人的利益是目的的观念而成为法治文化的重要追求；从法治制度文明角度来看，不

① Toulmin, *The Use of Argument*, Cambridge University Press, 1958, p.7.
② ［美］格兰顿：《比较法律传统》，高鸿钧等译，中国政法大学出版社1992年版，第6页。

管是法律规范还是法律制度，都是法治精神在制度运行层面的一种表现形式。法治精神就是通过制度化的法律评价才能不断实现法治价值，进而内化为社会民众的法治精神信仰，最终在全社会形成崇尚法治的法治文化。

其次，从文化角度来看，法治文化是以法治为社会主要治理方式所形成的一种文化形态。这里的“法治”既是社会主要治理方式，又是治国理政的基本方式。从作为社会主要治理方式来看，法治文化是作为行为规范体系而存在的文化形态。不管是执政党、国家机关，还是社会团体、社会民众都要遵循一定的行为规范体系。这既是法治文化的社会表现形式，又是法治精神的社会表现形式。这表明，只有在全社会形成崇尚法治的精神氛围，法治精神才能作为法治文化的重要组成部分，落实在社会民众学法、信法、尚法和守法等一系列社会实践中；从作为治国理政基本方式来看，“在理念层面上，法治主要是指统治和管理国家的一整套理论、思想、价值、意识和学说”①。这些“理论、思想、价值、意识和学说”只有自觉映现出法治价值和法治精神才能体现法治的正当性统治，并且只有在制度设计和行为规范体系层面实现法治文化要求的这些“理论、思想、价值、意识和学说”，“法的统治”才能同时在国家和社会层面得以实现。

其三，法治精神深入法治文化层面“达到自我意识”。在黑格尔看来，绝对精神是世界的本原，因而“思想不仅是我们的思想，同时又是事物的自身，或对象性的东西的本质”②。因此，“反思以思想的本身为内容”，通过“反思”途径，“力求思想自觉其为思想”③。于是就能使思想意识到自身并回归到自身，从而达到自我意识，这就是思想的自我意识功能。法治精神能深入法治文化层面建设社会主义法治国家，说明法治精神具有“自我意识”。这种“自我意识”就集中体现在法治精神的文化自觉上面。我国正处于前法治向法治的社会转型期，这就迫切要求在全社会形成崇尚法治的精神氛围。而法治精神通过自觉映现法治文化说明，这一特定历史时期的法治精神能意识并回归到特定历史时期中具有具体形态和内涵的法治文化自身。

---

① 朱未易、朱小易：《法治文化与法治文化街区的构成要素和功能分析》，《政治与法律》2013年第7期。

② [德]黑格尔：《小逻辑》，贺麟译，商务印书馆1980年版，第80页。

③ [德]黑格尔：《小逻辑》，贺麟译，商务印书馆1980年版，第39页。

三、法治文化的三个特征

法治文化的三个特征是指法治文化具有合宪性、合法性和合理性特征。首先，宪法是各类法律规范的根本依据，因而法治精神要深入法治文化层面推动法治中国建设，就要进一步研究法治文化的合宪性特征。其次，由法治文化的合宪性可以推导出法治文化的合法性。法治文化具有独特的法律性，是法治文化合法性特征的集中体现。最后，法治文化不仅具有合宪性和合法性特征，而且具有合理性特征。它通过回答法治文化应当怎样才是合理的，才能进一步实现对法治文化的反思性研究。

理解法治文化的三个特征需要注意以下三点：第一，从最宽泛的意义来说，法治文化的合宪性是其合法性的重要组成部分。宪法作为国家的根本大法决定了法治文化首先具有合宪性特征。国家的一切法律法规都源于宪法，反映到法治文化层面，就可以从法治文化的合宪性推导出其合法性。这是单独论述法治文化合宪性特征的第一个原因。第二，以人为本是宪法的核心价值，法治文化就是通过法律评价活动自觉映现宪法中以人为本的理念。这是法治文化合宪性的集中体现。法治文化的合法性体现为，通过民事、刑事和行政等领域的法律评价活动保障人权，这是贯彻法治文化合宪性的根本要求。因此，既要研究法治文化的合宪性特征，又要研究法治文化的合法性特征。第三，宪法是一切国家机关、各政党、武装力量和各社会团体、各企业事业组织的活动准则。因此，从宪法层面对法治文化进行反思，就要深入研究司法实践中法检公之间以及司法机关与其他国家机关之间的关系。这是反思司法不独立和不公正问题，构建符合宪政体制的法治文化的迫切要求。这是单独论述法治文化合宪性特征的第三个原因。

具体而言：其一，法治文化的合宪性特征。作为国家的根本大法，宪法以高度原则性的形式确立了我国实行依法治国，建设社会主义法治国家的国家类型和治国方略。法治文化具有合宪性集中体现在，通过司法机关的法律评价实现宪法保障公民基本权利的内容。在法律评价活动中，法治文化的文化力就体现在，通过法律评价活动保障人民主体合法权益的实现。

首先，法治文化通过法律评价活动自觉映现宪法中以人为本的理念。以人为本是法的本源性价值。对法的意义的探究实际上是探究法对于人的意义，法对于人类社会实践的影响。宪法作为一个国家的根本大法，是保障社会各个领域从制度安排和政策措施上把人当成一切出发点的价值源泉。在现代化的国家中，人权的价值在宪法中普遍得到承认，并通过相应的法律和制度予以保障，因而司法机关的法律评价活动是把宪法的理念落实到人们生活中的具体途径。只有从以人为本的理念出发，已成立的法律才能获得普遍的服从，法治文化才能通过法律评价活动，自觉映现宪法中以人为本的理念。

然而社会民众在很大程度上对宪法的认识还停留在“宪法是国家的根本大法”的简单层面上，“法是统治阶级实行统治的工具”、“权大于法”等观念还相当流行。因此，如何把宪法规定的以人为本的理念落实到法律评价活动中至关重要。一定的文化形态和文化积累总是深层次地反映着生活在该地域的人民的观念意识。探讨我国当前社会相当多的一部分群体为何缺少宪法和法律意识，就要研究在司法实践中以人为本的宪法理念是以一种什么样的形式存在的，其对落实宪法规定的依法治国方略有什么意义。西方国家宪法司法化的经验告诉我们，法治文化的构建是依法治国的关键，而要构建法治文化就要提升包括司法机关工作人员在内的社会民众的宪法观念和法律意识水平，不断满足人们通过法律途径保障自身合法权益的迫切要求。通过反思司法机关依法行使法律评价职权的法治文化环境，有助于深化司法改革，在法律评价活动中落实以人为本的宪法理念。

其次，从宪法层面对法治文化进行反思，就要深入研究司法实践中法检公之间的关系。宪法第 135 条规定，法检公三机关办案应分工负责、相互配合和相互制约。刑事诉讼法第 7 条也做了相同规定。这是从宪法和法律的层面对法检公的职权所作的一种划分。“‘分工负责’体现的是它们的宪法地位，‘互相配合’体现的是工作程序上的衔接关系，‘相互制约’是三机关相互关系的核心价值要求。”对于法检公的关系及其职权分工的这种认识，在我国经历了一个曲折的过程。最早追溯到党的八大会议，在政治报告中就将三机关的顺序表述为“公安机关、检察院和法院”，突出了公安机关的优先地位，这在一定程度上反映了政法工作当时面临的形势与执政党对三机关工作性质和地位的认识。[①]根据 1949 年 9 月 27 日中国人民政治协商

① 韩大元、于文豪：《法院、检察院和公安机关的宪法关系》，《法学研究》2011 年第 3 期。

会议第一届全体会议通过的中央人民政府组织法第 5 条和第 18 条的规定，在法律地位上，最高法和最高检的地位高于政法委，后者的地位又高于公安部。但是对于三机关的分工、配合和制约关系的制度安排，在宪法和法律文本上并没有得到任何体现。根据历史上的主要依靠政策和领导人讲话、指示的方式予以调整，并不利于保持各机关的独立，也无法实现原初的相互制约，反而往往以牺牲司法正义为代价，这一点在“文革”期间表现得尤为突出。但是实践告诉我们，三机关的职权应当相互独立、有限且制衡，并且公安机关在宪法和法律的位阶上应当低于法院和检察院。这表明，我国还没有形成符合宪法要求的体现法检公相互制约的法治文化。

在司法实践中建立法检公相互制约的法治及其文化的最大问题是，公安机关强大的侦查权未能得到有效约束，检察院检察权行使的有限性和法院地位的相对薄弱，以及政法委对法检公的过多干涉。因此，从宪法的角度来思考，应当强化法院的独立性和权威性地位，这是由法院的审判权性质决定的。同时，要加强宪法赋予检察院的法律监督机关的地位和作用。主要表现为检察院对公安机关的侦查监督权和对法院审判的程序性监督，并且要建立法院对公安机关的有效制约机制。具体而言，在办理案件的过程中每一个阶段都有一个拥有决定权的主导机关，其他机关处于相互配合和相互监督制约的地位。但是，事实上很多时候公安机关拥有的权力远远大于法院和检察院。这是因为我国刑事司法领域长期以来形成了以侦查为中心的司法观念，导致了公检法机关分阶段推进的司法程序演变成条块分割不明显的、以侦查为中心的一体化结构。

检察院主导制约公安机关，法院主导制约检察院，法院主导三者的制约关系，处于制约的顶端。这应成为符合我国法治及其文化建设的主导方向。在侦查阶段，检察院有权决定公安机关是否逮捕犯罪嫌疑人，是否决定起诉，并对公安机关的侦查活动是否合法进行监督。在审判阶段，法院对检察院起诉的案件有权决定是否退回补充侦查。这表明法检公三机关关系的核心在于制约。但是制约本身并不是目的，根本目的在于通过制约来保障法律适用的公正性，从而保障公民权利的宪法价值。在这一过程中就体现了两种服从关系：一是在价值判断上，司法效率服从于司法的公平公正；二是在法治及其文化的核心内容上，三机关的配合服从于制约。在具体的司法及其文化中，侦查服从于起诉、起诉服从于审判。于是以侦查为中心的法治文化就转变为以审判为中心的法治文化。司法的核心就是审判，审判的本质就是法律评价。所以法治文化的核心内容是审判文化。

在新中国的法治文化发展史上，法院的地位长期弱于公安机关，这既不符合法治的理论逻辑，也不符合党的政策，更不符合宪法的规定。“公检法”的称谓虽然形象地描述了三机关办案的先后顺序，但是混淆了宪制体制上的主次轻重。构建符合宪制体制的“法检公”关系，强化法院的宪法地位，以及司法对侦查行为的审查，是法治文化的迫切要求。

其二，法治文化的合法性特征。法治文化具有独特的法律性，是法治文化合法性特征的集中体现。法律性既是法治文化最直观的表象，体现了法治文化的表层本质；又是法治文化的内在属性，体现了法治文化的深层本质。

首先，法治文化是在具体的法律评价活动中形成，因而具有独特的法律性特征。它的独特性就在于司法机关通过在具体的评价活动中运用司法职权，使得一般社会关系具有了法律规范所规定的权利和义务内容，从而使法治文化具有了法律形式的表象。通过法律评价把一般社会关系转为法律关系，就在全社会建立起了具有法律关系的法治文化社会。具体而言，社会关系通过法律评价活动具有了法律的表现形式，也就以法律关系的形式表现出来。而一定的社会关系总是一定的社会文化的反映。在法律评价活动中，社会文化就以法治文化的形式体现出来。社会文化转为法治文化是以一般社会关系转为法律关系为前提和中介的。司法机关就是通过法律评价活动，在具体的案件中运用法律规范，从而使得社会关系具有法律关系。这样，一个具体的社会事件经由法律评价活动就变成了具有法律关系的司法事件。于是，一定的社会文化经由法律评价活动就转为法治文化，并具有独特而鲜明的法律性特征。

其次，法律性是法治文化的内在属性，体现了法治文化的深层本质。在法律评价活动中，司法机关综合运用法律规范、事实证据和法律程序等一系列表征法律性的要素，对当事人之间的权利义务关系进行法律评价。这是司法机关把社会文化转化为法治文化的特定司法场域。而法律性就是在特定司法场域中解决社会纠纷的最为显著的特征。司法机关在法律评价活动中调整一般社会关系时，既不是把当事人之间的利益冲突变成抽象的意志关系，也不是把法律规范简单地适用于一般社会关系，而是通过法律与现实社会关系的融合，把一般社会关系转为具有法律意义的法律关系，从而使一定的社会文化转为法治文化。在这里法律性就是作为法治文化的内在属性，即通过社会内容与法律形式、当事人的权利和义务以及行为和利益的统一，体现法律评价活动的深层本质。

再次，法律性作为法治文化的内在属性，体现了法治文化的实践特征。这种实践特征通过法律评价过程和法律评价结果的执行等形式体现出来。既然一般社会关系通过法律评价活动能够转为法律关系，那么转为法律关系的一般社会关系就应当受到法律的保护。而法律评价结论的执行是与国家强制力相伴随的。如果没有国家的强制力做保障，法律就将形同虚设。由法律评价活动所调整的权利和义务关系也就化为乌有。所以，法治文化是潜移默化地体现和实现于法律评价活动的过程之中。正是在这个意义上，法治文化具有实践性特征，其是通过赋予一定的社会文化以鲜明的法律性，从而彰显出法治文化的权威性、稳定性和实践性特征。

最后，法治文化的实践性是通过司法机关界定当事人的权利与义务、形成法律判决和法律意识、实现法律规范与法律制度的作用等内容得以体现。(1)司法机关以通过法律评价活动界定当事人权利和义务的方式，体现法治文化的实践特征。当一般社会关系主体的行为和活动符合法律规范的要求时，就会受到法律的保护；当他们不正确地行使权利或不依法履行义务时，通过法律制裁重新调整当事人的权利和义务，就能恢复正常的社会关系。(2)司法机关以通过法律评价活动形成法律判决和法律意识的方式，体现法治文化的实践特征。对于当事人而言，司法机关的法律评价活动即“司法生产过程表面上生产出来的是判决结果，实际上是多样性的法律意识”。[①] 因而，构建法治文化的理想图景是通过法律评价活动使当事人认为判决是公正的、法律是权威的和有效的。(3)司法机关以通过法律评价活动实现法律规范和法律制度的作用方式，体现法治文化的实践特征。法律作为一种规范体现着国家意志。这种国家意志是通过法律规范和法律制度的作用在社

① 代志鹏：《司法判决是如何生产出来的》，人民出版社 2011 年版，第 209 页。

会生活中具体地展开。立法、司法、执法、守法和普法都是法律规范和法律制度发挥作用的方式，都是使各种社会关系规范化、秩序化和正常化的法律途径。

其三，法治文化的合理性特征。冯平认为："评价的合理性所指的是：评价的合事实、合逻辑、合规范、合目的性。合理的评价指的是：评价者在一定的约束条件的限度内所做出的，符合上述条件之集合的，关于客体意义的衡量。所谓'约束条件'是指一定的社会历史阶段的实践水平和状况。任何评价都是在一定社会历史条件下做出的，也都是为一定社会历史条件下的实践服务的。它的合理性都是相对于一定的社会历史条件而言的。这既是评价的约束条件，也是评价合理性的约束条件。"①其关于"评价的合理性"阐述，对于理解法治文化的合理性特征具有很多启发。

首先，法治文化的合理性根源于法律评价的合理性。法治文化是在具体的法律评价活动中形成的，因而判断法治文化的合理性，首先要判断形成法治文化的法律评价是否具有合理性。根据冯平关于评价的合理性的标准，法律评价具备"评价的合事实、合逻辑、合规范、合目的性"。法律评价是建立在一定的客观事实和法律事实的基础之上，运用法律逻辑和法律规范对案件做出评价，以达到维护当事人合法权益和定纷止争的社会目的。此外，还必须从当前法治中国建设的社会历史条件来看待法律评价的合理性。当前中国正处于从前法治社会向法治社会的历史转型期，司法机关的法律评价逐渐得到社会认可②。这表明合理的法律评价必然是符合一定社会历史条件的，并且合理的法律评价进一步彰显了法律评价的合理性。只有法律评价具有合理性，依据法律评价而形成的法治文化才具有合理性。

其次，法治文化具有合理性，依照法治文化而建立的社会文化就具有合理性。一定的社会文化是通过法律评价而转为法治文化。司法机关在具体的法律评价活动中，根据法律规范的规定和社会发展的要求，通过法律判决

---

① 冯平：《评价论》，东方出版社 1995 年版，第 286 页。

② 在历年人代会上一府两院工作报告的表决结果，2006 年以来最高法工作报告的反对票一直高于最高检和国务院，但是其反对票的绝对数总体上在逐年递减。2014 年最高法工作报告的反对票首次低于最高检，这在某种程度上来说是民意的一种反映。最高法的赞成票有了明显地回升，说明人民群众对当前各级法院的法律评价有了一定程度的认同。从 2006 年到 2014 年，在人代会上最高法工作报告的反对票依次为：479、359、521、519、479、475、429、605、378 票；而最高检工作报告的反对票依次为：363、342、514、505、411、434、393、485、390 票。参见王小野：《全国人大闭幕会上的反对票》，《新文化报》2014 年 3 月 14 日。

为人们的行为和活动提供了标准的行为模式；通过规定人们行为的边界就赋予了人们一定的权利和人们要承担一定的义务，这些权利和义务就构成了人们实际活动的边界。由此而转为法律关系的一般社会关系就会受到国家法律的保护。这样，通过法律评价而建立的社会文化就反映了一种法律化、规范化和秩序化的社会关系，在维护社会稳定的同时实现了社会对正义的需求，从而体现出该类型社会文化的合理性。

最后，从法律现代化理论、市民社会理论和本土资源理论的演进可以发现，只有达到理论自觉，才能在理论研究中进一步彰显法治文化的合理性。在一定程度上来说，对法治文化合理性的思考是在对法学理论的反思性建构中进行的。对法学理论的反思性建构是从对法律现代化理论的反思开始的。从对法律现代化理论的反思开始，到注重用市民社会理论弥补法律现代化理论的缺陷，再到用本土资源理论解释中国的法治发展现状。对中国法治文化的合理性思考就是在对这三种理论的反思中进行的。

具体而言，法律现代化理论是在中国现代化不可逆转的社会场域中，研究中国社会现代化发展的过程中法治文化由传统型向现代型转变的一般规律性。其研究的核心问题是如何实现中国法治及其文化的现代化。公丕祥认为："在传统—现代单线进化的逻辑框架中，法律的形式合理性对于推动法制现代化、建设现代法治国家具有先导性意义。"①这说明，法律现代化理论重视法治及其文化的形式合理性，却在一定程度上忽视了法治及其文化的实质合理性。直到20世纪80年代以来，人们才开始对法律现代化理论进行反思，随之市民社会理论开始兴起。

市民社会理论是"国家与社会"研究框架下的一种重要理论，其把社会的建构作为国家现代化的一个重要内容，并作为对法律现代化理论的一种批判手段。李瑜青认为："提出市民社会的理念，不仅在于确立人的独立品格和维系这种独立品格的契约精神对建构现代法治的重要意义，同时也在于检讨我国在国家与社会关系上以及在社会自主性发展上所存在的问题。"②其努力的核心是法治及其文化的发展不能缺失市民社会的维度。法治文化的合理性就体现在国家倡导的法治文化与社会文化之间的良性互动。

① 公丕祥：《法制现代化与建设现代法治国家》，《江海学刊》1998年第1期。
② 李瑜青：《市民社会理念与社会自主性发展》，《北京行政学院学报》2002年第1期。

本土资源理论由苏力提出，其主张在“中国探求法治过程中必须回到原有的社会之中，注重本土的社会资源、注重中国的法律文化的传统和实际”[①]，并通过本土资源探求法治及其文化的内在增长点。其旨在充分发挥本国传统、社会生活中各种非正式规范秩序和地方性知识的作用，进而得出法治文化的合理性就体现在对法治本土资源的表达这一结论。一个典型的理论分析就是陈柏峰在对乡村司法进行研究后，得出乡村司法的“双二元结构”理论。

陈柏峰认为，乡村司法呈现出两种形态：一方面，日益法治化；另一方面，过去那种治理化形态依然不时出现在司法过程中。同时，在基层法官的司法之外，还存在另外一套系统——乡村干部的“司法”。这样，乡村司法就具有两个层面的二元结构，微观层面的二元结构存在于基层法官的司法中，宏观层面的二元结构由乡村干部的司法与基层法官共同构成。这两个层面叠合起来，就构成了乡村司法的“双二元结构”。在这个双二元结构中，乡村司法呈现出三副形态：一是基层法官司法的法治形态；二是基层法官司法的治理化形态；三是乡村干部司法的治理化形态[②]。这个理论充分说明了，只有坚持理论自觉与中国特色，重视挖掘本土资源，才能彰显出中国法治及其文化的合理性。

第三节　法律评价中的两种法治文化

探讨法院行使审判权和检察院行使检察权的文化环境，就涉及对法院文化与检察文化的研究。探讨法院文化建设、检察文化建设与当前司法改革的关联性，有助于推进司法机关行使法律评价职权的社会文化环境建设，对研究中国的司法改革具有重要的现实意义。

一、法院文化与检察文化

当前，全国各级司法机关的物质条件普遍都有较大改善，但一些司法机关工作人员的职业化水平等方面有待提升，这就涉及司法机关的文化建设层

① 苏力：《法治及其本土资源》，中国政法大学出版社 1996 年版，第 6 页。
② 陈柏峰：《乡村司法》，陕西人民出版社 2012 年版，第 274 页。

面。而我国对司法机关文化建设的认识有一个过程。1997年，党的十五大报告提出“有中国特色社会主义文化建设”。近二十年的中国特色社会主义建设事业的实践证明，中国特色社会主义文化建设是在全社会形成共同理想和精神支柱的根本保障。尤其是2011年党的十七届六中全会作出了关于深化文化体制改革，推动社会主义文化大发展大繁荣若干重大问题的决定后，社会主义文化建设就成为中国特色社会主义建设的一个非常重要的组成部分。法院文化建设和检察文化建设作为社会主义文化建设的一个子系统，迅速引起了各级法院和检察院的高度重视。

之所以用“法院文化”和“检察文化”这两个概念，是根据最高法于2012年专门出台的《关于进一步加强人民法院文化建设的意见》中提出的“法院文化”概念，以及最高检于2010年专门出台的《最高人民检察院关于加强检察文化建设的意见》中提出的“检察文化”概念。最高法和最高检通过在全国开展先进法院文化建设单位①和先进基层检察院②的评比活动，旨在提升法院和检察院的文化建设水平。这为全国各级法院和检察院开展文化建设营造了一个良好的社会环境，并取得了积极的社会效果。可以说，我国的法院文化建设和检察文化建设大都是从创建先进法院文化单位和先进检察院文化单位开始的。

1.“法院文化”(Court Culture)一词首先渊源于西方国家。西方的法院文化并不像“法治文化”那样已经成为专有概念。法院文化的概念更多具有随意性。“法院文化是法官和法院管理者就其工作所拥有的看法与信念。在不同的司法机构这种文化是变化的。”③除Court Culture之外，英美法系国家的司法往往是指法院的审判，因此“司法文化”(Judicial Culture)、“审判文化”(Trial Culture)、与法院文化表达的意思基本相同。在大陆法系国

① 2006年8月31日，最高法授予了24个中级人民法院和28个基层人民法院“全国法院文化建设先进单位”荣誉称号，2010年1月29日，最高法命名了40个法院为首批“全国法院文化建设示范单位”，2011年10月19日又命名了50个法院为“全国法院文化建设示范单位”。参见中华人民共和国最高人民法院官网公布资料。

② 2007年2月6日，最高检表彰了200个“全国先进基层检察院”。2009年1月22日，最高检表彰了200个第三届“全国先进基层检察院”。2011年2月27日，最高检表彰了202个第四届“全国先进基层检察院”。2013年3月28日，最高检表彰了200个第五届“全国先进基层检察院”。参见中华人民共和国最高人民检察院官网公布资料。

③ Brian Ostrom, Roger Hanson, Charles Ostrom, and Matthew Kleiman, Court Cultures and Their Consequences, Court Manager, Volume 20, Number 1, Spring 2005, pp.14—25.

家，法院文化更多的是指“法官文化”（Judge’s Culture）。意大利和法国等国家的法官在行使法律裁判权时通常是“一句话判决意见”①。在这里，法院文化主要是指法官在审判时基于一定的信念对案件进行评价的标准和期待。这种信念就透露着一定的价值体系及相应的行为方式。

而在我国，法院文化是一个专有词汇。沈志先认为，在中国，“法院文化”是改革开放以后在法院内部出现的，并且首先脱胎于“法院文化建设”一词。②从正式公布的官方文件也能看出来。2012 年最高法专门出台《关于进一步加强人民法院文化建设的意见》，提出法院文化的概念是：“人民法院在长期审判实践和管理活动中逐步形成的共同的价值观念、行为方式、制度规范以及相关物质表现的总称。”③这一方面表明我国法院文化的兴起来自司法实践的需求，另一方面又说明法院文化应当包括三个维度的内涵，即法院文化是法院价值观念的表达、是法院制度文化的体现和法院管理文化的延伸。

第一，法院文化是法院价值观念的表达。列宁认为：“人的实践经过亿万次的重复，就会在人的意识中以逻辑的格固定下来。”④在主体的评价活动中，实践基础上的价值判断在主体的意识中不断重复，就会以“逻辑的格”的形式积淀为价值观念。价值观念是主体关于主客体之间价值关系的基本观念。由于“亿万次的重复”，主体的价值观念就“有着先入之见的巩固性和公理的性质”⑤。法官在行使审判权的过程中，其价值观念也是如此。在具体的法律评价活动中，公平、正义、自由、平等、人权、安全、秩序、效率等价值取向在法官的意识中不断重复，就会以“逻辑的格”的形式积淀为价值观念，然后法官以法治价值判断的形式体现在具体的法律评价结论当中。由于“亿万次的重复”，法官的这些价值观念就“有着先入之见的巩固性和公理的性质”。从法院的角度出发，法官的行为就代表着法院的行为，法官的这些价值观念就是法院价值观念的表达。于是，法院文化就以法律评价活动中法官的价值观念的载体形式呈现出来。

---

① P.G.Monateri，The “weak” law：contaminations and legal cultures，Global Jurist Advances，2001，Vol.1，No.3.

② 沈志先主编：《法院文化》，法律出版社 2012 年版，前言。

③ 《最高人民法院关于进一步加强人民法院文化建设的意见》（法发〔2010〕31 号），2010 年 8 月 5 日。

④⑤ 列宁：《列宁全集》第 55 卷，人民出版社 1990 年版，第 186 页。

第二，法院文化是法院制度文化的体现。马林诺夫斯基认为，文化作为有机整体包括物质、精神和制度三个方面。[①]器物文化属于物质文化，风俗习惯和伦理道德等属于精神文化，而法律则属于制度文化。人类的行为会同时受到物质、精神和制度的支配。相应地就产生了这三种文化类型。其中制度文化是物质文化和精神文化相互转换的中介。在法院文化中，法检公等机构及其物质设施条件属于物质文化。法院的价值观念属于精神文化。而法律法规和法院的规章制度等则是法院制度文化的体现。通过法律法规和规章制度，法官就把既有的价值观念作用于法院的审判活动当中，达成法的社会实现的目的。法官在法律评价活动中必须“以法律为依据”，同时还要遵守法院的规章制度。这是法院制度文化在法律评价活动中的具体体现。这同时表明，法院制度文化是社会文化子系统中的一种特殊类型。法院文化就是这种特殊类型的集中表达。从这一视角而言，法院文化就是指法院的制度文化，法院文化是法院制度文化的体现。

第三，法院文化是法院管理文化的延伸。早在 19 世纪 40 年代，马克思就通过对黑格尔的国家优于社会观点的法哲学批判，阐明了历史唯物主义的社会管理观。他说：“市民社会是全部历史的真正发源地和舞台。”[②]国家产生于社会的需要。同时，产生于社会需要的国家，必须为社会服务。“社会创立一个机关来保护自己的共同利益，免遭内部和外部的侵犯。这种机关就是国家政权。”[③]国家进行社会管理是为了社会。社会管理“归还给社会有机体”是马克思关于社会管理的基本思想。根据这一思想，作为社会管理文化的一个子系统，法院管理文化离不开社会民众的参与。当现有的司法运作无法满足人民群众日益增长的社会需求时，人们就会关注法院的管理制度、改革措施等一系列问题。人们通过赋予法院以新角色而参与到法院管理文化的建设过程当中。这是法院管理文化得以形成的重要力量。

法院管理文化之所以重要，与我国当前的司法体制和机制不健全，导致司法不公和司法腐败现象有密切关联。社会民众在谈及法院工作时，几乎都不约而同地认为要对法院工作人员队伍下大力气整治和管理。可见，社

① 费孝通：《从马林诺夫斯基老师学习文化论的体会》，《北京大学学报》（哲学社会科学版）1995 年第 6 期。
② 马克思、恩格斯：《马克思恩格斯文集》第 1 卷，人民出版社 2009 年版，第 540 页。
③ 马克思、恩格斯：《马克思恩格斯文集》第 4 卷，人民出版社 2009 年版，第 308 页。

会民众是从外部推动法院进行管理方面改革的一股重要力量。而我国当前的法院管理文化集中存在两个问题：党委、政法委和行政机关等对法院的长期干涉形成的法院管理文化，以及法院内部管理的行政化形成的法院管理文化，这是导致法院和法官审判不独立的根源。只有深入推进司法改革，健全和完善我国当前的司法体制和机制，规范国家各权力机关权力运行规则，建立法官职业化制度，才能从根本上解决法院管理文化中存在的问题。而法院文化就是在法院管理文化的基础上，以反映民意的价值观念、行为方式、制度规范及物质表现等形式展现出来。因此，法院文化是法院管理文化在法律评价活动中的具体表现。

刘作翔认为，法治文化包括法律心理、法律意识、法律思想体系、法律规范、法律制度、法律组织机构和法律设施。[①]这表明法治文化是与法律和法律治理有关的涉及精神层面、物质层面、制度层面和管理层面等的文化总体。按照这一认识，西方的检察文化起源于英国和法国。他们各自的检察制度分别是两大法系的代表。法国于1670年以成文法形式将控诉权从司法权中分离，由检察官行使；英国于1879年通过《犯罪检举法》，设立专门检察机构——公诉处[②]。这体现了西方分权制衡的三权分立思想。我国有2 000余年的御史制度，是检察文化的历史渊源，但是其依附于封建皇权不具有独立性。我国近代的检察文化始于晚清时期。1931年中央在瑞金建立检察署成为新中国检察文化的萌芽。新中国成立以后，1954年宪法和人民检察院组织法明确规定检察院是国家的法律监督机关，从而在法律和制度上确立了新中国的检察文化。这说明新中国的检察文化主要是一种法律监督文化。2010年最高检专门出台《最高人民检察院关于加强检察文化建设的意见》，提出检察文化的概念是："检察机关在长期法律检察实践和管理活动中逐步形成的与中国特色社会主义检察制度相关的思想观念、职业精神、道德规范、行为方式以及相关载体和物质表现的总和，是社会主义先进文化的重要组成部分，是检察事业不断发展的重要力量源泉。"[③]这一方面表明我国检察文化的兴起来自司法实践的需求，另一方面又说明了检察文化应当

① 刘作翔：《法律文化理论》，商务印书馆2001年版，第21页。

② 曾加、张炜：《论中国检察文化的特色——中西检察文化的比较》，《西北大学学报》（哲学社会科学版）2009年第4期。

③ 《最高人民检察院关于加强检察文化建设的意见》，正义网，访问日期：2010年12月13日。

包括三个维度的内涵，即检察文化是检察价值观念的表达、是检察制度文化的体现和检察管理文化的延伸。

第一，检察文化是检察价值观念的表达。检察价值观念是指检察院检察官在检察监督活动中体现出来的思维方式、价值判断和观念体系。它是检察文化的核心部分。由于价值观是文化的内核，决定着文化的性质和方向，因而有什么样的检察价值观念，就有什么样的检察文化。所以，先进的检察文化是通过思想引领、价值导向、观念启迪和行为引导等多种途径，使得检察价值观念最终落实到“强化法律监督，维护公平正义”的检察工作主题和“立检为公，执法为民”的检察职业宗旨上面。

第二，检察文化是检察制度文化的体现。检察制度文化具有行为规范功能。制度是在历史积淀和现实生活中形成的被大家共同遵守的行为准则。这些行为准则就对当事人具有约束力。检察制度是对检察人员具有约束力的行为准则。这种约束力是检察制度的文化力的具体体现。这一特性表明检察制度文化具有行为规范功能。在日常的检察监督工作中，检察官通过遵守相关的法律法规、规章制度和职业道德，体现检察文化的约束力。这是检察制度文化的行为规范功能的具体体现。在检察院行使检察权的法律评价活动中，检察文化对检察官的约束力是检察制度文化的文化力的具体体现。

第三，检察文化是检察管理文化的延伸。作为社会管理文化的一个子系统，检察管理文化既离不开社会民众的参与，又离不开自上而下的检察管理体制改革。就前者来说，当现有的检察活动无法满足人民群众日益增长的社会需求时，人们就会关注检察院的管理制度和改革措施等一系列问题。人们通过赋予检察院以新角色而参与到检察管理文化的建设过程当中。这是检察管理文化得以形成的重要外部力量；就后者而言，检察院既要努力摆脱党委、政法委和行政机关对其行使职权的非法干涉，又要改革自身内部的行政管理体制，加强检察官职业化制度建设。针对这些问题，党的十八届四中全会专门提出，既要“提高党员干部法治思维和依法办事能力”，又要“推进法治专门队伍正规化、专业化、职业化”[①]。这表明，通过顶层设计

① 《中共中央关于全面推进依法治国若干重大问题的决定》，《人民日报》2014 年 10 月 29 日第 1 版。

和推动，检察院今后的一项重要工作是通过管理体制改革创建新型的检察文化。由以上分析可知，检察文化要在检察管理文化的基础上，以反映民意的价值观念、行为方式、制度规范及物质表现等形式展现出来。因此，检察文化也通过检察管理文化在检察活动中得以具体体现。

二、法院文化建设与司法改革

法院文化建设对中国的司法改革具有特殊的重要意义。以法院文化建设推动司法改革与法治发展，是转型社会对法院文化建设提出的新课题。当前各级法院都在加强法院文化建设，这就为司法改革创造了良好的社会和文化环境。

其一，法院通过法院文化建设，对内可以实现自我发展，对外可以更好地发挥法院审判职能，解决社会中的矛盾和纠纷。陈新汉认为，人类首先通过文化作用于外部世界，其次人类通过文化映现自身，达到自我意识，因而“人类通过文化作用于自然和映现自我”①。法院文化属于人类文化的一种具体形态，必然具有文化的两重性作用。这表现在，法院首先通过法院文化建设在法院内部不断树立适应时代发展要求的法院价值观念，不断完善法院制度文化和法院管理文化的建设；于是在法院外部，更容易树立起社会民众对法院依法行使审判权的信任，因而法院行使审判权的评价活动就容易获得社会民众的认可。

这里需要指出的是，法院文化的两重性作用与文化的两重性作用不完全一样。法院文化是通过法院内部的价值观念、制度文化、管理文化和器物文化等建设实现自我发展，并通过这些文化的综合影响来发挥自身的文化力作用，对外实现法院审判职能。而人类文化主要是通过精神文化关照主体以“达到自我意识”。对此，陈新汉认为：“与器物性文化总是以‘直接现实性’的具体形式来映现和达到自我意识不同，精神性文化则以普遍性的理性形式来映现……而普遍性形式的映现则意味着‘将自己的类、自己的本质性当作对象’，从而也就有了‘最严格意识上的’自我意识。”②可见，他这里的人类文化主要是指精神性文化。

---

①② 陈新汉：《哲学视域中的文化、文化功能及文化自觉》，《哲学动态》2012年第8期。

法院开展法院文化建设本身就是法院进行司法改革的一项重要内容。司法改革不仅意味着要改变法院的行政管理体制、人事税务体制、法院审判方式和有关法律的制定、修改、废除，而且更要包括法院文化建设本身。因为如果没有从制度到文化的深层建设，法院的相关制度改革和完善就无法为自己找到价值基石。而且只有从法院文化建设本身来看法院进行的司法改革，法院司法改革对整个司法改革的作用才能更加凸显。这是因为，法治社会越发展，法院文化越发达，法院借助法院文化建设对整个社会的调控作用就越来越大，这可以从第二点和第三点论述得以说明，所以陈新汉才说："社会越发展，文化越发达，人与自然的关系就越间接。然而，间接并不意味着人对自然的作用越来越小，相反，人借助文化对自然发生着越来越大的作用。"①

其二，在创建"学习型法院"的过程中，各级法院都非常注重法院文化建设，这有利于提升法官的职业化水平。最高法通过先进法院文化建设单位的评比活动，掀起了全国各级法院创建"学习型法院"的热潮。在创建"学习型法院"的过程中，法官队伍普遍注意塑造良好的法律职业修养和法律职业形象。这是因为，"先进的法院文化对法官和法院其他工作人员的职业道德、行为准则具有约束和规范作用，能使其牢固树立起社会主义法治理念，逐渐形成正确的价值观、人生观、权力观"。②在法院文化建设中，法院工作人员的职业化训练包括学习专业法律知识、典型案例分析、道德修养课程、制度章程和思想政治教育等方面的内容。通过学习法官的整体队伍水平有了明显的改善。其在司法实践中更能清正廉洁的行使法律评价职权，依法做出法律评价结论。这种变化直接反映在历年人代会上"一府两院"工作报告的表决结果③上。2006 年以来，最高法工作报告的反对票一直高于最高检和国务院，但是其反对票的绝对数总体上在逐年递减。2014 年最高法工作报告的反对票首次低于最高检，这在某种程度上来说是民意的一种反映。最高法的赞成票有了明显地回升，说明人民群众对当前各级法院的

① 陈新汉：《哲学视域中的文化、文化功能及文化自觉》，《哲学动态》2012 年第 8 期。

② 何勤华：《深化法院文化建设推进中国特色社会主义法治建设事业》，《法学》2012 年第 11 期。

③ 从 2006 年到 2014 年，在人代会上最高法工作报告的反对票依次为：479、359、521、519、479、475、429、605、378；而最高检工作报告的反对票依次为：363、342、514、505、411、434、393、485、390。参见王小野：《全国人大闭幕会上的反对票》，《新文化报》2014 年 3 月 14 日。

体制改革和文化建设有了一定程度的认同。

同时，许多法官乃至学术界都开始重视对法院文化进行研究。他们已经认识到，法院文化作为文化的子系统，具有文化所固有的特质，即社会性、开放性和包容性等。通过对法院文化的文化功能进行系统分析，尤其是通过分析法院文化建设对当前司法改革的意义，可以在对法院文化建设进行思考的过程中，为有效推进当前的文化大繁荣提供有意义的启示。这表现为对法院文化建设的一系列问题进行研究，如将与法院文化相关的法官文化、诉讼文化、审判文化与司法文化等进行比较研究。在此过程中不仅提出法院文化的理念问题、目的问题等理论性问题，更重要的是提出了法院文化的文化功能、法院文化与司法创新、法院文化与社会管理等实践性问题。

其三，法院文化建设对于司法改革的意义还在于，通过完善法院行使审判权的活动，增强全社会对法治的认同感。作为一种文化软实力，法院文化通过文化力的形式作用于司法实践。在司法实践中，法院文化是通过被普遍认可的法治价值在人们的观念中建立起彼此相互认同的规则原理。人们形成共同的价值共识的过程就是法院文化发挥文化力的作用过程。它从来就不是消极被动或可有可无的存在品，而是会通过制度规范和物质载体等途径，对法官的价值观念和行为方式，以及双方当事人的感性认识和情感进行着一种无形的设计。在法院文化的设计中，诉讼参与人就容易建立起对法律的理解和信仰。在法律评价活动中，法院文化通过为诉讼参与人提供一种文化力的场境，使其在庄严肃静中遵纪守法，从而提升人们的法律意识和法律素养。

同时，法院文化还具有社会属性，通过社会民众的参与，能够增强人们对法院行使审判权的认同。人们能够积极参与司法活动是司法改革的一项重要内容。这主要表现在两个方面：一是推进司法公开。目前由于陈旧落后的权力观念影响，在法律评价活动中仍然存在选择性公开、许可性公开等问题。这就阻碍了司法民主的进一步发展，因此改革司法公开成为促进司法民主的重要内容。2013 年发布的《中共中央关于全面深化改革若干重大问题的决定》要求："推进审判公开，录制并保留全程庭审资料。增强法律文书说理性，推动公开法院生效裁判文书。"这表明司法公开只有彻底触及法律评价决策的全过程，才能有效维护人们的知情权和参与权，真正让人们了解司法活动，提升司法权威和法治信仰。二是改革人民陪审员制度。人民陪审员是社会民众参与司法活动的重要方式，也是对审判活动进行监督的重要制度。在法律评价活动中有人民陪审员的参与，有利于增强法律评价结论的可接受性。因此，在今后的司法改革中，还“要扩大人民陪审员的数量和来源，建立随机抽选的机制，保障人民陪审员参审权利，提高陪审案件比例，切实发挥人民陪审员制度的作用”。①

三、检察文化建设与司法改革

检察文化建设对中国的司法改革具有重要的现实意义。以检察文化建设推动司法改革与法治发展，是转型社会对检察文化建设提出的新课题。当前各级检察院都在加强检察文化建设，这就为司法改革创造了良好的社会和文化环境。

其一，检察院开展检察文化建设，有利于树立宪法和法律的尊严和权威。宪法赋予检察院作为国家专门的法律监督机关的职权，并通过中华人民共和国人民检察院组织法、中华人民共和国刑法和中华人民共和国刑事诉讼法等多部基本法得以确立。检察院开展检察文化建设，首先是从检察院完善自身依法行使检察权的角度来捍卫宪法和法律的权威和尊严。当前中国社会存在的司法腐败对检察院行使检察权提出了更高要求。检察院只有既从完善制度和行使职权方面，又从文化建设方面加强自身建设，才能更好地遏制司法腐败现象。我国检察院进行司法改革是从创建“全国先进基层检察院”开始的，这是检察院进行司法改革的特色之处。这说明我国检察院是先开展检察文化建设，然后再进一步改革和完善检察院的各项制度。

其次，检察院开展检察文化建设，为检察院开展司法改革，以及检察院的制度建设和完善提供了价值基石。如果没有从制度到文化的深层建设，检察院的相关制度改革就没有文化根基，从而不能很好地发挥其应有的检察监督功能。而且只有从检察文化建设本身来看检察院进行的司法改革，检察院司法改革对整个司法改革的作用才更加凸显。这是因为法治社会越发展，检察文化越发达，检察院借助检察文化建设对整个社会的调控作用就越

① 最高人民法院高级法官：《司法改革面临的具体问题》，《财经》2013 年第 35 期。

大，这可以从第二点、第三点和第四点论述得以说明。

其二，检察院通过检察文化建设，对内可以实现自我发展，对外可以更好地发挥检察院检察监督的职能。这表现在，检察院首先通过检察文化建设在检察院内部不断树立适应时代发展要求的检察价值观念，不断完善检察制度文化和检察管理文化的建设；于是在检察院外部，更容易树立起社会民众对检察院依法行使检察权的信任，因而检察院行使检察权的评价结果就更容易获得社会民众的认可。并且，检察院开展检察文化建设本身就是检察院进行司法改革的一项重要内容。司法改革不仅意味着要改变检察院的行政管理体制、人事税务体制、检察院检察监督方式和有关法律的制定、修改、废除，而且更包括检察院文化建设本身。

其三，在创建“全国先进基层检察院”的过程中，各级检察院都非常注重检察文化建设，这有利于提升检察官的职业化水平。最高检通过先进基层检察院的评比活动，掀起了全国各级检察院创建“学习型检察院”的热潮。在创建“学习型检察院”的过程中，检察官队伍普遍注意塑造良好的法律职业修养和法律职业形象。这是因为，“通过系统的创建活动，才能逐步引导干警加强对所倡导的检察文化的深刻理解和认同，将制定的各项规章制度体现到检察办案和检察管理之中，融入到全体检察干警的行动中”。① 同时，许多检察官乃至学术界都开始重视对检察文化的研究。这表现为对检察文化涉及的一系列问题进行研究，如检察文化与社会主义法律文化、检察文化与法院文化的关系等理论性问题，又涉及检察文化与检察官的职业化水平、检察文化与检察工作的开展等实践性问题。而对检察文化的研究，有利于在检察院内部营造权威正义、公正合理的法治环境，在检察文化的创建中促进社会主义文化大繁荣。

其四，检察文化建设对于司法改革的意义还在于，通过完善检察院行使检察权的活动，增强全社会对法治的认同感。作为一种文化软实力，检察文化通过文化力的形式作用于司法实践。在司法实践中，检察文化是通过体现人文精神的法治价值在人们的观念中建立起彼此相互认同的规则原理。人们彼此认可相同规则的过程就是检察文化发挥文化力的作用过程。它从

① 刘荣九、刘正：《检察文化的塑造及其途径》，《政治与法律》2007 年第 1 期。

来就不是以消极被动或可有可无的方式存在，而是会通过物质载体和制度规范等途径，对检察官的价值观念和行为方式，以及双方当事人的感性认识和情感进行着一种无形的设计。在检察文化的设计中，主要遵循“立检为公，执法为民”的职业理念，旨在使犯罪嫌疑人建立起对法律的理解和信任。同时，人们能够积极参与检察文化建设是司法改革的一项重要内容。这是因为，通过社会民众的参与，能够增强人们对检察院行使检察权活动的认同，提升执法公信力。如全国先进基层检察院湖北省洪湖市人民检察院在实际工作中，“加强法制宣传，畅通群众诉求渠道，积极运用法律监督手段维护人民群众的合法利益；主动联系乡镇党委政府、派出所、法庭、司法所、信访办、调解中心及村组，开展联动协作，促进乡镇的法治建设和平安建设；深入开展慰问帮扶、走访接待工作，公正规范地化解矛盾纠纷，依法维护社会稳定，努力塑造公正高效权威的检察形象，增强人民群众的满意度和信任度”。①

① 《学习贯彻“两会”精神　筑牢检察执法精神》，洪湖市人民检察院官网，访问日期：2013 年 5 月 22 日。

第五章
法律评价的时代意蕴

法治时代意味着人们拥有依法办事的思维方式和生活习惯，在法律评价中坚持法律至上的原则，在生活实践中自觉维护法治的尊严和树立法律的权威。然而在社会转型期，很多人甚至一些司法机关及其工作人员都对法律评价定位不准确，需要对其成因进行分析。法治时代法律评价的主题是实现法律评价的现代化。人权保障是法律评价的时代要求。在法治时代，人的尊严、人是目的和人的权利越来越受到重视。人的尊严是我国宪法和法律要实现的最重要价值。只有体现人是目的的法律评价，才能既彰显出人自身的绝对价值，又实现社会公共的善。法律评价通过实现人的权利就能有效维护人的尊严和人是目的。法治精神、人文精神和批判精神是法律评价中的三重时代精神。作为法治时代的回应，法律评价要回归到法治精神中建设法治国家，回归到人文精神中建设和谐社会，回归到批判精神中实现反思超越。

第一节 法治时代的法律评价

法律评价的权威性与正在消解的法律权威这一社会现实不相符合，因此有必要对法治时代的法律评价进行理论研究。很多民众乃至司法机关工作人员都没有搞清楚法律评价在社会转型期应有的位置，从而影响中国现代化的法治进程。法治时代法律评价的主题是实现法律评价的现代化。

一、社会转型期与法治时代的到来

马克思把人类社会的发展分为三大形态，分别为“人的依赖关系是最初的社会形式"，"以物的依赖性为基础的人的独立性，是第二大形式"，"建立在个人全面发展和他们共同的、社会的生产能力成为从属于他们的社会财富这一基础上的自由个性，是第三个阶段"。[①]在我国历史上曾经有一段时期一直认为，东方民族在革命中跨越了马克思所说的"卡夫丁峡谷"，我国的社会形态已经超越了第一和第二阶段，正在向第三阶段迈进。改革开放以后，人们才逐渐意识到，以前对我国社会形态的定位是错误的。我国正处在"社会主义初级阶段"，社会主义初级阶段的基本特点，"是从不发达向发达的过渡"[②]。按照马克思的社会发展三形态说，"从不发达向发达的过渡"就是我国目前正处在由自然经济社会形态到商品经济社会形态的转型中，从而使当前我国社会具有两种社会形态的特征。

在社会转型期，人对人依赖关系的自然经济社会形态容易形成权力拜物教，人对物依赖关系的商品经济社会形态容易形成资本拜物教。在当前我国的社会中既有权力拜物教，又有资本拜物教，两者交织在一起，并且互为因果，从而使我国处于腐败高发期。司法腐败是法律评价活动中的典型腐败现象。在本书第二章我们已经讲到过司法腐败的表现形式。

司法腐败现象表明，在很大程度上很多人对处在社会转型期的法律评价活动定位不准确，老百姓甚至司法机关及工作人员自身都没有认识清楚法律评价活动在法治时代应有的位置。这既与社会转型期和法律评价活动之间的矛盾冲突有关，又与人们对中西方法治文化比较中的同时代和异时代的认识不清有关。

从前者来看，在社会转型期之所以对法律评价活动定位不准确，与人们对法律评价活动发挥作用的认识有关。一方面社会的稳定和发展需要法律和法治，但是另一方面改革又必须突破和改变法律的规定，过于严格的法制会使改革无法开展。这种情况反映到法律评价活动中，一方面稳定的社会关系要求法律评价活动能够体现法律的权威，另一方面社会改革与发展所实施的与时俱进的措施又会要求法律评价活动能够突破既有的法律规定，大胆地尝试。这样人们就会在究竟把法律评价活动放到什么样的位置上左右摇摆：既要在法律评价活动中体现法律的权威地位，又要突破法律大胆尝试。

---

① 马克思、恩格斯：《马克思恩格斯文集》第8卷，人民出版社2009年版，第52页。
② 邓小平：《邓小平文选》第3卷，人民出版社1993年版，第252页。

然而，我们知道，法治具有天生的保守性格，它要求在法律评价活动中体现并维护现有的甚至是传统的秩序和价值，而社会的转型是在改革中完成的，改革就要突破法律的限制。反映到现实生活中，以经济改革来促进社会转型，法律的位置就会排在经济的后面。当改革的过程中出现社会问题的时候，法律只是被拿出来发挥它的工具作用，最后会导致想用的时候就立法，想抛弃的时候就能动，需要维护统治的时候就使用法律评价活动，法律被玩于掌股之中。这样，法律的权威就被消解了。一般而言，任何权威都是具有排他性的。当我们肯定了法律权威的时候，就意味着其他社会规范的位置是在法律之下的。尤其是在司法活动中，司法机关的法律评价活动就代表着法律的权威。当法律评价活动的权威性与正在消解的法律权威这一社会现实不相符合，表现在司法腐败、政治等力量干预法律、法官的附属地位以及司法不公等，只能说明社会转型期的法律评价活动没有被摆放在符合法治时代要求的应有位置上。

从后者来看，在社会转型期人们之所以对法治时代的法律评价活动定位不准确，与人们对中西方法治文化比较中的同时代和异时代的认识不清有关。"在编年史时间观中，当前中国与西方发达国家处在同时代，与二三百年前的西方社会处在异时代；在文化形态时间观中，当前中国的文化模式与二三百年前西方社会转型时期的文化模式处在同时代，与当前西方发达国家处在异时代。"[①]也就是说，当前我国的文化模式（包括法治文化模式）与二三百年前西方社会转型时期的文化模式（包括法治文化模式）处于相同的发展阶段（不管在编年史时间上相距多远）。只有对两者进行比较才具有同时代性，才会具有某些共同的特征，从而相互比较才具有意义。如果只对处于世界历史的同一平面的各种文化模式（尽管这些文化模式包括法治文化模式往往处于文化形态的异时代）进行比较，只能揭示出世界历史经历着从"东方"到"西方"的（法治，笔者注）文化形态的发展历程。

从中西方法治文化的比较可以看出，法治时代是我国当前社会转型期不能逾越的历史阶段。王国龙认为，中国法治时代是在一个相对成形的法律体系下，人们对法律权威和司法权威的信任[②]。李瑜青认为，法治时代就是

① 陈新汉：《文化比较与世界历史视野中的时间》，《学术月刊》2002年第12期。
② 王国龙：《法治时代的解释主义之争》，《法学论坛》2012年第3期。

实现法从作为国家或政府对社会的统治手段和统治工具，转变为约束政府权力，有效地治理社会并服务于社会民众的最高权威力量[①]。陈金钊认为，人们运用法律，把法律变成思维方式的重要组成部分，整个法律系统才能在国家和社会治理中具有话语权，这是法治时代的重要指标[②]。由以上学者对法治时代的要素论述进行分析可知，我国当下法学界对法治时代具有最低共识的认识。

以法律评价活动中的逻辑思维在中西方文化形态中的演变为例，可以说明我国社会转型期的法治文化建设正呼唤着法治时代的到来。作为规范性很强的规则和制度，以逻辑思维为基础的方法论在法律评价这一司法实践活动中占据着重要位置。法律评价活动中的各种逻辑推演都必须依据明确的法律规定，否则法律意义的固定性就会出现问题。近些年来，科学方法被引入法学领域，随之而来的是后现代法学以及现实主义法学的侵入，导致法律的规范作用有不断被弱化的趋势。在西方，尤其美国的实用主义法学反对逻辑是有问题意识的。他们认为在法律评价活动中，把形式逻辑的法律思维绝对化，就会出现把逻辑当成法律的思维倾向。所以，霍姆斯才强调“法律的生命不是逻辑而是经验”[③]，这恰恰是对逻辑绝对化的反思。西方已经经历过漫长的法治社会建设这一历史阶段。然而我国的社会主义法治国家建设缺少了一个不能逾越的历史阶段，即重视法律逻辑与方法的严格法治时代。在中国传统文化中本来就没有逻辑的地位，现在依照法律逻辑思维评价案件的作用更随着后现代法学和现实主义法学的入侵进一步得到弱化。国内一些学者之所以很容易接受国外的这些“舶来品”，拿来就用是因为，他们一直没有认识清楚当前中国的法治文化发展阶段与正处于世界历史同一平面的西方发达国家的法治文化发展阶段处于文化形态的异时代，而与二三百年前西方社会转型时期的法治文化发展形态处于同时代。我国的法治建设需要经过一个建立在强化逻辑基础上的法律方法论的时代。这个时代就是学界一直为之鼓与呼的法治时代。二三百年前的西方社会经过资产阶级工业革命，强调逻辑的力量并用法律的形式捍卫了这一革命果实，最终

① 李瑜青：《思想的流动与法治的构造》，《上海大学学报》（社会科学版）2009 年第 2 期。
② 陈金钊：《把法律作为修辞——法治时代的思维方式》，《求是学刊》2012 年第 3 期。
③ 霍姆斯：《普通法》，冉浩、姚中秋译，中国政法大学出版社 2006 年版，第 8 页。

确立了法治主义的治国理念。在我国社会转型时期，只有运用法律逻辑这一思维武器，才能根据法律思考来处理社会问题，并捍卫改革开放以来的实践成果，法治才能被一定程度的实现，也才能在我国实现依法治国，建设社会主义法治国家的目标。

二、法治时代法律评价活动的位置

体现法律逻辑思维方式的法治社会自我实现的途径是通过立法机关依法立法，行政机关依法行政，司法机关依法审判和监督，执政党依法执政来规制政治权力，保障人民权利。其中最能体现法治社会本质的是司法机关依法进行的法律评价活动。法律评价活动是司法实践的主要表现形式。“当一个社会的生活受法律控制的时候，可以说该社会已实现了法治理想。所以法治是与社会生活不受控制的无政府状态相对立的。法治亦与专制政府相对立。”[①]法治时代的一个显著标志就是社会是稳定的、发展的，并且是可控的。法律所维护的安全和稳定的秩序会受到极大的关注，人们从已有的法律评价活动中寻找和预测自己的行为。这样人们就不仅仅或主要不是依赖从各种势力(包括政治、舆论等势力)中获得保障，而更多的是指望从制度和法律的稳定性中获得自身的表达，并实现各种合法利益。

而在当前社会中，司法腐败的常态化、行政专横的普遍化、信访的规模化等问题造成或表现出法治信念的丢失，已经严重危及我国法治社会建设的根本。这些问题之所以会呈现出矛盾的尖锐化、现象的普遍化和影响的恶劣化，与老百姓乃至行政和司法机关及工作人员没有形成共同的法治思想文化的共识有关。这可以从人们在法律评价活动中形形色色的观念进行观察。在具体的法律评价活动中，由于诉讼活动的参与人立场不一样或利益不一致，其对法律评价活动的过程及结果所持有的态度和观念就不一样。诉讼当事人双方可能在进行“你死我活”的利益博弈，也可能达成利益一致的妥协；司法机关及工作人员可能遵循或违背权力运行规则行使审判或监督权等。他们都分别通过法律评价活动过程中的行为表达了他们对法治的态度和观念。除此之外，还可能存在外界力量的干涉。比如，政治力量的施

① [英]恩迪科特：《法律中的模糊性》，程朝阳译，北京大学出版社2010年版，第234—235页。

压或媒体“断案”的影响等，这些都能反映出社会各界对法治的态度和观念。在法治时代，法治观念要实现社会化，就应当成为我国社会的主流价值观念。老百姓以及行政和司法人员等社会各界都应当树立法治观念，将法治作为治国理政最基本的实现途径。

在法律评价活动中，法治应当与正义、自由、人权、公平、秩序、和谐等成为要实现的目的，而不仅仅是工具或手段。并且，正义等价值最终还要通过司法实践中的法律评价活动得以保障和实现。所以，实现法治是老百姓维护自身的尊严和生活目的，以及自身的权利和利益的最根本的保障途径。这同样也适用于行政尤其是司法工作人员。因为实现法治是法律人的生存方式。在这里，法律人指持有法治理念，信仰法律，运用法律处理社会关系以实现社会公平正义的法律(职业)从业者，主要包括立法者、法官、检察官、律师、公证员、法学家等。如果法律人不明白这一点而做出了违背法治精神的事情，靠破坏法治吃饭，这实际上是在砸法律人的饭碗，是搬起石头砸自己的脚。具体到法律评价活动中，如果法官或检察官没有法治观念，不如实依法判决或实行监督，那损害的不仅是法官或检察官个人的声誉，最重要的是损害了法律的权威性，直接会导致人们对法律的不信任和对法治信仰的唾弃。这样全社会就没有办法形成像西方社会那样共同的法治思想文化。法治也就无法扎根于人们的内心深处，更无法落实到人们的日常生活行动中。从这个意义上看，要高度重视人们的法治思想观念，尤其是通过法律评价活动体现和培养人们的法治思想观念，才有可能在全社会形成共同的法治思想文化，我国才能真正进入法治时代。

法治时代应是一个崇尚法律理性的时代，法律应是思考社会问题的出发点和归宿，社会生活中所有重要的事情都会打上法律的印记。法律评价活动在法治时代的位置可以简单地表述为：法律是人们思维的根据和行动的规范，是法律评价活动的标准和依据，是限制权力和保障权利的源泉。用一句话来概括就是，“法律至上”是法治时代共同的思想文化观念。在法治时代，法律评价活动是社会建设的一个极为重要的组成部分。因为司法公正被公认为是实现社会正义的最后一道防线。然而，有很多人，其中不少政治家，认为法律仅仅是实现社会管理的工具。他们只意识到了法律在最初管理意义上的存在，只把法律当成实现政治目标的工具，片面追求法律的秩序与和谐价值，只相信法律在定纷止争上的作用，而没有把法治当成治国理政的根本方略，这样法律就成了政治的附庸。这种眼光和认识是肤浅的。奥尔特曼说过：“社会应该依据法治来运作的原则已经为法律和政治思想家所信奉长达两千年之久。它是古代先贤和现代思想家们所赞同的少数几个原则之一。”①在法治时代，法律评价活动就是社会发展和进步的极为重要的保障力量。因为只有在法律评价活动中，才可能协调解决相互冲突或并行的很多价值，才能实现多种利益主体的多元价值追求。这是法治与其他治理方式相比较最突出的特点。

法治时代的法律评价活动是社会建设极为重要的组成部分，具体而言，主要表现为：在经济领域，法治为解决商品经济的公平竞争问题提供了制度设计上的根本保障，成为在法律评价活动中保障商品经济主体各项权益的直接依据。社会主义的商品经济是法治经济。没有法律评价活动中法治精神和实践的保障，商品经济主体的活动不仅是不规范的，更重要的是商品经济主体的利益无处安身。在法治时代，商品经济的公平竞争问题不仅仅是一个经济问题，还是一个社会问题。实现公平竞争不仅仅需要个人的努力奋斗，还需要通过法律进行制度上的设计，从制度上为每一个人创造公平的机会，更需要在法律评价活动中保障实现商品经济行为的公平竞争。这样我们的制度和程序是否为每一个商品经济主体提供了平等的机会，法律评价活动能否解决商品经济的公平竞争问题，成为衡量法治水平的标准之一。

在社会管理领域，法律评价活动应当成为实现社会管理目标的有效途径。社会转向法治，意味着法律评价活动在人们的日常生活中占有极其重要的位置。我们不能简单地把法律评价活动认为只是实行政治统治的工具。法律评价活动是用法律约束政治行为的最主要的途径。从这一视角而言，不是政治保障法治，而是法治保障政治。法治是实现治国理政的方略和目的，而不只是简单的工具。这就需要在社会管理中重视法律评价活动的地位和作用，重视法律逻辑在思维中的运用，重视法律方法在法律实践中的运用。只有这样，我们才能真正进入法治时代。因为法治时代的本质是法律方法论的时代，进入法治时代与进入法律方法论时代是同一个意思的表

① [美]奥尔特曼：《批判法学——一个自由主义的批判》，信春鹰、杨晓峰译，中国政法大学出版社 2010 年版，第 21 页。

达。体现在法律评价活动中的法律逻辑思维和法律方法在社会管理层面的形成和普及是法治时代的一个显著的特征。

在司法实践领域，法律评价活动通过法律逻辑、法律思维和法律方法的运用建构法治时代所需要的法律思维方式。法治时代首先意味着社会生活中的人们拥有依法办事的思维方式和生活习惯，这是衡量一个国家是不是进入法治时代的最为重要的参考指标。这就要求在法律评价活动中，法律评价主体依法行使职权。每一个法律判断都应当是正确运用法律的结果。只有这样才能最大限度地树立法律的权威，把法律的意义和力量实现在人们的思维方式当中。当人们在社会生活中接受了法律的规范和约束，就会把法律变成思维方式的重要组成部分，在今后的具体生活情境中自觉运用法律影响思维的决策以便指导生活。这样既能有效指导人们运用法律语言表达自己的想法，又能有效避免人们无法运用法律语言表达清楚他们的生活诉求，并且只有运用法律逻辑、法律思维和法律方法，法律评价主体才能在对法律判断的合法和对违法行为的断定上体现出法治精神的要求。

在意识形态领域，法律评价活动是形成法治理念以及信念的主要方式。"意识形态作为社会制度正当性基础以及指导社会行动的纲领，是建立在一组普遍观念之上的。"①在法律评价活动中，法治与正义、自由、人权、公平、秩序、和谐等成为这组普遍的观念。如果人们只坚持一种价值观念，特别是仅看到法律维护社会秩序以维持政治统治这一功能，就难免使人对法治的目标产生怀疑。有学者就对此发出诘问："秩序真的是法律最主要的、高于一切的目的吗？一个意图实现秩序（其路径有多种，如严格的管制，市民自由受到限制，甚至对底层群众的奴役）的规则系统在许多观察者与理论家眼里可能会丧失作为法律系统的资格。实际上，按照各种各样的说明，一个法律系统的特征不仅仅包含秩序因素，这些非秩序的东西是与个人的表达自由、创造性以及政治革新一致的。"②正是因为在法律评价活动中，法治理念能够包容并保障正义等普遍观念的表达和实现，法治在社会中的位置才能提升。表现在观念上，人们才会自觉地坚持对法治的信念，法律的功

① 金观涛、刘青峰：《观念史研究》，法律出版社 2010 年版，第 3 页。

② ［英］达克斯波里等：《法律实证主义：从奥斯丁到哈特》，陈锐编译，清华大学出版社 2010 年版，第 326 页。

能才能在法律评价活动中很好地发挥出来。

在文化建设领域，法律评价活动是在维护权利、制衡权力并促进司法公正的过程中，才能积淀为一国通行的法治信仰和文化精神。法治并不是人类理性随意的创造，法律评价活动更不可能随意进行。法治时代的法律评价活动不仅要与社会的经济发展及相关的政治环境相协调，更要与社会自身文化发展的内在要求相符合。在社会转型期，追问法的合理性是我国当前社会文化生活中的一项重要内容。“以人为本、体现人文精神是当代法的合理性的根本所在”①，也是当今时代精神的核心内容。法律评价活动要体现人文精神，这既是法治建设的要求，更是当今社会文化生活的内在要求。人文精神对法律评价活动中的人文价值进行追问，促使法律评价活动对人的尊严、目的和权利的实现进行理性思考，将构成法治基本价值文化的自由等法治理念贯穿于法律评价活动的过程始终。可以说，只有法律评价活动与人文精神内在契合，才能在司法实践活动中将法律评价活动转换成人们对法治的信仰，法治信仰又积累为法治文化，从而在把要解决的人的问题转化为法律问题的过程中，构建法治时代要求的法治文化环境。

三、法治时代法律评价活动的主题

自党的十一届三中全会以来，我国改革开放取得了举世瞩目的成就。这同时也说明我国正处于社会转型期，就其主题而言是实现现代化这一历史进程。现代化作为广泛而深刻的社会变迁，表现在经济层面就是实现由自然经济到商品经济的转型；表现在政治层面就是实现由不民主政治向民主政治的转变；表现在观念层面就是实现由对宗教、政治权力等的热忱转向世俗化、理性化和契约化；表现在生活层面就是实现从农村到城市，从封闭单一的生活到开放丰富的生活的转向。对我国建设社会主义法治国家的探索，必须与社会转型期的现代化主题联系起来，才能把建设社会主义法治国家这一治国方略摆到正确的位置上，更好地迎接法治时代的到来。我国当前的法治建设不是一个孤立的历史过程，它的现实根据就存在于当下社会实现现代化的进程之中。在经济层面，由自然经济到商品经济的转型凸显了人对

① 李瑜青：《人文精神与当代中国法的核心价值理念》，《上海大学学报》（社会科学版）2005 年第 4 期。

利益的追逐，为维护人的主体地位奠定了坚实的物质基础；表现在政治层面，由不民主政治到民主政治的转向表达了由身份到契约的转变这一实质，必然要求法治建设的完备才能保障民主化的实现；表现在观念层面，人的独立意识的增强和对理性的重视要求法律能够切实维护人的现实利益需求；表现在生活层面，正如美国法学家卡多佐所说的那样："生活塑造了行为的模子，而后者在某一天又会变得如同法律那样固定起来。法律维护的就是这些从生活中获得其形式和形状的模子。"①

在社会转型期，法律评价活动在法治时代的位置伴随着我国社会主义法治国家建设的现代化这一历史进程。现在看来，现代化这一历史进程具有普遍性，但是我们在相当长的一段时间对这个问题的认识并不是自觉的。从整个世界历史进程来看，各国都要经历由自然经济到商品经济的过渡。对此，马克思就曾深刻地指出，自资产阶级开辟了"世界市场"的时候起，人类历史便开始从"史前历史"过渡到真正的人的历史，从"民族历史"过渡到"世界历史"②。纵观这一历史发展，生活于同一时代的世界各国，不论其历史和社会背景如何，其自身拥有怎样的社会制度和处于怎样的历史发展阶段，都不能脱离现代化之外。现代化主题的确立对我们研究法治时代的法律评价活动具有重要的方法论意义。然而，人们之所以对处在社会转型期的法律评价活动的定位不准确，这与老百姓以及司法机关工作人员都没有认识清楚法律评价活动在法治时代应有的位置有关。只有当把法律评价活动从作为政府对社会的统治工具和手段转变为对政府权力的约束，和对人民权利的保护，才能有效地治理社会，从而使国家权力服务于体现人民的共同意志即法律的权威，这是社会主义法治国家建设的现代化要求。

可以说，法治时代法律评价活动的主题就是法律评价活动的现代化，即把法律评价活动从政治统治工具转变为约束政府权力的利器，实现从对政治权力的依赖型向约束型转化，从而能使法律评价活动成为人们在经济领域、政治领域、观念领域和社会生活等领域的坚实保护力量。

其一，从商品经济的现代化对法律评价活动的影响来分析，迫切要求法律评价活动能够成为现代化商品经济存在和发展的基础性保障。商品经济

① ［美］卡多佐：《司法过程的性质》，苏力译，商务印书馆2007年版，第38页。
② 马克思、恩格斯：《马克思恩格斯文集》第7卷，人民出版社2009年版，第296页。

是现代化运作的基本经济特征。在商品经济的运行机制中，商品经济的各要素受价值规律的调节，而不是由传统的计划经济手段来主导。商品经济的主体也不同于计划经济的主体。前者显然包括国家或政府，但其主体主要是商品经济中的一切自然人和法人；而后者的主体只有国家或政府。在商品经济中，自然人和法人主体地位的确立使他们摆脱了以前人对人的依赖关系，能够自由、平等、独立、公平地参与竞争，这样无论是政府还是普通老百姓都要服从具有非人格化特征的法律规则，通过法律评价活动解决商品经济竞争过程中的利益冲突和矛盾纠纷等。法律评价活动就成为现代化商品经济存在和发展的基础性保障力量。

其二，从政治管理的现代化对法律评价活动的影响分析，迫切要求法律评价活动由行政的辅助型法律评价活动转向对行政的指导型法律评价活动。法治的理性力量、逻辑力量和契约精神是使人们联结在一起的纽结，能为商品经济的所有主体提供清晰确定的、普遍有效的行为准则和价值尺度。这与专制政治统治下的个人独断不同。后者不仅可能会给社会生活带来无法预期和不能弥补的损失，还会严重地破坏社会的法治，导致社会的落后和倒退。而法治现代化要求实现法律评价活动从作为国家或政府对社会的统治工具和统治手段，转变为约束政府权力的利器，能够有效地维护人民的权益并实现社会正义，才能最终服务于社会民众。

同时还应当注意到，法律评价活动是推动法治建设和发展的内生性力量。西方发达国家的法治道路是社会演进型，是在历史的长河中通过实践中的法律评价活动树立起法律的尊严和权威性地位。而我国的法治道路是国家推进型。法治主要不是通过司法实践中的法律评价活动，而是在国家发展战略和政府工作目标的推动下形成的。国家而不是司法机关成为法治运动的直接领导者和组织者。这样虽然可以少走一些弯路，但也因此需要对法律评价活动推进法治建设有一个更加清晰的认识。在司法实践中，不但要通过法律评价活动确立法律至上的权威性，还要不断地查漏补缺，通过司法建议完备法律体系。

其三，从司法实践的现代化对法律评价活动的影响分析，迫切要求法律评价活动能够在个案中实现司法正义。我国当下众多具有典型意义的公共案件和司法事件，如湖北“佘祥林案”、河南“赵作海杀人案”、浙江“张氏叔侄强奸案”以及河南“李怀亮案”等无不折射出我国当前的司法实践活动离法律评价活动的现代化要求存在很大差距。这既暴露出我国当前的法律执法活动、法律监督活动和法律评价活动中存在着执法不正义、监督不到位和司法权不独立等问题，又反映出法律评价活动的现代化这一命题在我国是一个需要为之长期努力奋斗才能实现的沉重话题。这就要求我们不能仅是简单地从个别案件批判我国司法实践活动中存在的种种问题，一味地对之加以否定，而是要在法治现代化的整体设计中建立起人们彼此相互认同的规则原理，并在司法实践中通过法律评价活动建立起相应地法治文化。因为一国的法治是在法治文化的流动中生成、发展和完善的。通过法治文化的文化力作用，可以在司法实践的过程中建立起一种独特的法治文化体系，从而有力地促进法律评价活动的现代化进程。

其四，从观念领域的现代化对法律评价活动的影响分析，迫切要求法律评价活动能够反映人们在文化观念上的深刻变化。在商品经济社会里，法律是对人们的经济、政治和日常生活进行的制度设计。在这种制度设计里，人们的权利意识、自由意识、平等意识、契约精神和正义理念等法治观念和精神都能得到充分地发挥。一旦有人违背法治精神，就能通过法律评价活动反映出人们的法治观念要求。它在司法实践中为人们建立起了独特的法治精神世界，改变了过去片面强调的服从观念、等级观念和义务观念等，使人们发自内心地对法律思想、法律理想和法律价值产生信仰，从而使得法治观念和法治精神成为现代化建设的重要组成部分。因此，伯尔曼指出：“法律必须被信仰，否则它将形同虚设。它不仅包含有人的理性和意志，而且还包含了他的情感，他的直觉的献身以及他的信仰。”①在司法实践活动中，就是要通过法律评价活动建立起人们对法治的信念和对法律的信仰。如果不能将其转化为权力机关的执法意识和普通民众的守法意识，那么法治和法律就不过是一堆文字游戏而已。

最后，从社会生活领域的现代化对法律评价活动的影响分析，迫切要求法律评价活动关注作为主体的人的现代化生活方式。因为离开了人的主体活动的法律制度及其评价活动根本就不存在，法律制度及其评价活动的意义

---

① [美]伯尔曼：《法律与宗教》，梁治平译，上海三联书店1999年版，第28页。

或价值是作为社会生活的主体的人赋予的。纵观人类历史的发展进程，任何国家的法律评价活动其实都不是抽象的，而是以一种直接的形式对人的社会生活作出表现和确证，体现了人的生产和生活方式。现代化已经极大地改变了人们传统意义上的生活方式，使人们的生活转向理性化、知识化和世俗化。人们更加注重对现实幸福生活的追求和对现实利益的维护。法律评价活动如果忽略了现代化对人们生活的影响和改变这一社会现实，就会造成法律系统的紊乱和社会生活系统的失调，最终导致社会系统的各种整合力量的冲突。社会生活领域的现代化要求法律评价活动的现代化。法律评价活动的现代化是法治时代法的现代化发展过程中必然会出现的法律现象和应当具有的法律品格。法律评价活动只有具备现代化的时代品格，才能体现时代的精神内容，也才能维护法律统治的正当性。可以说，法律评价活动的现代性既是法治时代法律评价活动的时代主题，更是社会主义法治国家建设的重要理论和思想基础。

第二节　人权保障:法律评价的时代要求

在实现人的生存和发展的诸多问题中，人权问题是最为重要也是最为基本的问题。人权问题不仅能反映出一国法治建设的现状，社会文明进步的程度，更能反映出该国作为个体的人的生存状况。中国已经步入法治时代，在法律评价中如何有效保障人权成为学界需要思考的重要问题。在法治时代，人权问题成为法律评价要解决的首要问题，表现为人的尊严、人是目的和人的权利在法律评价中越来越受到重视。人的尊严是我国宪法和法律要实现的最重要价值。只有体现人是目的的法律评价，才能既彰显出人自身的绝对价值，又实现社会公共的善。法律评价通过实现人的权利就能有效维护人的尊严和人是目的。这就要求司法机关在保障人权时，不能仅仅把他人当作工具和手段。保障人权的本质是实现“人本身”的价值。法律评价对人的尊严、人是目的和人的权利的保障都统一于“人本身”，都是为了实现“人本身”的价值。这既是法律评价对人权的自觉映现，又是法律评价对人权的自觉回归。

一、人权映现:法律评价对人的尊严的重视

作为现代社会不可或缺的一种人权价值，人的尊严在法律评价中越来越受到重视。胡玉鸿认为:“法律的根本目的即在于保障人的尊严的实现。”[①]从法治时代对法律评价的要求来看，法律只有保障人的尊严在社会生活中的有效实现，才能既彰显出法律的人权价值，又彰显出法律的人性基础。然而，人的尊严并不是一个抽象概念。在我国宪法中，人的尊严是如何体现的？人的尊严有哪些具体内涵？法治时代的法律评价如何实现人的尊严？这些既是反思法治时代的法律评价要回答的重要问题，又是研究法律评价如何实现人权亟待解决的重要问题。

人的尊严首先体现为我国《宪法》第38条关于人格尊严规定的“中华人民共和国公民的人格尊严不受侵犯。禁止用任何方法对公民进行侮辱、诽谤和诬告陷害”。我国宪法学界一般把该条款解释为公民人格尊严条款:“从法律上讲，公民人格权的内容包括:姓名权、肖像权、名誉权和人身权。”[②]在这里，人的尊严是作为人格尊严来理解的，人格尊严就体现为宪法上的人格权。这里的人格权是公民的一项具体权利。

这是因为，第一，《宪法》第38条的规定前一句是对人格尊严的一般规定，而后一句是用禁止的方式对其作出具体规定。这样人格尊严就被具体化为公民的人格权。第二，从《宪法》第二章对公民的基本权利和义务的条款设置来看，从第33条到第56条都是关于公民的基本权利和义务的条款，第38条人格尊严条款被置于第37条人身自由不受侵犯条款之后，第39条住宅不受侵犯条款之前。这说明从立法原意而言，人格尊严条款是被当作公民的一项具体权利条款。

虽然《宪法》第38条把人格尊严理解为公民的一项具体权利有利于在法律评价中界定侵犯人格权的案件，但这一规定无法充分体现人的尊严的本质意义。因为人格权从本质上来说是有关人的尊严的权利。而人的尊严并非仅限于人格尊严。林来梵认为，人的尊严本身就具有极为重要的意义，被誉为现代宪法的核心价值[③]。按此理解，人的尊严是比人格尊严更为核

① 胡玉鸿:《“人的尊严”的法理疏释》,《法学评论》2007年第6期。
② 许崇德:《中国宪法》,中国人民大学出版社1996年版，第418页。
③ 林来梵:《人的尊严与人格尊严》,《浙江社会科学》2008年第3期。

心的一种宪法价值。胡玉鸿认为，人的尊严源于人自身所特有的价值，法律只能保障人的尊严的实现，但它们本身并不能为人的尊严添加任何新的内容①。这说明作为宪法的核心价值，人的尊严的价值源自人自身所特有的价值，这种价值是人作为人所具有的最高价值。陈新汉认为，人的尊严“使人以人的方式而生存和发展”②。这就说明人的尊严作为人自身所具有的最高价值，在人的生存和发展中是以人的方式得以体现。庄世同认为，德沃金提出的两项人的尊严原则，即内在价值原则和个人责任原则是理解人自身所具有的最高价值的重要思想。他的这两项原则分别对应于平等和自由两大价值。平等的价值来源于每个人都应当具有的客观内在价值，因而人人皆平等，都应受到平等的关注和尊重。自由的价值来源于每个人都负有实现自我成功人生的特殊责任，所以，除了承认人人皆有实现自我成功人生的权利以外，也要承担与之相应的尊重他人追求美好人生的责任③。这说明人的尊严是作为一般意义上客观存在的个人所具有的最高价值。因此，当前法律评价的主要目的就是实现个人所具有的诸如平等和自由等价值，使个人能够感受到人的尊严的实现。陈瑞华就关注到，司法程序能否维护人的尊严及其程度是判断其正当性的主要标准。他认为这种体现于司法程序本身之中的价值，就是以人类客观存在的人性价值为基础而提出的。他们可以有诸如自尊、平等或自治等不同的价值要素④。

世界上的主要发达国家无不将人的尊严作为宪法得以存在的基本价值，藉以保障人的尊严的实现。对此，有必要借鉴这些国家对“人的尊严”引入宪法的做法。而宪法就是司法机关适用法律的最高权威依据。“人的尊严不可侵犯。尊重和保护人的尊严是一切国家权力的义务。”⑤这两句话被写入德国现行《基本法》第1条第1款，被公认为是世界宪法史上的标志性事件。其告诉我们，人的尊严是德国宪法最重要和最基本的原则。为了贯彻该原则，《基本法》第1条第2款明确规定了国家的义务，第3款作了约束国家权力的规定。之所以在《基本法》的条款上作如此安排，就是为了强调

① 胡玉鸿：《“人的尊严”的法理疏释》，《法学评论》2007年第6期。
② 陈新汉：《哲学视阈中的自尊》，《人文杂志》2009年第6期。
③ 庄世同：《法治与人性尊严》，《法制与社会发展》2009年第1期。
④ 陈瑞华：《程序正义的理论基础——评马修的“尊严价值理论”》，《中国法学》2000年第3期。
⑤ 谢立斌：《中德比较宪法视野下的人格尊严》，《政法论坛》2010年第4期。

一个思想：对于一个人而言，其自身的主体地位应当予以尊重，否则即视为侵犯了人的尊严。意大利现行《宪法》将人的尊严作为基本原则，并在第41条第2款中将人的尊严规定为社会利益范畴，与公共安全和自由并驾齐驱[①]。这表明人的尊严是社会的基本价值。日本现行《宪法》第13条规定："所有国民，均作为个人而受尊重。对于谋求生存、自由以及幸福的国民权利，只要不违反公共福利，在立法及其他国政上都必须受到最大的尊重。"[②]这说明人的尊严是每个人都具有和享有的权利，国家应当保障每个人的尊严及其实现。法国现行《宪法》就通过宪法条文明确了这一思想："保障人的尊严免遭任何形式的奴役和贬损是一项宪法权利。"[③]美国的《独立宣言》也随处可见对人的尊严的维护[④]。可见，国际上主要发达国家都将人的尊严视为该国宪法的基本价值和原则。此外，被世界各国视为对人权达成一致共识的《世界人权宣言》第1条就明确提出："人人生而自由，在尊严和权利上一律平等。"综上可知，人的尊严是一国宪法最重要和最基本的价值和原则，而非仅仅作为一项人格权而存在。

那么就有必要对我国现行宪法关于人格尊严的规定进行重新审视，司法机关也要在司法程序中加大对人的尊严的保护力度，这是法治时代对我国法治建设保障人权的迫切要求。虽然我国《宪法》第38条仅对人格尊严作了一般和具体规定，但是我们可以从相对独立的关系来分析第38条的前后两句话，这样就可以重新诠释宪法中的人格尊严条款。我们可以把《宪法》第38条第1款视为对人格尊严乃至人的尊严的一个具有概括性的规定。在现实生活中，凡是侵犯公民的姓名权、肖像权、人身权、名誉权、荣誉权、隐私权等与人身密切相关的权利，以及宪法和法律未作规定但作为一个人应当享有人的不可或缺的权利，都可以在法律评价中援引该条规定。之所以对该条款作独立性解释，是因为人的尊严是人所具有的最高价值，因而是宪法需要保护的最高价值。

在法律评价中，当公民的人格尊严受到侵犯，尤其是受到政府行政行为

① 意大利宪法第41条第2款规定："私人经济积极性之发挥不得违背社会利益，也不得采取使公共安全、自由和人的尊严遭受损害的方式。"载潘汉典：《意大利共和国宪法》，《环球法律评论》1982年第6期。

② 潘汉典：《意大利共和国宪法》，《环球法律评论》1982年第6期。

③ 李昌道：《法国宪法简介》，《政治与法律丛刊》1982年第1期。

④ 董云虎、刘武萍：《世界各国人权约法》，四川人民出版社1994年版，第357页。

的侵犯时，公民就可以援引该项条款进行维权。一个典型案例是“卖淫女网络示众案”①。之所以会频繁出现类似事件，有诸多原因，也反映了法治建设过程中的诸多问题。其一，我国普遍存在一种以道德判断代替法律判断的社会心态。在卖淫女示众事件中，该公安机关认为卖淫嫖娼不仅是社会所不能容忍的不道德行为和违法犯罪行为，而且应当“用铁的手腕予以坚决回击”②。公开对卖淫女进行示众宣判就是当时的警方用“铁的手腕予以坚决回击”卖淫嫖娼行为的做法。这种滥用职权肆意侵害当事人尊严的做法，是我国公权力行使过程中普遍存在的问题。而且该公安机关越俎代庖行使了法院的审判评价职权，属于严重越权的情况。其二，公安机关肩负维护社会治安的重要使命。为了创造良好的社会治安环境，该公安机关不惜以卖淫女示众的方式严厉打击卖淫嫖娼行为。这种创新社会治理方式的行为是以牺牲法律为代价进行的，甚至可以说不惜以突破法律底线的方式来进行社会治理创新。检察院就可以对这种违法行为行使检察权中的法律监督职权。检察院通过对案件的审查，在司法程序和法定权限内就对公安机关形成了监督和制衡。其三，该公安机关之所以敢对卖淫女游街示众，并取得一些人的拍手叫好，说明全社会还存在着一种不尊重人的尊严的社会风气，接着又出现“卖淫女网络示众案”，说明这种社会风气直到现在依然蔓延着。这表明宪法所保障人的尊严的最高价值在现实社会中依然没有得到很好落实。那么，这些卖淫女就可以援引我国《宪法》第38条第1款的规定，对在网络上肆意侵犯其人格尊严的行为进行维权。法院和检察院更应当通过法律评价活动维护卖淫女的尊严。

而“禁止用任何方式对公民进行侮辱、诽谤和诬告陷害”是独立于《宪法》第38条前款规定的相对独立部分。该款只是对前款规定的不完全列举。随着法律评价对人的尊严的维护，在今后修改和完善宪法时，将“人

① 20世纪80年代，公安部就强调对于犯罪嫌疑人不能游街示众，不能挂牌子。在深圳卖淫女示众事件发生后，2010年11月28日，公安部联合多部委下发专门文件，要求今后执法的过程中，保护卖淫妇女的人身权、隐私权、名誉权和健康权，不得歧视、辱骂、殴打，不能采取游街示众、公开曝光等侮辱人格尊严的方式羞辱妇女，要严格做好信息保密工作。然而卖淫女由公开游街示众转为网络游街示众，其人格尊严的权利依然被严重践踏。这既反映出普通民众对人的尊严的保护意识的薄弱，又反映出相关执法人员法治意识的淡薄。参见夏泽祥：《“深圳妓女示众事件”的宪法学分析》，中国民商法律网2007年11月29日。

② 深圳卖淫女公开宣判大会上，领导讲话稿里的原话。参见符向军：《绳牵卖淫女游街羞辱了谁》，光明网，访问日期：2010年7月20日。

格尊严”换成能体现人的最高价值的“人的尊严”概念是法治时代对保障人权的呼声。并将《宪法》第38条的两款分别予以独立设置，在此基础上，可以增加若干条关于侵犯人的尊严的具体条款。而在修宪之前应当将《宪法》第38条的规定解释为是具有独立内涵的两个部分。如果第2款规定无法解释现实生活中侵犯人的尊严的情况，则基于维护人的最高价值的需要，独立适用第1款关于侵犯人的尊严的一般规定就成为正当性的选择。

二、人权认同：法律评价对人是目的的实现

“人是目的”是法律评价要实现的绝对价值。康德认为，人的“存在自身就是目的的东西，而且是一种无法用任何其他目的来取代的目的，别的东西都应当仅仅作为手段来为它服务，因为若不然，就根本不能发现任何具有绝对价值的东西”。[①]在中国步入法治时代的历史进程中，法律评价只有通过对人的“存在自身就是目的”的实现，才能真正捍卫人的尊严，彰显出人自身“具有绝对价值的东西”，从而落实保障人权的要求。这主要体现在以下三个方面：

首先，法律评价通过对人的“存在自身就是目的”的实现，彰显出人自身“具有绝对价值的东西”。法律评价并非仅以维护现存国家秩序为主要目的，这主要是因为国家本身并不是唯一目的，国家之所以在社会生活中发挥着重要作用，是由于它是能满足和实现人是目的的条件。这就要求在法律评价中，法院和检察院及其工作人员要把涉案当事人当成具有绝对价值的人来看待，把他们的具体诉讼标的当成能够体现人是目的的东西来对待。事实上，在以前的很多司法案件中，一些司法工作人员把涉案当事人当成了可以利用的手段或工具，经常是“吃了原告吃被告”。这就违背了康德所说的人是目的，而非仅仅是手段的思想。

最近几年，全国多地密集平反冤假错案。最高人民法院的领导在谈冤假错案时，用了“宁可错放，也不错判”的词语。这表明，在司法体系内部，人们已经意识到，一个具有实质性公正的判决比费尽心机追求不正确的

① ［德］康德：《康德著作全集》第4卷，李秋零译，中国人民大学出版社2005年版，第436页。

政绩观更为重要。这是因为一个冤假错案对涉案当事人带来的是不可逆转的毁灭性打击。它不仅毁掉了当事人的一生，还毁掉了他的家庭。而一个人的一生对他本人而言无疑具有绝对价值，他的家庭对他而言可能意味着他人生价值的全部。所以，最高人民法院院长周强才说："万分之一的错案，对当事人来说就是百分之百的不公平。"这就要求司法机关在法律评价中一定要做到公正判决，而要想一个案件获得公正的判决，当事人的合法权益就应当得到切实保障，这是维护人的尊严、实现人的价值和体现人是目的的人权要求的根本途径。

其次，法律评价既是当事人诉讼目的的实现途径，又是普通民众生活目的的实现途径。一般而言，当事人行使诉讼权利的目的是维护自身的合法权益。当他自身不需要维权时，说明没有遭受不法侵害或不法侵害较轻微而在寻求其他解决途径。而一旦进入诉讼程序，则意味着他自身的某种合法权益需要通过诉讼得以恢复。于是就产生了具体的诉讼标的，实现这个诉讼标的就是该诉讼的诉讼目的。当事人不惜付出时间、金钱和精力来维护自身的合法权益。这个合法权益对他而言就是自身目的的具体实现。只有通过实现自身的合法权益，当事人才能感到我的"存在自身就是目的"，因而才能切身地体会到自身人权价值的实现。法律评价就是通过实现具体的诉讼目的，让当事人感觉到法律为人的尊严、目的和价值的实现提供了一个有效的平台。

当事人是处于具体生活场域中的普通民众。他在诉讼过程中的诉讼目的只不过是他在具体生活中的生活目的的转化而已。生活中的具体需要促使他编织出一套对他而言有价值的生活关系，这就是"为我关系"。其实质是，对于具有内在价值的我而言，"凡是有某种关系存在的地方，这种关系都是为我而存在的"①。人为自己建构的"为我关系"的目的就是人的生活。法律评价所要保护的正是人为自己建构的生活世界。法律评价只有实现人的生活目的，才能真正建构起人的"有意义"的生活世界图景。这是法律评价所追求和向往的一种社会理想和法治境界，是法律评价最高层次的目的。

---

① 马克思、恩格斯：《马克思恩格斯文集》第1卷，人民出版社2009年版，第533页。

最后，法律评价通过对人的“存在自身就是目的”的保护，实现社会“公共的善”。菲尼斯认为，“公共的善”的观念是指“一系列的条件，它们允许社会成员为了自身的原因，来实现某些合理的目标，或者来理想地实现某些价值，而正因为这些价值的原因，他们才有理由在一个社会中彼此合作”。[①]按照菲尼斯的理解，“公共的善”源自人的“存在自身”。那些由于“自身的原因”而被追求的价值正是“公共的善”的体现。并且，人的生存和发展是一个合规律性与合目的性的过程。因此，法律评价不仅具有技术层面的东西，即通过法律技术手段(包括司法程序设置、法律逻辑推演等)维护社会“公共的善”；法律评价更应当具有道德层面的东西，即法律评价“对完全一系列的、唯一正确答案的诉求本身，就是服务一个更广泛的善。它正如其他人类根本的善一样，虽然不能简化为一个确定的目标，却更是开放性的善”。[②]可见，“公共的善”具有开放性。正是因为其具有开放性，法治价值才能不断适应时代发展的要求，而不会停滞不前。这就要求，法律评价只有关注到当事人的合理诉求，才能通过实现人的“存在本身就是目的”理念来体现出“公共的善”。

这样看来，保障人权不仅是对人的“存在自身就是目的”的关注，更是实现社会“公共的善”的一种主张。然而需要指出，人的目的是一个抽象的哲学词汇。理解法律评价对人是目的的实现，还必须意识到：其一，法律评价是在实现人的权利的过程中实现人的目的。从法律规定的意义上来说，人的权利是法律赋予人实现自身目的的一种主张。在现实生活中，人的权利指向人的自身利益。人就是在实现自身利益的过程中彰显自身存在的价值。然而人的自身目的并非没有边界，“公共的善”是人在行使权利的过程中必须予以尊重的前提。宪法和法律以相关的权利义务条款规定了每个人都应当享有的权利和必须承担的义务。如果公民的基本权利和合法利益受到不法侵害，就有权利向司法机关提出积极作为的诉权。而司法机关正是通过法律评价恢复被侵害的正当权利实现公民的正当诉求，以此来维护公民的诉讼目的。

---

① Finis，“Natural Law and Legal Reasoning”，Georger，*Natural Law Theory*：*Contemporary Essays*，Oxford：Clarendon Press，1992：155.

② Finis，“Natural Law and Legal Reasoning”，Georger，*Natural Law Theory*：*Contemporary Essays*，Oxford：Clarendon Press，1992：142.

在法律评价中，对人的权利的实现就是对人是目的的实现。我国《宪法》第二章以24条的形式专门规定了公民的基本权利和义务。这表明人的权利和义务是人生活中最重要的东西。对人的权利的实现就是对作为一个人的“存在自身就是目的”的实现。尤其是在今天，每个人都越来越重视宪法赋予人的各种权利，如言论出版自由权。然而仅就言论出版自由权而言，我国就需要加大保护力度。这就对法律评价提出了更高要求。法律评价只有在现实生活中切实解决好关涉人的切身利益的各种权利，才能让每个人都实实在在地感受到法律对人权的尊重和保护。

其二，法律评价在实现当事人的特定目的的同时，引导着人们的社会行动，并在其中产生或实现了一系列社会目的。人的活动都是有目的的活动，法律评价活动也是有目的性的人的活动。在法律评价活动中，司法机关之所以动用各种司法资源，旨在矫正被侵害的法律权益，使被侵害的社会关系得以恢复。这一过程就是当事人特定的诉讼目的实现的过程。同时，这一过程也是司法机关运用法律评价活动对当事人以及普通公民进行法律教育的过程。只有在这一过程中，人们才能感受到人权的力量，进而对法律评价保障人权的社会作用产生认同。通过保障包括犯罪嫌疑人在内的普通民众的基本人权，法律评价活动就能起到普及法律常识，增强人们的法律意识，培养人们遵守和维护法律的行为习惯的作用。

三、人权要求:法律评价对人的权利的维护

在一定程度上可以说，法治时代就是权利时代。权利时代“是一个权利备受关注和尊重的时代，是一个权利话语越来越彰显和张扬的时代。我们越来越习惯于从权利的角度来理解法律问题，来思考和解决社会问题”。①在彰显权利的法治时代，法律评价的最主要目的就是通过对人的权利的维护，来实现人的“存在自身就是目的的东西”，这正是保障人权的要求。美国著名法学家德沃金就认为，法律评价中的法律是为了实现人的权利，他说：“法律乃是权利在法庭上得以承认的问题。”②因而，法治时代要求法律评价能够有效维护和实现人的权利。

---

① 张文显、姚建宗：《权利时代的理论景象》，《法制与社会发展》2005年第5期。
② ［美］罗纳德·德沃金：《法律帝国》，李常青译，法律出版社1996年版，第356页。

其一，法律评价通过实现人的权利就能有效维护人的尊严和目的。人的尊严和人是目的的实现是法治追求的核心价值。在具体的法律评价中，司法机关是通过维护人的权利来实现人的尊严和“人是目的”的理念。在这里，人的尊严和目的不是抽象的概念，而是由一项项具体的权利来体现。每个人都是理性的存在，都能在法律评价中决断涉己的事物。于是，他在法律评价中所主张的权利就可以看成是对自身利益的有效判断。司法机关要对当事人的这种自身利益进行判断，判断其是否合法合理，是否具有法律效力。如果当事人的权利是合法合理的，并且能够得到有效实现，那么，他的尊严和目的就能实现；如果他主张的具体权利是合法合理的，但是没有受到应有的尊重，那么就不能说他在法律评价中受到了有尊严的对待，更谈不上他所主张的法律目的的实现。因为在这种情况下，他所主张的权利就代表着他的尊严和目的。法律评价正是通过保护当事人的正当合法权益，来体现当事人的尊严和目的，从而实现人权。正如哈耶克所言：“如果不承认每个个人自己拥有他有资格或有权遵循的价值，就不可能尊重个人的尊严。”①

另一种情况是，如果当事人主张的权利有瑕疵，要么合理不合法，要么合法不合理，要么既不合法又不合理。在这种情况下，司法机关首先要维护当事人作为一个人而具有的人的尊严和权利，如辩护权等权利，这是有效维护人权的基本要求。在满足当事人正当而合理的诉求的前提下，司法机关有权根据相关的法律规定，对当事人不合理的权利诉求予以驳斥。

其二，人权表现为人的基本权利，法律评价就是通过维护人的基本权利来实现人民当家做主的主人翁地位。蒋德海认为：“基本权利是人民民主最主要的表现之一。现代民主国家从基本权利的保障中去寻求其正当性和合法性。”②那么，什么是基本权利？基本权利为何如此重要？许崇德认为，基本权利是“由国家根本法规定的，是公民必不可少的也即最基本的权利和义务”③。焦宏昌也认为：“公民基本权利是指宪法所规定的，那些首要的、根本的、具有决定意义的权利和义务。”④国内学者普遍认为基本权利

① ［英］弗里德里希·冯·哈耶克：《自由秩序原理》（上），邓正来译，三联书店1997年版，第93页。
② 蒋德海：《基本权利与法律权利关系值探讨》，《政法论坛》2009年第2期。
③ 许崇德：《中国宪法》，中国人民大学出版社1996年版，第400页。
④ 焦宏昌主编：《宪法学》，中国政法大学出版社1999年版，第149页。

是由宪法赋予，在公民的权利体系中处于核心地位的权利[①]。宪法就是通过确认公民的基本权利，来保障人民当家做主的宪法地位。于是，基本权利就与民主相联系，成为现代民主的根本体现。于是，在基本权利和国家权力的关系问题上，基本权利就成为目的和基石，国家权力只是维护基本权利的手段。作为社会主义国家主人的最重要权利，公民的基本权利是国家存在的价值基础，因而是国家权力的正当性和合法性的最主要基石。在法治社会，司法权应当是国家权力最为重要的组成部分。司法权存在的最主要目的就是在个案中，通过保障公民的基本权利，维护作为人而存在的公民的尊严、目的和价值。

在法律评价中，司法机关是作为国家公权力机关而存在的。于是，最大程度上尊重和实现公民的基本权利就成为司法机关依法行使职权的首要目标。如果司法机关违法行使职权，公民就能够根据基本权利来监督和评价司法权的行使是否违宪，是否需要提起违宪诉讼或违宪审查，这时公民的基本权利也就成为约束司法权的一种重要力量。在法律评价中，公民的基本权利越是能够得到有效维护，就能表明司法机关越是能够依法行使职权，整个国家的民主和法治化程度就越高。正是在此意义上，对公民基本权利的维护是国家法治化程度的一个重要指标。公民的基本权利除了能够体现公民的国家主人翁地位，另一方面还体现着权利对权力的制衡和约束。关于后一个方面，下面集中进行论述。

其三，法律评价对权利的维护要求在制度层面建设上要由“权利—权力”向“权利—法律—权力”的结构转变，这是人权在法治时代的要求。用法律保障权利，是法律评价要实现的主要目的。以往在对待“权利—权力”的问题上面，公民的权利往往被置于国家权力之后，因而国家权力就容易侵犯公民权利，其实质是在“国家本位”的传统社会里，当公民利益与国家利益发生冲突时，往往以国家利益为重。而权利时代正好与此相反。权利时代要求公民的合法权益是国家最基本、最主要和最优先保障的社会利益，因而国家的一切权力都围绕公民权利的实现而运作。国家是通过法律

---

① 例如，言论和出版等的自由权、宗教信仰自由权、人身自由不受侵犯权、人格尊严不受侵犯权、住宅不受侵犯权、选举与被选举权、劳动权、对国家工作人员的申诉控告和检举权、休息权，等等。凡是《宪法》第二章公民的基本权利和义务中规定的权利都是公民应当享有的基本权利。

途径来实现这一目的。自形成中国特色社会主义法律体系以来，通过加快司法改革和审判方式的转型[①]，有利于司法机关在法律评价中公正司法，严格依法办案，不断提升司法公信力，真正做到司法为民，不断满足人民群众在权利时代的新要求。因此，司法民主在司法改革中占有非常重要的位置。在全国正在推进的司法改革中可以看出，通过制度层面建设保障司法机关依法独立办案，防止其他公权力对司法权和公民权利的不正当侵犯，是此次司法改革的重点内容。

更确切地说，通过法律这种制度层面的建设可以达到用权利制约权力的目的。随着社会主义法律体系的不断完善，过去的"权利—权力"结构已经转为"权利—法律—权力"结构。通过法律这种制度力量的保证，就能有效减少公权力对私权利的侵犯。在治国理政方面，法律与权力相比，最主要的特点是靠程序正义来保证实质正义，即任何人在法律面前都一律平等，不允许有任何组织和个人凌驾于法律之上。只有这样，通过法律评价才能真正保护公民权利，限制政治权力，有效保障人权。可以说，在法律评价中，司法机关依法行使职权具有双重目的。一方面，通过保障公民权利，实现社会正义；另一方面，通过法律评价保障公民权利，把政治权力纳入法治化的轨道，实现规范和制约政治权力的目的。正如有学者指出："法律确认和保护的权利越多，就越能有助于公民通过法律来维护自身的权利，也越能构成对公权力行使的有效制约，从而促进选择法律成为国家和民众共有的生活方式。"[②]

四、统一于"人本身"：法律评价对人权的自觉回归

在探讨法律评价对人权的保障时，"人是目的还是手段的关系问题"就凸显出来了。其关系到司法机关在案件评价中如何看待人的尊严、目的和

---

① 在党的十八届四中全会召开后，全国各地陆续展开司法改革试点工作。2014 年，上海试点司法改革，内容如下：其一，法官和检察官实行"员额制"，人员分类管理，85%的法官直接投入办案；其二，司法去行政化，实行"司法责任制"，主审法官和主任检察官承担办案责任制；其三，改革审判委员会制，大幅减少个案指导；其四，案件终身负责制，加大对司法权的制度监督；其五，省以下法院和检察院实行人财物统一管理体制。参见《明确法官检察官办案主导权　让其过上体面生活安心办案》，《京华时报》2014 年 7 月 13 日第 4—5 版。

② 徐爽：《以权利制约权力——社会主义法律体系与基本权利立法实践的发展》，《政法论坛》2011 年第 6 期。

权利的问题，如何对待和处理涉案当事人的价值问题。马克思对此有过深刻阐释，对司法机关在法律评价中保障人权有重要的借鉴意义。他说："(1)每个人只有作为另一个人的手段才能达到自己的目的；(2)每个人只有作为自我目的(自为的存在)，才能成为另一个人的手段(为他的存在)；(3)每个人是手段同时又是目的，而且只有成为手段才能达到自己的目的，只有把自己当作自我目的才能成为手段，也就是说，每个人只有把自己当作自为的存在才把自己变成为他的存在，而他人只有把自己当作自为的存在才把自己变成为前一个人的存在。"[①]这段话告诉我们，人首先就是"自我目的"，然后才是"为他的存在"。于是在法律评价中，司法机关首先要尊重涉案当事人，在努力实现其权利的同时彰显其存在的价值，使人是目的而非仅仅是工具或手段的以人为本的精神得以实现。然而在司法实践中，之所以频繁出现滥用职权、要弄特权；玩忽职守、推诿扯皮；知法犯法、弄虚作假；执法不公、徇私舞弊等司法腐败现象，根本原因就在于司法机关中的某些工作人员仅仅把当事人作为假公济私的手段和工具，而不是尊重他们的尊严，实现他们的目的，维护他们的权利，体现他们的价值。这就对司法机关在法律评价中切实维护人权提出了紧迫的现实要求。

从哲学视域来看，司法机关在依法行使法律评价职权的活动中，不管是重视人的尊严，还是实现"人是目的"的理念，或者维护人的权利，从根本上说，都在于保障"人本身"的价值，也就是说，保障人权的本质是实现"人本身"的价值。在《〈黑格尔法哲学批判〉导言》中，马克思提出了"人的根本就是人本身"[②]的重要思想。这里的"人本身"可以理解为三层涵义：其一，"人直接地是自然存在物"[③]，享有资产阶级启蒙思想家所主张的"天赋人权"。但是这种人人应当享有的"自然权利"必须与特定的法律共同体相结合，受其保护才能转化为现实生活中的实有权利。司法机关就是这样的法律共同体，通过法律评价将理想的权利主张变为现实的权利要求。其二，人是"具有意识的、经过思虑或凭激情行动的、追求某种目的的人"[④]，因而人能把自身作为目的，并借用法律评价实现这一目的。这与康

① 马克思、恩格斯：《马克思恩格斯全集》第30卷，人民出版社1995年版，第198页。
② 马克思、恩格斯：《马克思恩格斯选集》第1卷，人民出版社2012年版，第10页。
③ 马克思、恩格斯：《马克思恩格斯文集》第1卷，人民出版社2009年版，第209页。
④ 马克思、恩格斯：《马克思恩格斯选集》第4卷，人民出版社2012年版，第253页。

德“人是目的”的思想有着异曲同工之妙，他们都把人作为绝对的、不附加任何条件的目的本身或价值本身。所以，康德才说：“一个有价值的东西能被其他东西所代替，这是等价；与此相反，超越于一切价值之上，没有等价物可代替，才是尊严。”[①]其三，“个人是社会存在物”[②]，不管是实现人的权利，还是维护人的尊严，抑或彰显“人是目的”的理念，都必须在一定的社会关系中才能实现“人本身”的一切主张。司法机关的法律评价就是保障人们能在这种社会关系中实现自身价值的制度性载体。甚至可以说，一个社会是否稳定、公正和健康发展，是否能充分保障人权，关键是靠法律评价及其制度和价值追求来实现生活于其中的人的价值。

所以，司法机关及其工作人员在法律评价中就要树立尊重人的意识和观念，才能真正重视人的尊严，进而把保障人的尊严的实现落到实处。同时，只有把人看成是目的本身和价值本身，才会在界定案件当事人的权利和义务时，彰显出人本身“具有绝对价值的东西”。这里需要注意的是，人的尊严和“人是目的”的理念都是对人本身价值的哲学抽象，要具体落实到对人的权利的维护和实现中，才能从根本上解决人的利益问题。法律评价最主要的社会作用就是通过定纷止争，解决人的现实利益问题。在法律评价中，人的权利的实现既是维护人的尊严和目的的现实表达，又是司法机关解决人的利益问题的具体表现。于是，通过法律评价，司法机关就能把体现“人本身”内容的尊严和目的与体现“人本身”形式的权利达成有效统一。由此可见，法律评价对人的尊严的重视、对人是目的的实现，以及对人的权利的维护都统一于“人本身”，都是为了实现人本身的价值。这既是法律评价对人权的自觉映现，又是法律评价对人权的自觉回归。

第三节　法律评价中的三重时代精神

法治精神、人文精神和批判精神是法律评价中的三重时代精神。法治精神是法律评价在法治中国建设中的精神之魂，人文精神是法律评价在和谐社会建设中的精神基石，批判精神是法律评价实现反思超越的精神自觉。

---

① ［德］康德：《道德形而上学原理》，苗力田译，上海人民出版社1986年版，第87页。
② 马克思、恩格斯：《马克思恩格斯文集》第1卷，人民出版社2009年版，第188页。

在司法实践中，法律评价既通过摒弃人治精神，体现良法善治的法治价值，从而回归到法治精神中建设法治国家；又通过化解矛盾纠纷，维护社会民众的现实权益，从而回归到人文精神中建设和谐社会；还通过不断推进司法改革，实现中国的法治梦，最终在批判精神中实现反思超越。法律评价中的这三重精神都是法律评价的时代精神在法治时代的具体体现。

一、法治精神：法律评价在法治中国建设中的精神之魂

黑格尔在《法哲学原理》中认为国家体现为一种精神，“国家是地上的精神，这种精神在世界上有意识地使自身成为实在”[①]。法律评价是国家权威评价活动，是司法机关通过“有意识地”行使司法权，在个案中实现康德“人是目的”，以及马克思“人的根本就是人本身”的最高价值等理念，从而使国家成为“地上的精神”和“实在”。这种“有意识”是通过法律评价中的法治精神、人文精神和批判精神体现出来。这三重时代精神是国家精神在法律评价中的具体表达。然而在司法实践中，法律评价中的这三重时代精神是如何得以体现，各自发挥着什么样的作用，需要进行说明。

从精神层面而言，建设中国特色社会主义法治国家首先要在法律评价中能够体现法治精神，在司法实践中帮助人们树立起自觉维护法治尊严的思想意识。而要实现这一目标，就要在全社会弘扬法治精神。法治精神集中体现良法善治的法治价值。法治价值在法律评价中就集中体现在维护权利和限制权力方面。在成熟的法治国家中，法治的合法性源于保护公民的权利和自由等法治价值，其目的就是使法律成为公民自我保护的工具。这就要求用法治而非人治的方法治理国家，才能限制权力对权利的侵犯。所以党的十八届四中全会公报在对法治中国建设进行阐述时，强调治国要用法治而非人治，执政党也要依照宪法和法律的规定领导社会民众管理国家，“依法执政，既要求党依据宪法法律治国理政，也要求党依据党内法规管党治党”[②]。

在这里法治国家是一种治国方略，因法律这种“制度更带有根本性、全局性，稳定性和长期性”[③]，因而在党领导人民管理国家事务时，“使这种制

① [德]黑格尔：《法哲学原理》，范扬、张企泰译，商务印书馆1961年版，第258页。
② 《中共中央关于全面推进依法治国若干重大问题的决定》，《人民日报》2014年10月29日。
③ 江泽民：《江泽民文选》第2卷，人民出版社2006年版，第29页。

度和法律不因领导人的改变而改变，不因领导人的看法和注意力的改变而改变”。[①]法治国家在这里更是一种国家类型，即在法治国家“法的统治”是处于国家的统治地位，而不只是国家用法来进行统治，更不能说法只是国家用来统治人民的工具。法治国家既是治国方略又是国家类型，说明法治国家的核心问题是保护权利。而司法权的本质就是保护权利。在现代法治国家里，司法权的独立行使是法治国家必须要达到的基本的法治要求和政治要求。司法机关依法独立行使法律评价职权就是这项权力的基本体现。

可见，法治精神就是与人治精神相对而言的一种社会精神体现。在法治国家实行法的统治时，所映现出来的权利、民主、自由、公正、安全等一系列的观念及其精神特质就是法治精神的体现。而人治精神是指国家权力在运行时所映现出来的专制、独裁、任意等一系列的观念及其精神特质。当权者如果没有把社会民众当成有人性尊严、自由权利和独立地位的人，而是把他们当成被统治的对象，这样的社会只能到处充斥着人治的味道。与这种人治社会相比，现代法治社会下的法治精神强调政治权力的运作必须有相应的法律依据，更强调“当权者凭借个人意志滥用权力的各种可能性得到制度性机制安排的强有力的抵制与消解”。[②]

这主要体现在司法过程中，当社会民众的合法权益受到侵害，尤其是受到当权者的侵害时，司法机关行使法律评价职权就成为化解社会矛盾和平息社会纠纷的最后一道防线。尊重和保障人权，制止行政权的滥用和维护社会的正义秩序，成为法治中国建设中体现法治精神的核心内容。在法律评价活动中，司法机关如果不能依照法定程序作出权威性裁判，不仅个体的合法权益难以得到保障，更重要的是，法治精神和法治权威无法得以体现。虽然目前的司法实践比以前具有明显的进步，但是司法腐败、司法权的不独立，以及政法委和行政权的不当干涉等问题依然存在。这就极有可能导致本应当通过法律途径解决的社会问题，延伸到政治领域成了不折不扣的“政治问题”。这表明，在解决社会问题的过程中，人治情结还在一定程度上有所蔓延。那么，如何在以司法为本位的社会治理中彰显法治精神，就成为

① 邓小平：《邓小平文选》第2卷，人民出版社1994年版，第146页。
② 王福民：《法治精神：当代中国政治文明的灵魂》，《科学社会主义》2004年第6期。

法治中国建设需要思考和解决的问题。

建设中国特色社会主义法治国家需要法治精神，是法治国家应当具备的国家精神，甚至可以说，法治精神是法律评价在法治中国建设中的精神之魂。这是因为法治精神体现在法律评价活动中，就是在与民主、权利、自由、平等、秩序、文明等法治价值相结合的过程中而体现出来的一种精神特质。社会生活的主要方面和基本的社会关系只有纳入法治的轨道，在处理各类社会问题时彰显法治精神，社会民众的基本权利和正当利益才能受到法律的保障。在一个健全的法治社会里，这些法治价值通常体现和落实在公民基本权利和正当利益实现的过程中。而社会民众通常是在对自身基本权利和正当利益的理解过程中，感受着这个社会的民主、自由、平等、秩序与文明等法治价值。

对于社会民众而言，“法无禁止即可为”，当其权利受到侵害，通过法律评价活动就能使被扭曲的社会关系得以恢复。法治精神就体现在这一过程中；而对于权力机关而言，“法无授权则禁止”，这尤其是对以集体为本位的国家而言的。法治精神在中国之所以难以顺利形成，固然有很多方面原因。个体权利观念的淡薄和公权力对私权利的侵犯是不可忽视的主要原因。近几年来中国社会的许多典型司法案例证明，法治精神的形成在一定程度上正是源于社会民众为争取自身合法权益而不懈斗争的合力。为了使自身权利得以维护而在法律评价活动中不懈斗争的维权者，正是在他们身上充分体现了法治精神。法治精神也只有通过在社会的维权斗争中得到普遍性的体现，社会主义法治国家这种治国方略和国家类型才能真正落到实处。

法治精神在法检公等机关依法行使职权的活动中，还表现为一种独立的法律人格。这种独立的法律人格是相对于集权主义的政治统治而言的。萨托利认为：“极权主义是指把整个社会囚禁在国家机器之中，是指对人的非政治生活的无孔不入的政治统治。”[①]法治中国建设就是要改变这种“非政治生活的无孔不入的政治统治”，并用法对社会的治理取而代之。法律因其是明确的、普遍的、稳定的、可事先预见的强制性规范，具有社会管理的功能。法律评价活动就把静态的法，动态地实现在社会各项事务的管理过程

① ［美］乔·萨托利：《民主新论》，冯克利译，东方出版社1993年版，第203页。

中。通过法律评价活动，把法律从政治统治工具转变为约束政府权力的利器。

而这一转变意味着司法机关是作为具有独立的法律人格而存在的国家机器。并且作为法律的代言人，司法机关是作为具有最终裁判权的权力机关而存在的。这种最终裁判权尤其是对行政权而言的。正如柏拉图所说："如果一个国家的法律处于从属地位，没有法律权威，我敢说，这个国家一定要覆灭；然而，我们认为一个国家的法律如果在官吏之上，而这些官吏服从法律，这个国家就会获得诸神的保佑和赐福。"①在这里，法律并不是一成不变的。法治社会允许人们对法律是否合理进行评价。评价法律的目的是通过修改法律，更好地保障社会民众的权益。但绝不允许因评价法律就拒绝服从法律。现存的法律未经修改以前，任何人都有服从的义务。这是法治精神的又一体现。

综上所述，一个法律制度完备的国家未必就是法治国家，只有当国家权力的实际运作内涵着法治精神时，才是真正的法治国家。司法机关的法律评价活动是保障国家各项事务正常运作的最后也是最为关键的一道防线。要在法律评价活动中体现法治精神，法院和检察院等司法机关就要严格依法行使职权。在法律评价活动中通过彰显法律的权威，在全社会树立法治的信仰。只有这样，才有可能在全社会破除办理任何事情都要讲政治的惯性思维。最后达到能用法治解决的问题，就不能强行用政治解决，这是法治国家中法治精神的重要体现。只有这样，法律评价活动中的法治精神才能得以彰显，也才能将建设社会主义法治国家的治国方略和国家类型真正落到实处。法律评价也才能在回归到法治精神中真正建设好中国特色社会主义法治国家。

二、人文精神：法律评价在和谐社会建设中的精神基石

党的十六大报告第一次将建设社会主义和谐社会作为重要目标提出。2005年2月19日，胡锦涛同志在"省部级主要干部提高构建社会主义和谐社会能力专题研讨班"开班式的讲话中提出："我们所要建设的社会主义和

① 法学教材编辑部：《西方法律思想史资料选编》，北京大学出版社1983年版，第25页。

谐社会，应该是民主法治、公平正义、诚信友爱、充满活力、安定有序、尊重自然的社会。”①这是建设社会主义和谐社会的基本内容。

其表明，社会主义和谐社会，首先是民主法治的社会，民主法治是社会主义和谐社会的目标和手段。第二，实现社会的公平正义是社会主义和谐社会的永恒主题。法治是实现社会公平正义最为重要的途径。第三，诚信友爱是中华民族的传统美德，也是社会主义和谐社会最基本的道德规范。加强社会的诚信友爱，需要法治作为支撑。第四，社会主义和谐社会应当是一个充满活力的社会。在这里一切有利于社会进步的创造都应当得到尊重，法治是其根本保障。第五，社会主义和谐社会是安定有序的社会。古今中外的社会建设规律无不证明，法治是安定有序社会的根本保证。第六，社会主义和谐社会不可能建立在资源枯竭和环境恶化的基础之上。法治是保障人与自然和谐相处的根本途径。

从根本上来说，建设社会主义和谐社会是为了实现社会民众的切身利益。广大人民群众是历史的创造者和社会发展的根本动力，是决定社会和谐与否的最终因素。只有以人民的利益为最高和最终标准，社会主义和谐社会才能具有广泛的群众基础。从改革开放以来个人追求自身利益的行为受到承认到当今社会加大对个人合法利益的保护力度来看，社会主义和谐社会正是建立在以个人利益为核心的现实基础之上。然而，个人谋取自身利益的行为也会导致贫富差距和利益多元。当今的中国社会就是一个利益严重分化的社会。因此，建设社会主义和谐社会必然要解决社会多元利益冲突问题。这就要求有“一种可以主导和控制利益对立关系的力量来推动、维系和保障和谐。这就是法律，且只能是法律”。②

这里的法律实际上是指司法机关的法律评价活动。通过法律评价，首先可以达成人们之间行为的统一。为了保障个体追求自身利益的一致性，司法机关以法律评价的形式通过权利和义务的规定为个体的行为设置了边界。不管人们在思想上处于什么样的状态，只要人们的行为符合法律规定就满足了社会主义和谐社会对人们行为之间的和谐的基本要求。更进一步

① 胡锦涛：《在省部级主要领导干部提高构建社会主义和谐社会能力专题研讨班上的讲话》，人民出版社2005年版，第14页。

② 葛洪义：《法律与“和谐社会”》，《法学》2005年第5期。

而言，引导人们在思想上认同法律规范是建设社会主义和谐社会的更高要求。这就需要不同的利益主体都能够参与到社会行为规范的制定与实施的进程当中。人大代表参与立法活动、举办各类政策措施的听证会、通过法律评价活动保护自身合法权益等诸多途径都是人们参与国家和社会治理的具体体现。这些参与都要以法律为依据，并在权益受损时最终通过专门的法律评价活动来维权。所以，“法律是一个以多元利益并存为基础的社会调整机制，是市场机制下国家权力调节经济社会的重要形式。只有运用法律手段(主要是法律评价——笔者注)，才能够充分保护市场主体追逐自身利益的权利，才能够平衡社会矛盾，也才能够激励市场主体创造出更多的社会财富，进而从根本上消灭社会不和谐的根源——贫困”。①由此可见，社会主义和谐社会就是法治社会。其反映在国家层面，建设社会主义法治国家就是国家精神在法律领域的集中体现。

进一步而言，社会主义和谐社会是通过法治维护人的合法权益的社会。这样的社会充满着人文关怀和人文精神。“人文精神不是人在自身发展的某个阶段形成和发展的。可以说，自从有了人……就有了人文精神。只要人还存在下去……那么人文精神也就会存在下去。”②人文精神在人类历史上曾以各种具体形态表现出来。古希腊的智者普罗泰戈拉提出，“人是万物的尺度”。这是最早对人文精神表述的话语。其是以人为中心，用人的眼光来看待一切万物。所以，从人文精神的本质来看，“人文精神就其核心的内容是人类基于实践活动之上的对生活整体性意义的寻求，在人的活动中始终渗透着人的价值取向和主观性的品格，在与外界对象的关系中始终将对象理解为‘为我关系’的性质”。③

一开始，为了维护统治阶级的统治秩序，古今中外的思想家对社会民众进行了一定程度的关注。这些关注在国家精神层面从不同的表述内容都涉及了人文精神。中国的孟子就提出：“民为贵，社稷次之，君为轻。”古希腊的政治家伯利克里更直接地认为，“人是第一重要的”④。近代欧洲的文

① 葛洪义：《法律与“和谐社会”》，《法学》2005 年第 5 期。
② 陈新汉：《哲学视阈中的文化、文化功能及文化自觉》，《哲学动态》2012 年第 8 期。
③ 李瑜青：《人文精神的价值与法的合理性追问——从法的现代性角度引发的思考》，《上海大学学报》(社会科学版)2008 年第 1 期。
④ 孙鼎国：《人学大辞典》，河北人民出版社 1995 年版，第 313、127—128 页。

艺复兴运动曾使人文精神大行其道，为资产阶级的蓬勃发展扫清了观念上的障碍。在这里，人文精神就体现为人具有最高价值。所以，承认人有追求幸福生活的权利、人有为自由而奋斗的权利等价值表述正体现了人文精神的实质。直到现在，我们探讨人文精神，其核心思想亦是如此。马克思主义关于“人的自由而全面发展”的学说是对人文精神的更高概括。因为其是把人文精神建立在人类能意识到自身并回归到自身的一种反思性学说。实现人的自由和全面发展是一个长期的历史过程。人文精神作为人类对自身生命的理解过程，恰恰就是马克思所说的“自由的有意识的活动”①过程。所以，人文精神就是对人类生活现实的反思精神。这种反思体现着人类对现实的终极关怀和强烈的社会责任感。

人文精神对人的生存和发展的关注，不仅是从国家的精神层面而言，更是从作为个体的人的生存和发展而言。个体的解放、生存和发展要有一定的物质基础作为根本保障。所谓社会主义和谐社会肯定不能是普遍贫穷的社会。邓小平就曾说过：“贫穷不是社会主义。”②所以，保障每一个普通人都能过上富裕的生活，才是社会主义和谐社会的内在特征；社会主义和谐社会也不可能是物质文明高度发达而精神文明极度匮乏的社会。虽然40年的改革开放将作为个体的人逐渐从不尊重个体人权的桎梏中解放出来，但是整个社会却又被道德滑坡和精神迷茫深深困扰着。邓晓芒将其称之为“人文精神的失落”③。由此可知，建设社会主义和谐社会必须同时关注作为个体的人的物质和精神双重层面的发展，这才是当今社会人文精神的具体表现。

建设社会主义法治国家正是从法治层面对当今社会人文精神的一种回应。法治的出发点、最高目标和最终目的都立足于实现人的权利和利益。这不仅包括从立法、司法、执法、守法和普法等层面实现人的物质利益和精神权益，更包括当人的利益受到不法侵害时通过法律评价活动使之得以恢复，于是作为个体的人对法律评价的理解就内化在法律评价对其权利和利益的实现当中。法律评价只有成为维护个体权益的最高力量和最终保障，个体对法律评价的理解才能内化于日常的行为和思考当中，法律评价也才能通

① 马克思、恩格斯：《马克思恩格斯文集》第1卷，人民出版社2009年版，第162页。
② 邓小平：《邓小平文选》第3卷，人民出版社1993年版，第225页。
③ 邓晓芒：《当代人文精神的现状及其出路》，《开放时代》1997年第2期。

过实现作为个体的人的权利和利益从而体现出人文精神。这对于建设中国特色社会主义法治国家和社会主义和谐社会具有至关重要的意义。由此可见，法律评价要回归到人文精神中建设和谐社会，人文精神是法律评价在和谐社会建设中的精神基石。

三、批判精神：法律评价实现反思超越的时代精神自觉

黑格尔认为："反思以思想的本身为内容，力求思想自觉其为思想。"①反思意味着一种批判。对此，黑格尔直截了当地指出："批判即需要一种普遍意义的反思。"②在这里批判主要表现在主体把握没有满足主体需要的主客体之间的价值关系，因而主要地赋予客体及其属性以否定性的意义。也就是说，在批判活动中，主体不仅要在揭示主客体之间的否定价值关系中经历着从感性到理性的历程，而且要把所赋予的否定意义本身作为内容，"力求思想自觉其为思想"，由此就要超越否定意义本身而对其前提进行分析，从而就能揭示作为否定意义前提中的否定性环节。这是作为反思性的批判不同于一般评价的更为深刻的根据。

在哲学意义上，作为反思性的批判是由康德首先提出来的。对于批判，康德说："我所理解的纯粹理性批判是对一般理性能力的批判，是就一切可以独立于任何经验而追求的知识来说的，因而是对一般形而上学的可能性和不可能性进行裁决，对它的根源、范围和界限加以规定，但这一切都是出自原则。"③他的批判思想很明确：任何自身一致的形式系统都是不完备的，必须超越系统对其前提的合理性提出质疑，从而进行分析。这样批判总是与辩证法中的否定环节联系在一起。马克思就曾指出："辩证法在对现存事物的肯定的理解中同时包含对现存事物的否定的理解；辩证法对每一种既成的形式都是从不断的运动中，因而也是从它的暂时性方面去理解；辩证法不崇拜任何东西，按其本性来说，它是批判的和革命的。"④作为反思性的批判与辩证的否定相联系，因而批判就在于必须揭示事物内在的否定环节，从而促使事物的发展。

① [德]黑格尔：《小逻辑》，贺麟译，商务印书馆1980年版，第39页。
② [德]黑格尔：《小逻辑》，贺麟译，商务印书馆1980年版，第7页。
③ [德]康德：《纯粹理性批判》，邓晓芒译，人民出版社2004年版，第4页。
④ 马克思、恩格斯：《马克思恩格斯文集》第5卷，人民出版社2009年版，第22页。

思想总是在不断反思和批判所处时代的精神状况。这种反思即意味着批判，要求直面问题本身，从而才能准确把握时代精神并推动历史前进。首先，当代中国社会彰显出来的主体精神、平等精神、权利精神、民主精神、自由精神等批判性的时代精神是“个体自我的主体性”[①]的不断张扬。归根结底，这些极富有批判意味的精神都是国家精神的集中体现。在法治国家，国家精神就聚焦为具有批判性的法治精神。法治不是对人民进行统治的工具，而是“人民自由的圣经”[②]，并且“现代法治的精神，在于对权利的合理确认和对权利的充分保障”。[③]法治以自由、平等和权利等价值为本位，使得人民与法律之间形成主客体之间的双向互动与统一协调的关系，从而使人的主体性在法治国家得以保障。

其次，只有用批判精神审视中国的法治建设，才能够反映出法治中国建设的历史趋势。近代中国之所以遭受西方列强侵略，最根本的原因就是近代中国没有跟上人类社会发展的历史大潮流。在有志之士反思中国落后面貌的同时，近代中国社会开始向现代化转型。其实质是通过否定自我的批判方式融入体现时代精神的世界现代化历史主流当中。这就是黑格尔所说的，通过扬弃旧原则而带来历史新的冲动的“一个新的原则，一个新的民族精神”。[④]通过译介西方法学著作、深入研究西方法律思想等多种途径，中国近现代知识分子看到了西方的法治文明和改革中国传统法制的路径，为救亡图存和民族振兴寻找到了适合中国自己的发展道路。

当今中国正在迎接法治时代的到来。法治时代通过实现社会民众的权益，来体现与法治中国建设和现代化国家相一致的时代精神。这是通过总结历史经验和教训、深刻认识和反思时代精神，在我国当前正在建设中国特色社会主义法治国家的历史性阶段，得出的一个基本结论和达成的一个基本社会共识。

法治时代是包括我国法律界同仁在内的社会民众为之孜孜以求的奋斗目标。然而，在现实生活中，法律评价产生的诸多冤案错案破坏了司法权威赖以生成的基础，造成了严重的负面社会影响。尤其是当前中国正处于从

---

① ［德］雅斯贝斯：《时代的精神状况》，王德峰译，上海译文出版社 1997 年版，第 29 页。
② 马克思、恩格斯：《马克思恩格斯文集》第 2 卷，人民出版社 2009 年版，第 256 页。
③ 王利民：《侵权行为法归责原则研究》，中国政法大学出版社 1992 年版，第 3 页。
④ ［德］黑格尔：《历史哲学》，王造时译，上海三联书店 1956 年版，第 117 页。

前法治社会到法治社会的转型期，这些冤假错案势必消解法律评价的权威性，这不符合法治时代对法律评价的要求。对法律评价进行反思，就是要揭示法律评价中对于主体而言的否定性价值关系，并对之前提进行追问。所以，通过对法律评价进行反思，才能深刻揭示出法律评价“自己运动”中的否定性，才能在法治中国建设的历史进程中实现中华民族的法治梦。于是，法律评价就要不断回归到时代精神中实现反思超越，才能有力地助推法治中国建设，才能把国家精神变成“地上的精神”和“实在”。

参考文献

著作类

(一) 国内著作

1.《邓小平文选》，人民出版社 1993 年版。

2.《江泽民文选》，人民出版社 2006 年版。

3. 胡锦涛：《在省部级主要领导干部提高构建社会主义和谐社会能力专题研讨班上的讲话》，人民出版社 2005 年版。

4. 胡锦涛：《坚定不移沿着中国特色社会主义道路前进　为全面建成小康社会而奋斗——在中国共产党第十八次全国代表大会上的报告》，人民出版社 2012 年版。

5. 习近平：《在首都各界纪念现行宪法公布实施 30 周年大会上的讲话》，人民出版社 2012 年版。

6. 陈新汉：《评价论导论：认识论的一个新领域》，上海社会科学院出版社 1995 年版。

7. 陈新汉：《社会评价论》，上海社会科学院出版社 1997 年版。

8. 陈新汉：《邓小平认识论思想论纲》，上海人民出版社 2001 年版。

9. 陈新汉、冯溪屏：《现代化与价值冲突》，上海人民出版社 2003 年版。

10. 陈新汉：《民众评价论》，上海人民出版社 2004 年版。

11. 陈新汉：《权威评价论》，上海人民出版社 2006 年版。

12. 陈新汉、张艳芬：《哲学与人生——哲学概论新论》，上海人民出版社 2010 年版。

13. 陈新汉：《自我评价论》，上海人民出版社 2011 年版。

14. 陈新汉：《警惕核心价值体系“边缘化危机”》，社会科学文献出版社 2011 年版。

15. 陈柏峰：《乡村司法》，陕西人民出版社 2012 年版。
16. 陈允、应时：《罗马法》，商务印书馆 1931 年版。
17. 代志鹏：《司法判决是如何生产出来的》，人民出版社 2011 年版。
18. 邓正来：《中国法学向何处去》，商务印书馆 2006 年版。
19. 董云虎、刘武萍：《世界各国人权约法》，四川人民出版社 1994 年版。
20. 法学教材编辑部：《西方法律思想史资料选编》，北京大学出版社 1983 年版。
21. 范愉：《非诉讼程序(ADR)教程》，中国人民大学出版社 2002 年版。
22. 樊钢等：《公有制宏观经济理论大纲》，上海三联书店 1990 年版。
23. 费孝通：《文化与文化自觉》，群言出版社 2005 年版。
24. 冯契：《人的自由和真善美》，华东师范大学出版社 1996 年版。
25. 冯友兰：《中国哲学史》，重庆出版社 2009 年版。
26. 冯平：《评价论》，东方出版社 1995 年版。
27. 高其才：《法社会学》，北京师范大学出版社 2013 年版。
28. 公丕祥：《东方法律文化的历史逻辑》，法律出版社 2002 年版。
29. 金观涛、刘青峰：《观念史研究》，法律出版社 2010 年版。
30. 景天魁：《社会认识的结构和悖论》，中国社会科学出版社 1990 年版。
31. 焦宏昌主编：《宪法学》，中国政法大学出版社 1999 年版。
32. 李瑜青：《法理学》，上海大学出版社 2005 年版。
33. 李瑜青：《法律社会学经典论著评述》，上海大学出版社 2006 年版。
34. 李瑜青：《法律社会学理论与应用》，上海大学出版社 2007 年版。
35. 梁启超：《清代学术概论》，东方出版社 1996 年版。
36. 林钰雄：《检察官论》，法律出版社 2008 年版。
37. 刘旺洪：《法律意识论》，法律出版社 2001 年版。
38. 刘作翔：《法律文化理论》，商务印书馆 2001 年版。
39. 吕世伦、文正邦：《法哲学论》，中国人民大学出版社 1999 年版。
40. 倪正茂、郑秦：《中华法苑四千年》，群众出版社 1987 年版。
41. 钱穆：《文化学大义》，台湾中正书局 1981 年版。
42. 沈德咏：《中国特色社会主义司法制度论纲》，人民法院出版社 2009 年版。
43. 沈志先：《法院文化》，法律出版社 2012 年版。
44. 苏力：《法治及其本土资源》，中国政法大学出版社 1996 年版。
45. 《十四大以来重要文献选编》，人民出版社 1999 年版。
46. 司法部法学教材编辑部编审：《法学基本理论教程》，法律出版社 1997 年版。

47. 苏力：《制度是如何形成的》，北京大学出版社 2012 年版。
48. 汪太贤：《西方法实证主义的源与流》，法律出版社 2003 年版。
49. 王利民：《侵权行为法归责原则研究》，中国政法大学出版社 1992 年版。
50. 魏敦友：《当代中国法哲学的使命》，法律出版社 2010 年版。
51. 魏敦友：《当代中国法哲学的反思与建构》，法律出版社 2011 年版。
52. 辛敬良：《马克思主义哲学原理》，复旦大学出版社 1991 年版。
53. 徐向红：《现代舆论学》，中国国际广播出版社 1991 年版。
54. 许崇德：《中国宪法》，中国人民大学出版社 1996 年版。
55. 严存生：《法律的价值》，陕西人民出版社 1991 年版。
56. 张晋藩：《中华法制文明史》，法律出版社 2013 年版。
57. 张理海：《社会评价论》，武汉大学出版社 1999 年版。
58. 张建军：《逻辑悖论研究引论》，南京大学出版社 2002 年版。
59. 张乃根：《西方法哲学史纲(增补本)》，中国政法大学出版社 2002 年版。
60. 张文显：《法学基本范畴研究》，中国政法大学出版社 1993 年版。
61. 张善根：《当代中国法律社会学研究》，法律出版社 2009 年版。
62. 周世中、黄竹胜：《法的价值及其实现》，广西师范大学出版社 1998 年版。
63. 中央文献研究室：《十二大以来重要文献选编(上)》，人民出版社 1986 年版。
64. 钟海让：《法律监督论》，法律出版社 1993 年版。
65. 卓泽渊：《法律价值》，重庆大学出版社 1994 年版。

(二) 国外著作

66. 列宁：《列宁全集》，人民出版社 1990 年版。
67. 马克思、恩格斯：《马克思恩格斯文集》，人民出版社 2009 年版。
68. 马克思：《资本论》，人民出版社 2004 年版。
69. [奥]尤根 · 埃利希：《法律社会学基本原理》，叶名怡、袁震译，中国社会科学出版社 2009 年版。
70. [德]阿图尔 · 考夫曼等：《当代法哲学和法律理论导论》，郑永流译，法律出版社 2002 年版。
71. [德]伽达莫尔：《真理与方法》，洪汉鼎译，上海译文出版社 2004 年版。
72. [德]格奥尔格 · 威廉 · 弗里德里希 · 黑格尔：《历史哲学》，王造时译，上海三联书店 1956 年版。
73. [德]格奥尔格 · 威廉 · 弗里德里希 · 黑格尔：《小逻辑》，贺麟译，商务印书馆 1980 年版。

74. [德]格奥尔格·威廉·弗里德里希·黑格尔：《法哲学原理》，范扬、张企泰译，商务印书馆 1982 年版。

75. [德]格奥尔格·威廉·弗里德里希·黑格尔：《精神现象学》，贺麟、王玖兴译，商务印书馆 1996 年版。

76. [德]格奥尔格·威廉·弗里德里希·黑格尔：《逻辑学》，杨一之译，商务印书馆 1966 年版。

77. [德]古斯塔夫·拉德布鲁赫：《法学导论》，米健译，商务印书馆 2013 年版。

78. [德]卡尔·西奥多·雅斯贝斯：《时代的精神状况》，王德峰译，上海译文出版社 1997 年版。

79. [德]米歇尔·鲍曼：《道德的市场》，肖君、黄承业译，中国社会科学出版社 2003 年版。

80. [德]伊曼努尔·康德：《形而上学探本》，唐钺译，商务印书馆 1957 年版。

81. [德]伊曼努尔·康德：《道德形而上学原理》，邓晓芒译，上海人民出版社 1986 年版。

82. [德]伊曼努尔·康德：《判断力批判》，邓晓芒译，人民出版社 2002 年版。

83. [德]伊曼努尔·康德：《纯粹理性批判》，韦卓民译，华中师范大学出版社 2000 年版。

84. [德]伊曼努尔·康德：《康德著作全集》，李秋零译，中国人民大学出版社 2005 年版。

85. [德]马克斯·韦伯：《经济与社会》，林荣远译，商务印书馆 1997 年版。

86. [法]阿历克西·德·托克维尔：《论美国的民主》，董果良译，商务印书馆 1988 年版。

87. [法]吉尔·利波维茨基、塞巴斯蒂安·夏尔：《超级现代时间》，谢强译，中国人民大学出版社 2005 年版。

88. [法]卡尔·波普：《科学知识进化论》，纪树立译，上海三联书店 1987 年版。

89. [法]查理·路易·孟德斯鸠：《论法的精神》，张雁深译，商务印书馆 1987 年版。

90. [法]莫里斯·迪韦尔热：《政治社会学——政治学要素》，杨祖功、王大东译，华夏出版社 1987 年版。

91. [法]让·雅克·卢梭：《社会契约论》，李平沤译，商务印书馆 2012 年版。

92. [法]让·保罗·萨特：《存在主义是一种人道主义》，周煦良、汤永宽译，上海译文出版社 1988 年版。

93.[古希腊]亚里士多德：《政治学》，吴寿彭译，商务印书馆 1965 年版。

94.[美]安德鲁·奥尔特曼：《批判法学——一个自由主义的批判》，信春鹰、杨晓峰译，中国政法大学出版社 2009 年版。

95.[美]本杰明·卡多佐：《司法过程的性质》，苏力译，商务印书馆 2007 年版。

96.[美]罗纳德·德沃金：《法律帝国》，李常青译，法律出版社 1996 年版。

97.[美]戈尔丁：《法律哲学》，齐海滨译，北京三联书店 1987 年版。

98.[美]乔·萨托利：《民主新论》，冯克利译，东方出版社 1993 年版。

99.[美]约翰·杜威：《确定性的寻求》，傅统先译，上海人民出版社 2004 年版。

100.[美]彼得·穆雷尔：《法律的价值——转轨经济中的评价》，韩光明译，法律出版社 2006 年版。

101.[美]理查德·艾伦·波斯纳：《法律的经济分析》，蒋兆康译，中国大百科全书出版社 1997 年版。

102.[美]戴维·波普诺：《社会学》，李强等译，中国人民大学出版社 1999 年版。

103.[美]E.博登海默：《法理学：法律哲学与法律方法》，邓正来译，中国政法大学出版社 1999 年版。

104.[美]格兰顿：《比较法律传统》，高鸿钧等译，中国政法大学出版社 1992 年版。

105.[美]哈罗德·J.伯尔曼：《法律与宗教》，梁治平译，三联书店 1999 年版。

106.[美]L. J.宾克莱：《理想的冲突》，马元德等译，商务印书馆 1986 年版。

107.[美]罗斯科·庞德：《通过法律的社会控制·法律的任务》，沈宗灵、董世忠译，商务印书馆 1984 年版。

108.[美]罗斯科·庞德：《法律史解释》，曹玉堂、杨知译，华夏出版社 1989 年版。

109.[美]卡尔·科恩：《论民主》，聂崇信、朱秀贤译，商务印书馆 1988 年版。

110.[美]美安·塞德曼等：《法律秩序与社会改革》，时宜人译，中国政法大学出版社 1992 年版。

111.[美]史蒂文·瓦戈：《法律与社会》，梁坤、邢朝国译，中国人民大学出版社 2011 年版。

112.[美]约翰·罗尔斯：《政治自由主义》，万俊人译，译林出版社 2000 年版。

113.[美]托马斯·库恩：《科学革命的结构》，金吾伦、胡新和译，北京大学出版社 2012 年版。

114. [美]詹姆士：《实用主义》，陈羽伦、孙瑞禾译，商务印书馆1979年版。

115. [日]谷口安平：《程序的正义与诉讼》，王亚新、刘荣军译，中国政法大学出版社2002年版。

116. [日]棚濑孝雄：《纠纷的解决与审判制度》，王亚新译，中国政法大学出版社1994年版。

117. [意]恩里科·帕塔罗：《法律与权利——对应然之现实的重新评价》，腾锐、兰薇译，武汉大学出版社2012年版。

118. [英]阿克顿：《自由与权力：阿克顿勋爵论说文集》，侯健、范亚峰译，商务印书馆2001年版。

119. [英]伯特兰·罗素：《西方哲学史》，何兆武、李约瑟译，商务印书馆1976年版。

120. [英]蒂莫西·A.O.恩迪科特：《法律中的模糊性》，程朝阳译，北京大学出版社2010年版。

121. [英]弗兰西斯·培根：《培根论说文集》，水天同译，商务印书馆1983年版。

122. [英]弗里德里希·冯·哈耶克：《自由秩序原理》，邓正来译，三联书店1997年版。

123. [英]G.D.詹姆斯：《法律原理》，关贵森等译，中国金融出版社1990年版。

124. [英]亨利·萨姆奈·梅因：《古代法》，高敏、瞿慧虹译，中国社会科学出版社2009年版。

125. [英]罗杰·科特威尔：《法律社会学导论》，潘大松等译，华夏出版社1989年版。

126. [英]罗伊·索伦森：《悖论简史——哲学和心灵的迷宫》，贾红雨译，北京大学出版社2007年版。

127. [英]尼尔·达克斯波里等：《法律实证主义：从奥斯丁到哈特》，陈锐编译，清华大学出版社2010年版。

128. [英]亚当·斯密：《国民财富的性质和原因的研究》，杨敬年译，陕西人民出版社2001年版。

（三）英文著作

129. Brian Ostrom, Roger Hanson, Charles Ostrom, and Matthew Kleiman. Court Cultures and and Their Consequences, Court Manager, Volume 20, Number 1,

Spring 2005.

130. Eli Lederman，Ron Shapir. Law，information and information technology. The Hague：Kluwer Law International，2001.

131. Finis. Natural Law and Legal Reasoning[A]. Georger. Natural Law Theory：Contemporary Essays. Oxford：Clarendon Press，1992.

132. Friedman，Legal culture and social development，Law & Society Review，1973.4(1)：27，Lawrence. 1969.

133. John Dewey. Reconstruction in Philosophy New York：Henry Holt and Company，1920.

134. Joseph E. Davis. Identity and Social Chang. New Jersey：Transaction Publishers，2000.

135. Joes S.Migdal，Atul Kohli，Viveenne shue，State Power and Social Forces：Domination and Transformation In The Third World Cambridge University Press，1997.

136. Kant，Vorarbeiten zu Die Metaphysik der Sitten，AAbd.23，S.351.

137. Kant，Die Metaphysik der Sitten. Erster Teil，A165/B195.

138. Martin Heidegger. Sein und Zeit. Tübingen：Max Niemeyer Verlag，1993.

139. Oliver Wendell Holmes. The Path of The Law. Harvard Law Review，March 19，1997.

140. Oliver Wendell Holmes. The Common Law. The Belknap Press，2009.

141. P.G.Monateri. The “weak” Law：contaminations and legal cultures. Global Jurist Advances，2001 Vol.1，No.3.

142. The Oxford Companion to Law，Oxford University Press，1980：746.

143. The rule of Law：Foundation of Constitutional Democracy，Geoffrey de Walker，Melbourne University Press，1988.

144. Toulmin. The Use of Argument. Cambridge University Press，1958.

(四) 中国古代著作

145. 《国语》

146. 《论语》

147. 《孟子》

论 文 类

148. 陈柏峰：《从“唐慧案”看中国法治生态》，《中国法律评论》2014 年第 3 期。

149. 陈金钊：《法治时代的法律位置》，《法学》2011 年第 2 期。

150. 陈金钊：《把法律作为修辞——法治时代的思维方式》，《求是学刊》2012 年第 3 期。

151. 陈开琦、宋强：《我国刑事司法中法律评价与道德评价的冲突论》，《西南政法大学学报》2002 年第 1 期。

152. 陈新汉：《哲学视域中的文化、文化功能及文化自觉》，《哲学动态》2012 年第 8 期。

153. 陈新汉：《哲学视域中的人民主体新思考》，《哲学研究》2014 年第 2 期。

154. 陈新汉：《哲学视域中的认同意蕴新思考》，《湖南师范大学社会科学学报》2014 年第 3 期。

155. 陈荣卓、颜慧娟：《法治视域下的社会治理：区域实践与创新路径》，《江汉论坛》2013 年第 12 期。

156. 李昌道：《法国宪法简介》，《政治与法律丛刊》1982 年第 1 期。

157. 程美华：《监察文化助推检察队伍软实力建设》，《中国检察官》2010 年第 9 期。

158. 成懿萍、廖乙桥：《刑事上诉案件中检察监督的缺位与完善》，《中国检察官》2011 年第 5 期。

159. 邓晓芒：《当代人文精神的现状及其出路》，《开放时代》1997 年第 2 期。

160. 董国声：《社会主义法律关系的规定性初探》，《法学研究》1987 年第 5 期。

161. 董长春：《法律评价的意义及其作用》，《江苏教育学院学报》（社会科学版）2002 年第 4 期。

162. 邓楚开：《轻微犯罪刑事和解制度的实践运作》，《法治研究》2011 年第 6 期。

163. 方乐：《能动司法的模式与方法》，《法学》2011 年第 1 期。

164. 费孝通：《从马林诺夫斯基老师学习文化论的体会》，《北京大学学报》（哲学社会科学版）1995 年第 6 期。

165. 葛洪义：《法律与“和谐社会”》，《法学》2005 年第 5 期。

166. 公丕祥:《法制现代化与建设现代法治国家》,《江海学刊》1998 年第 1 期。

167. 顾建亚:《论以人为本的宪法文化之建构》,《深圳大学学报》(人文社会科学版)2005 年第 3 期。

168. 顾静薇:《论撤回起诉的规范化》,《中国刑事法杂志》2010 年第 11 期。

169. 广州市人民检察院课题组:《关于撤诉案件和无罪判决案件的调查报告》,《中国刑事法杂志》2003 年第 5 期。

170. 郭灿鹏:《论社会意识形态的社会整合功能》,《理论与改革》1995 年第 11 期。

171. 韩震:《公民权利、差异与社会公正》,《马克思主义与现实》2011 年第 3 期。

172. 韩成军:《人民代表大会制度下检察机关一般监督权的配置》,《当代法学》2012 年第 6 期。

173. 韩大元、于文豪:《法院、检察院和公安机关的宪法关系》,《法学研究》2011 年第 3 期。

174. 何勤华:《深化法院文化建设推进中国特色社会主义法治建设事业》,《法学》2012 年第 11 期。

175. 何远琼:《站在天平的两端——司法腐败的博弈分析》,《中外法学》2007 年第 5 期。

176. 贺恒扬:《检察机关贯彻实施修改后的刑事诉讼法若干问题》,《中国刑事法杂志》2012 年第 10 期。

177. 洪冬英:《以法院文化建设推动司法的改革与发展》,《法学》2012 年第 11 期。

178. 胡锦涛:《在庆祝中国共产党成立 90 周年大会上的讲话》,《求是》2011 年第 1 期。

179. 胡道才、羊震:《能动司法语境下利益衡量问题研究》,《人民司法》2012 年第 15 期。

180. 胡玉鸿:《"人的尊严"的法理疏释》,《法学评论》2007 年第 6 期。

181. 黄竹胜:《法律评价的重新解释》,《法学论坛》2002 年第 4 期。

182. 黄竹胜:《论法律评价的实践形态及形态特征》,《当代法学》2002 年第 7 期。

183. 贾春旺:《围绕社会和谐　加强法律监督》,《瞭望》2007 年第 8—9 期。

184. 姜赞东:《权力拜物教略论——兼析前苏东社会主义转型的深层原因》,《学术前沿(香港)》2004 年第 7 期。

185. 江国华:《法治的场景、处境和意境》,《法学研究》2012 年第 6 期。

186. 江国华:《通过审判的社会治理——法院性质再审视》,《中州学刊》2012 年第 1 期。

187. 蒋超、艾军:《论符合现代司法理念的法官思维方式》,《甘肃社会科学》2007 年第 5 期。

188. 蒋德海:《基本权利与法律权利关系值探讨》,《政法论坛》2009 年第 2 期。

189. 蒋德海:《法律监督还是诉讼监督》,《华东政法大学学报》2009 年第 3 期。

190. 蒋惠岭:《司法改革能否改出强有力的法律职业共同体》,《中国法律评论》2014 年第 3 期。

191. 江必新:《法治精神的属性、内涵与张扬》,《法学家》2013 年第 4 期。

192. 旷三平:《评价尺度的本体论诠释:抑或一个被“遮蔽”了的问题的“解蔽”》,《哲学研究》2003 年第 11 期。

193. 雷安军:《美国现代司法审查的兴起》,《北方法学》2011 年第 6 期。

194. 李建明:《诉讼过程法律评价与社会评价的冲突》,《法学评论》2007 年第 6 期。

195. 李念祖:《打破“司法一元主义”的概念孤寂》,《司改杂志》2001 年第 31 期。

196. 李瑜青:《法哲学研究的理论建构》,《社会科学》1999 年第 11 期。

197. 李瑜青:《人文精神的价值与法的合理性追问》,《上海大学学报》(社会科学版)2008 年第 1 期。

198. 李瑜青、张建:《法律思维内涵与特征再思考》,《东方法学》2012 年第 2 期。

199. 李颖怡:《论法律的合理性——韦伯的法律思想解读》,《中山大学学报论丛》2005 年第 5 期。

200. 李林:《社会主义法治文化概念的几个问题》,《北京联合大学学报》(人文社会科学版)2012 年第 2 期。

201. 刘桂明:《从规则到规律:培育法治思维与彰显法律尊严》,《中国法律评论》2014 年第 3 期。

202. 刘守芬、许道敏:《制度反腐败论》,《北京大学学报》(哲学社会科学版)2000 年第 1 期。

203. 刘荣九、刘正:《检察文化的塑造及其途径》,《政治与法律》2007 年第

1 期。

204. 刘佑成：《马克思的社会发展三形态理论》，《哲学研究》1988 年第 12 期。

205. 吕芳：《法院文化概念中外比较研究》，《法律适用》2012 年第 4 期。

206. 林来梵：《人的尊严与人格尊严》，《浙江社会科学》2008 年第 3 期。

207. 马麟、信任：《一个新的法的基本价值——以行动中的法的维度思考》，《理论观察》2006 年第 2 期。

208. 孟昌光：《基层检察院文化建设刍议》，《人民检察》2010 年第 20 期。

209. 彭东：《论现代司法规律与我国公诉权配置》，《河南社会科学》2010 年第 1 期。

210. 彭治安：《试论法律社会功效之局限性》，《求索》1998 年第 1 期。

211. 潘汉典：《意大利共和国宪法》，《环球法律评论》1982 年第 6 期。

212. 庞凌：《法律原则的识别和适用》，《法学》2004 年第 10 期。

213. 曲玉梁：《实践视角下的法院文化建设》，《法学》2012 年第 11 期。

214. 苏亮乾：《法律评价：性质与功能》，《内蒙古社会科学(汉文版》2005 年第 4 期。

215. 孙翱翔：《法律评价与社会评价的冲突与协调》，《党政论坛》2012 年第 6 期。

216. 沈宗灵：《依法治国建设社会主义法治国家》，《中国法学》1999 年第 1 期。

217. 单晓云、李旺成：《检察机关撤回起诉适用“危机”及改革出路》，《北京联合大学学报》(人文社会科学版)2008 年第 3 期。

218. 石天杰：《政治法律制度和设施属于社会意识的范畴》，《西北师大学报》(社会科学版)1982 年第 3 期。

219. 唐宏强：《社会变迁：法律变革与发展之源》，《江苏社会科学》2002 年第 5 期。

220. 唐宏强：《法律变革与发展：社会变迁的催化剂》，《四川师范大学学报》(社会科学版)2003 年第 1 期。

221. 田成有：《乡土社会中的国家法与民间法》，载谢晖、陈金钊主编：《民间法》(第 1 卷)，山东人民出版社 1999 年版。

222. 万春、高景峰：《论法律监督与控、辩、审关系》，《法学家》2007 年第 5 期。

223. 王从峰：《现代司法审查的理论困境与出路》，《公法研究》2009 年第 7 期。

224. 王福民：《法治精神：当代中国政治文明的灵魂》，《科学社会主义》2004 年第 6 期。

225. 王勇:《迈向反思的法理学》,《华东政法学院学报》2005 年第 5 期。

226. 王学成、张和林:《民事执行检察监督的实践探索与制度构建——基于广东检察办案实践的实证分析》,《河北法学》2008 年第 11 期。

227. 王国龙:《法治时代的解释主义之争》,《法学论坛》2012 年第 3 期。

228. 王桂兰:《法律依赖与社会公正》,《武汉大学学报》(哲学社会科学版)2006 年第 1 期。

229. 汪信砚:《普世价值 · 价值认同 · 价值共识——当前我国价值论研究的三个重要概念辨析》,《学术研究》2009 年第 11 期。

230. 魏宏:《论我国人民代表大会制度下的分权体制》,《现代法学》2003 年第 3 期。

231. 魏虹:《赋权与规则:我国检察机关撤回起诉制度之建构》,《法律科学》(西北政法大学学报)2011 年第 6 期。

232. 吴忠民:《中国社会公正的现状与趋势》,《江海学刊》2005 年第 2 期。

233. 夏勇:《法治是什么——渊源、规诫与价值》,《中国社会科学》1999 年第 4 期。

234. 肖锦全:《论社会思潮作为社会意识一个层次的构想》,《现代哲学》1997 年第 1 期。

235. 肖建国:《论财产刑执行的理论基础——基于民法和民事诉讼法的分析》,《法学家》2007 年第 2 期。

236. 徐洪伟:《腹中有墨气自华——柳河县检察院文化建设侧记》,《吉林人大》2011 年第 6 期。

237. 徐爽:《以权利制约权力——社会主义法律体系与基本权利立法实践的发展》,《政法论坛》2011 年第 6 期。

238. 谢立斌:《中德比较宪法视野下的人格尊严》,《政法论坛》2010 年第 4 期。

239. 杨建军:《"司法能动"在中国的展开》,《法律科学》2010 年第 1 期。

240. 岳彩领:《司法实践中坚持能动司法之方法论》,《人民司法》2012 年第 5 期。

241. 子谦、文娟:《论现代法的精神》,《法学家》1996 年第 6 期。

242. 张文显:《法律文化的结构与功能分析》,《法律科学》1992 年第 5 期。

243. 张文显、姚建宗:《权利时代的理论景象》,《法制与社会发展》2005 年第 5 期。

244. 张骐:《法律实施的概念、评价标准及影响因素分析》,《法律科学》1999 年第1期。

245. 张军、陈运红：《审查逮捕听取律师意见工作实证分析》，《中国刑事法杂志》2012年第10期。

246. 张智辉：《法律监督三辨析》，《中国法学》2003年第5期。

247. 张福森：《律师制度的改革与完善》，《中国法律评论》2014年第3期。

248. 庄世同：《法治与人性尊严》，《法制与社会发展》2009年第1期。

249. 郑秋宇：《社会主义法治理念视野下的法院文化建设》，《法学》2012年第11期。

250. 周长军：《后赵作海时代的冤案防范》，《法学论坛》2010年第7期。

251. 祝铭山：《法官职业化与现代司法观念》，《法学家》2003年第3期。

252. 朱未易、朱小易：《法治文化与法治文化街区的构成要素和功能分析》，《政治与法律》2013年第7期。

253. 曾加、张炜：《论中国检察文化的特色——中西检察文化的比较》，《西北大学学报》(哲学社会科学版)2009年第4期。

254. 最高人民法院高级法官：《司法改革面临的具体问题》，《财经》2013年第35期。

其　他

(一) 工具书类

255. 《辞海》，上海辞书出版社1999年版。

256. 《哲学大辞典》，上海辞书出版社2001年版。

257. 《中国大百科全书 · 哲学卷》，中国大百科全书出版社1987年版。

258. 《中国大百科全书 · 哲学卷》，中国大百科全书出版社1992年版。

259. 《现代汉语词典》，商务印书馆1982年版。

260. 《人学大辞典》，河北人民出版社1995年版。

261. 《现代逻辑词典》，中国人民大学出版社1992年版。

(二) 法条类

262. 《关于进一步加强人民法院文化建设的意见》(2010)。

263. 《关于加强和改进新形势下监察队伍建设的意见》(2013)。

264.《关于人民检察院审查逮捕工作中适用“附条件逮捕”的意见(试行)》(2013)。
265.《中华人民共和国刑事诉讼法》(1979)。
266.《中华人民共和国人民法院组织法》(1979)。
267.《中华人民共和国人民检察院组织法》(1979)。
268.《中华人民共和国宪法》(1982)。
269.《中华人民共和国行政诉讼法》(1989)。
270.《中华人民共和国民事诉讼法》(1991)。
271.《中央人民政府组织法》(1949)。
272.《最高人民法院关于民事诉讼证据的若干规定》(2001)。
273.《广东省高级人民法院关于违法审判责任追究的暂行规定》(2000)。

索 引

一、主题词索引

二、人名索引

后 记

人到三十而立。对那些到了三十岁还在继续为求学而忙碌的人来说，读博好像是一次人生远航。回首三十年的求学生涯，最大的感受是自己一直在不断地成长。成长的过程中充满了欢乐与悲伤、收获与失意，这是一种奇妙的感觉。这种感觉虽然奇妙，也伴随着飞逝的时光从指尖滑落，只有记忆永不褪色。这些记忆仿佛为自己定了一个人生基调。它用永远不能改变的过去时刻警醒自己要努力珍惜当下，用力所能及的积极心态点缀生活的平淡质朴。再回首才发现，唯一没有改变的是自己的心灵，这是一种坚持。不断更新的知识和阅历伴随重复和上进的生活方式奠基了人生的奋发有为，成为漫长人生旅途的起点和动力。三十年又像是人生的一个转折点。在这样的年纪求学更要清楚心灵的需求与自身的社会定位。这样才能更好地坚守生命中最重要的东西。

我的学术成长与博士阶段我对生活的思考联系在一起。博士阶段生活的主要内容是学习。这里的学习是指专门知识的熏陶和训练。如果转换视角来思考，凡是要发挥人的主观能动性用于解决现实生活中的问题，都可以称之为学习。这样学习就成为每个人生活中的重要组成部分。对于我来说，学习就是我的生活。这不仅体现在，作为学生的我首先要认真努力地学习，更表达了学习对我而言的重要性。我对学习的认识也有一个过程。刚开始，我把学习当做我的精神家园，用来为我遮风挡雨。这样的认识仅能让我好好学习，并不能让我明白学习对我而言的重要意义。因为学习对于现在的我来说，不仅仅是作为一种工具价值而存在。学习更像是能够安置我心灵的精神家园。这个精神家园已经不再是当初可以保障我暂时安定的生活场所，而是成为不断激发我建立有意义生活的心灵家园。

更确切地说，学习对我而言就是搞科研。在每天读书与学习、思考与写作的过程中，我一直试图用科研的理性思维方式来认识外在于自身的生活世界，并用这种认识来把握独立于外在生活世界的我的内心世界，以此来不断地完善和发展自己。同时，通过认识和把握生活世界，用不断丰富的自我，为生活的世界做出自己应有的努力和贡献。在这一过程中，人生意境的不断提升可以促进我对生活世界的深刻理解。因为理性作为思维活动和自觉能力本身是不断发展的。就像海德格尔所说的那样，“通过一个已知之物建立一个未知之物，同时通过未知之物来证明已知之物”，这就是创新性的提升和发展。博士生的科研生活就是要培养这种创新性的意识和创新性的能力。这既是一种“授人以渔”的方法体现，又是一种追求真理的生活表达。

这种科研生活就是一种有思想的生活。有思想的生活才是人最本真的存在。思想是主观能力的体现。知识内化为思想的过程就是知识体现为能力的过程。人的知识有三个层次即“知其然”“知其所以然”和“知其必然”，依次对应经验层次的知识、理论层次的知识和意识中更高层次的知识。知识有三个层次，相应地人的能力也有三个层次。较低层次的能力与如何获得“知其然”的知识相联系，较高层次的能力与如何获得“知其所以然”的知识相联系，更高层次的能力则与如何获得“知其必然”的知识相联系。不管是哪个层次的能力都不能传授。能力只能培养。这既意味着教师对学生能力的培养，又意味着学生对能力的自我培养。而且从根本上说，教师对学生能力的培养只能从外因上起到激发内因的作用。能力的培养只能是学生自我的培养。因此我在有意识地提升自己的思想水平，锻炼自己的主观能力。只有这样，才能在自己创造的生活世界中加深对生活意义的理解。

在这里，我应该特别感谢我的导师陈新汉教授。短短两年半的时间，我学习了陈老师如何做科研的方法，认真学习了他的思想，也学习了他的为人处世。两年时间虽然不长，我却深受他的影响。这体现在我写的学术文章上面，体现在我看问题的角度上面，体现在我的生活上面，也体现在我的情感上面。我真的要感谢陈老师。在攻读博士学位的过程中，我感到自己比以前进步很大。这离不开陈老师的指点。尽管我犯过多次错误，陈老师像父亲一样，在批评和教育中开导我，使我很受触动。在陈老师的悉心教导下，我已经不再像本科阶段那样无知，像硕士阶段那样迷茫。现在的我知道自己应该做什么，重点要放在什么上面。虽然现在已经没人告诉我该怎么办了，但是我已经知道自己应该怎么办了。带着自信和坚持，我会更加用心地学习。

我还要感谢上海大学。我爱上海大学。艾里希·弗洛姆在《爱的艺术》一书中提出：爱是一门艺术。爱的问题不仅是一个对象问题，而且是一个能力问题。对我而言，“爱”伴随着我的成长。我的成长是在对“爱”进行思考的过程中展开的。我爱我曾经就读的学校上海大学。我对上大的爱刚开始只处于弗洛姆所说的“爱的对象”阶段。我爱上大的一草一木，特别喜欢在晚饭后漫步上大园；我爱我的导师、上大的老师们，他们是我求学道路上的引路人，更是我成长道路上的良师益友；我爱上大的老校长钱伟长，他的求学经历和治校精神深深地感染着我；我爱参与上大的活动，这不仅锻炼了我，充实和丰富了我的生活，更让我结交了许多朋友。求学的时光让我对上大的爱逐渐由“爱的对象”阶段过渡到“爱的能力”阶段。

爱上大就应当以上大为荣，为上大增光添彩。我积极参与学校与学院的学术交流活动、志愿者活动和文体活动，通过自己的努力证明自己，影响他人；我认真努力地开展自己的学术研究活动，通过自己的学术成果证明上大培养学生的高质量，回报陈老师的悉心指导和学校的大力投入；我用心做好学校与学院交付的管理和教务类工作，用自己的努力和行动回报学校的培养。这是爱的能力的体现。爱上大，就把自己的能力自觉地投入到对上大的爱的各类活动中。在参与的过程中，自己的成长与上大的成长就紧密联系在了一起。上大对我们的爱与我们对上大的爱就紧密联系在了一起。

爱上大还要欣赏上大、欣赏自己。陈老师认为：“自信或是否自信是影响人类生活的普遍心理或意识现象，是个体自我评价活动的一个基本范畴。”上大就是一个社会个体，生活在上大的师生是一个个自然个体。践行钱伟长教育思想体现了上大人的意志。这是上大的独特之处，也是上大的自信，更应该成为上大人的自信。作为自然个体的上大人有意识地践行钱伟长教育思想和治校理念，并结合自己人生价值的实现，这是一种自信的精神。个体的自我肯定和发展就在这种自信的精神中得到实现。这是一个欣赏的过程。只有把自身投入到这一过程中，才能真正进行欣赏。自信意味着欣赏。上大人在自信中应当学会欣赏，既欣赏上大，又欣赏自己。

在博士阶段的求学生涯里，我不断地收获着爱、欣赏和感动。读书让我远离尘嚣，不断地感受着质朴的爱和宁静的生活。许多情感的流露和感悟在这段求学路上沉淀又升华，激励自己不断找寻生活的价值和活着的意义。用爱这个主题词来形容三十年的求学生涯，同时也回答了自己为什么会毅然选择在这条道路上继续走下去。这是一种对回报的坚持，也是一份对心灵的答卷。爱让自己成长，也让自己收获感动。虽然自己已经走了很远，也不想忘记初衷的承诺。命运是一种看似随意却又精心准备的安排。二十年前的自己，浪荡在教室与田野的不着边际，不知道读书为何物。十年前的自己突然发现读书的重要，一路坎坷坚持到现在。这才发现，之前的不读书也是为现在的读书做一种准备。后知后觉之后，才更加努力珍惜读书的来之不易。所以，我才会一直坚持。所以，我才想在博士阶段充分准备人生的才能。

走上工作岗位以后，我充分感受到了来自复旦马院老师们的关怀和爱护。复旦的“自由”“开明”“宽容”，为我的人生发展提供了重要支撑。在我看来，这些复旦精神比什么都重要，我的合作导师肖巍教授不仅是我学业上的良师，更是生活中的益友，在我有求于他时，总是能及时伸出援助之手，并改变了我的命运，我还要感谢复旦马院的党政负责人刘承功教授、董雅华教授、李冉教授、吴海江教授，以及学术委员会的高国希教授、顾钰民教授、杜艳华教授、王贤卿教授和杨宏雨教授等人。他们大力扶持青年教师。没有他们的帮扶，这部著作不可能这么快就与读者们见面。

最后，我想说的是，求学与家庭相连。最初的认知来自父母的引导与熏陶。亲人营造了童话般的岁月停留在上学的初期。无忧无虑的童年把单纯的读书染成色彩斑斓的快乐成长。长大以后，来自社会的各种要求纷至沓来，读书增加了功利性的成分。身边的亲人牺牲各种幸福陪伴在求知的我们身边。供孩子读书就成为家庭的一种生活方式。用心读书也成为我对亲人的一种回报，尤其是在人到三十而立的年纪。三十年的求学正是积淀人生腾飞的起点。三十年了，自己一直在积累，一直在学习。三十年了，正是把所学的知识和本领学以致用，运用到生活的关口。这是一种转型，也是一次飞跃。人生再也不会有第二个三十年用来安心读书。用三十年的时间磨成一“剑”行走“江湖”。处在这样的人生境况，我更应当有所作为。我也只有摆正自己的人生姿态，用三十年的求学厚积薄发，才能无愧这三十多年的求学生涯。

任帅军

2018 年 4 月 22 日

图书在版编目(CIP)数据

法律评价论/任帅军著.—上海:上海人民出版社,2018
ISBN 978-7-208-15124-6

Ⅰ.①法… Ⅱ.①任… Ⅲ.①法理学-研究 Ⅳ.①D90

中国版本图书馆CIP数据核字(2018)第082811号

责任编辑 赵 伟
封面设计 陈绿竞

法律评价论
任帅军 著

出 版 上海人民出版社
(200001 上海福建中路193号)
发 行 上海人民出版社发行中心
印 刷 上海商务联西印刷有限公司
开 本 720×1000 1/16
印 张 15.5
插 页 2
字 数 232,000
版 次 2018年6月第1版
印 次 2018年6月第1次印刷
ISBN 978-7-208-15124-6/D·3203
定 价 48.00元